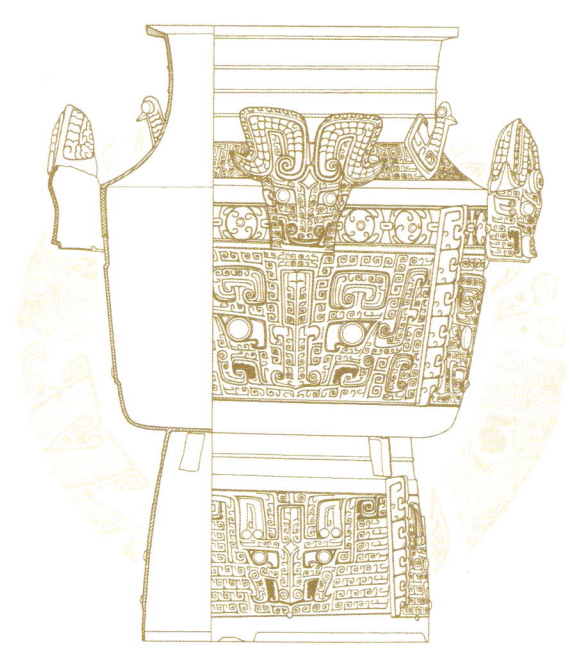

主编 苏荣誉 朱亚蓉

三星堆青铜容器研究

巴蜀书社

目录

001 / 三星堆出土青铜罍K2②：159初步研究
——附论外挂式管状透空牺首饰尊与罍 / 苏荣誉 朱亚蓉

一、三星堆罍K2②：159 001

二、三星堆罍K2②：70和K2②：88 012

三、岳阳鲂鱼山罍 016

四、平江套口罍 023

五、华容东山尊 029

六、台北"故宫博物院"藏方腹圆口折肩尊 036

七、台北"故宫博物院"藏鸟饰带盖方罍 039

八、关于外挂式管状牺首饰诸器的讨论 043

054 / 青铜龙虎尊研究
——兼论南方风格商代青铜器的渊源 / 苏荣誉 杨夏薇 李钟天

一、三星堆龙虎尊 055

二、月儿河龙虎尊 061

三、两件龙虎尊的比较 072

四、南方大口折肩尊与南方风格青铜器及其对殷墟的影响 076

结语 096

099 / 三星堆青铜方罍K2③：205探论 / 余　健　苏荣誉　郭汉中

　　一、风格 100
　　二、铸造工艺与补铸 105
　　三、几个与技术、风格相关问题的讨论 108

117 / 三星堆大口折肩尊研究
　　——兼论商南方风格大口尊的风格、工艺、年代与渊源关系 / 苏荣誉

　　一、三星堆出土大口折肩尊 118
　　二、巫山李家滩大口折肩尊 158
　　三、他地出土的同类大口折肩尊 164
　　四、传世的南方风格大口折肩尊 188
　　五、南方风格大口折肩尊的风格、年代、谱系与产地 202

230 / 三星堆青铜尊K2②：79纹饰填朱复原试探 / 董逸岩　苏荣誉

　　一、大口折肩尊K2②：79造型与纹饰 230
　　二、大口折肩尊K2②：79的铸造工艺、填纹处理及复原 233
　　三、商周青铜器的呈色 236

243 / 三星堆青铜器铸造工艺的初步考察 / 苏荣誉　陈德安

　　一、商青铜容器 245
　　二、商文化青铜鸟饰 257
　　三、非商青铜兵器：戈 266
　　四、非商青铜器：人头像和人面像 271
　　五、非商青铜器：多种饰品 292
　　六、三星堆青铜器的铸造工艺 302

三星堆出土青铜罍K2②：159初步研究[①]

——附论外挂式管状透空牺首饰尊与罍

苏荣誉　朱亚蓉

广汉三星堆二号器物坑中出土青铜圆罍5件，其中修复出3件，分别是K2②：70、K2②：88和K2②：159，发掘报告将它们分别划为Ⅰ、Ⅱ、Ⅲ式；另有圆罍腹部残片二、圈足一、盖一和盖纽一，还发现一件严重变形的方罍，亦未修复。[②]这些罍皆体高、无耳、折肩，张昌平称之为无耳折肩型。[③]它们具有特别的装饰，一个显著的特征是肩沿外挂透空牺首；相应地，也有特别的铸造工艺。此类罍在岳阳鲂鱼山和平江浯口也有出土，而华容东山出土的大口折肩尊的牺首，和三星堆罍K2②：159几乎完全一致。此类牺首也见有传世品分藏于博物馆。这些器物之间具有较为密切的联系。现谨以罍K2②：159为核心，对上述青铜罍和尊进行风格和工艺技术两方面的研究，以纪念器物坑发掘30周年。

一、三星堆罍K2②：159

青铜器是铸工在一定的时空和环境条件下，按照主顾的要求或者自己的构想加工

[①] 此文为四川广汉三星堆博物馆、四川省文物考古研究院与中国科学院自然科学史研究所合作研究三星堆器物坑出土青铜器的阶段成果之一。
[②] 四川省文物考古研究所编：《三星堆祭祀坑》，文物出版社，1999年，第253—263页。下文引用简称《三星堆祭祀坑》，不注出版社和出版年，仅注页码。此方罍的研究见本集第三篇。
[③] 张昌平：《论殷墟时期南方的尊和罍》，《考古学集刊》第15集，文物出版社，2004年，第116页。

青铜而获得的具有特定功能的产品。其时间、地点、功能、审美和工艺、工匠要素互相关涉，其中涉及如风格、年代、产地、工艺等艺术史、考古学和技术史的核心概念与问题。功能和工匠的探索尚无头绪，本文拟对风格（造型、装饰与纹饰）和工艺进行分析，试图解析其中的联系。

（一）造型与纹饰

三星堆罍K2②：159出自二号器物坑，发掘报告将之划分为Ⅲ式，通高540毫米、口径265毫米、圈足径246毫米（图1.1.1-2、图1.2.1-2）。①

此罍平斜沿，厚方唇，圆直口微外侈（图1.3.1，参见图1.2.1），长颈饰三道凸弦纹，纹线平行度较好，但宽窄高低不一（图1.3.2）。

图1.1.1　罍K2②：159

图1.1.2　罍K2②：159

---

① 《三星堆祭祀坑》，第254—255页，第265页图147，第268页拓片26，图版99，彩图73。

三星堆出土青铜罍 K2②:159 初步研究

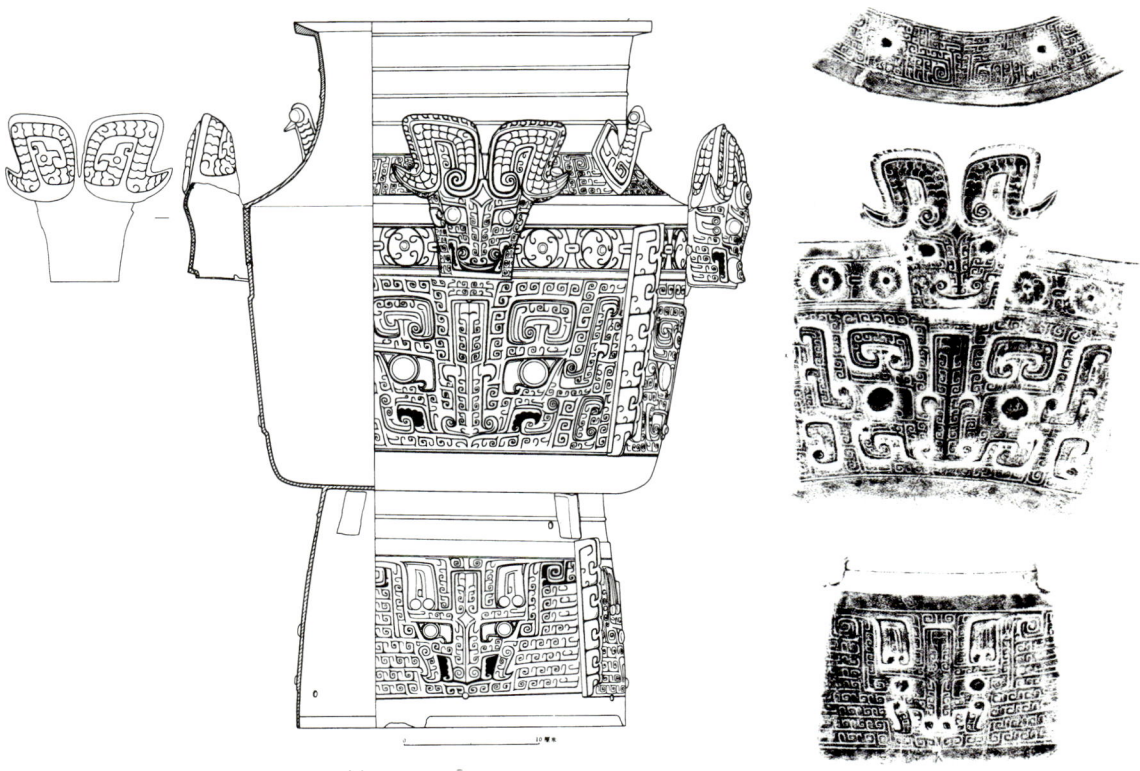

图1.2.1 罍K2②:159线图

图1.2.2 罍K2②:159纹饰拓片

图1.3.1 罍K2②:159口部

图1.3.2 罍K2②:159颈部凸弦纹

斜肩微向下弧凹,肩面饰宽纹带,由八组夔纹组成,两两成组,以纹带上竖立的片状伏卧鸟饰为对称展开(图1.4.1-3)。夔纹眼珠圆而凸出(参见图1.2.2)。纹带组界之间饰以片状伏卧鸟饰,圆头鼓眼,尖喙向前,颈与头等宽,两侧饰鳞纹;长尾上翘回勾,两侧饰勾云纹,一鸟卷尾未透空,和另三鸟不同(图1.5.1-3)。

图1.4.1　罍K2②:159肩部纹饰

图1.4.2　罍K2②:159肩部纹饰　　　　图1.4.3　罍K2②:159肩部纹饰

图1.5.1　罍K2②:159肩部鸟饰　　图1.5.2　罍K2②:159肩部鸟饰　　图1.5.3　罍K2②:159肩部鸟饰

折肩，肩外悬挂四兽首（或称牺首），中空（图1.6.1-4）。兽首有巨大的几字形角，角尖向两侧斜翘。角内侧圆鼓，背饰凤头蛇身纹饰，蛇身饰鳞纹（图1.7.1-5）。正面双角中心凸起。中心部位同样饰鳞纹，边缘饰卷云纹；角根外凸饰卷云纹。兽额饰菱形纹，鼻梁饰卷云纹，鼻翼外凸，蝶须形回卷，鼻头外翘。兽头眼珠圆而外凸，眼睛后一对叶形耳浅为浮雕，耳根两处圆凸。兽脸饰勾云纹，嘴角极度上咧，出露牙齿，口下平呈管状。四只兽首形制大致相同，均存有泥芯。双角均中空，泥芯包含其中。

图1.6.1 罍K2②：159 肩部管状牺首正面

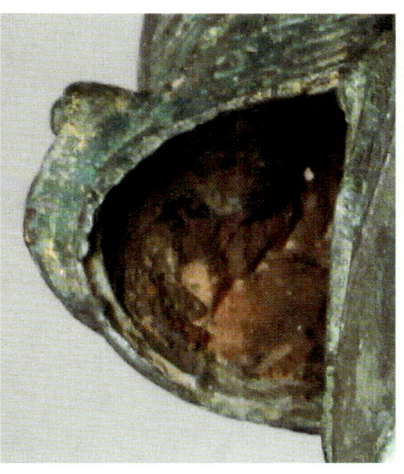
图1.6.2 罍K2②：159 肩部管状牺首下颌

图1.6.3 罍K2②：159 肩部管状牺首侧面

图1.6.4 罍K2②：159肩部管状牺首角后

图1.7.2 罍K2②：159
管状牺首右兽角

图1.7.1 罍K2②：159
管状牺首左兽角

图1.7.3 罍K2②：159
管状牺首兽角背面

图1.7.4 罍K2②：159
管状牺首兽角（残破）

图1.7.5 罍K2②：159
管状牺首兽角背面

腹壁斜直，四条颇为宽大的勾云形扉棱，位置与肩部鸟饰相应，均未透空，尺寸也互有出入（图1.8.1-2）。①两扉棱之间，饰四组纹带。纹带分上下两重，上端由乳丁纹和目雷纹相间组成，乳丁上饰涡纹，乳头外凸；乳丁直径约27毫米、凸起约7毫米。兽头居于纹带中间，乳丁与目雷纹向两侧展开。扉棱压在目雷纹正中。下侧的主纹带为散列式兽面纹，鼻头较小，鼻翼外凸回卷，鼻梁中向两侧出鳍。鳍以上部分为冠饰，冠两侧为C形角，开口向下，一头外凸，一头卷勾。角下为眼睛，眼珠圆凸。鼻下为阔口，鼻角上翘向两侧咧开。锯齿形牙齿出露，嘴角圆凸。角和眼之外为兽身，端头外凸，兽身出鳍，尾外勾（图1.9.1-2）。身下有C形高浮雕，功能不明（图1.9.3）。兽面的鼻、冠、角、嘴角和身均勾勒卷云纹，其余部分饰以卷云纹，整体以云纹衬地。

图1.8.1 罍K2②:159腹部兽面纹

图1.8.2 罍K2②:159腹部兽面纹

图1.9.1 罍K2②:159腹部夔纹

图1.9.2 罍K2②:159腹部夔纹

图1.9.3 罍K2②:159腹部夔纹

---

① 扉棱长173毫米、上端高29.5毫米、下端高12.6毫米、上端宽5.7毫米、下端宽3.6毫米，另三条尺寸依次为173毫米、31.2毫米、13.3毫米、5.9毫米、4.9毫米；176毫米、30.2毫米、12.6毫米、6.1毫米、4.1毫米；174毫米、30毫米、13.5毫米、5.7毫米、4.2毫米。

与腹部高浮雕兽面纹相应，腹内壁则下凹（图1.10.1-2）。

下腹回折，出平底（图1.11.1-2），下接高圈足。与腹部扉棱相应，圈足的顶部一周四个方形透孔（图1.12.1），一周凸弦纹通过其中（图1.12.2），方孔形不甚规则，尺寸不一。[①]孔下各设一垂直的片状勾云形扉棱，均上端高，下端矮，且皆未透空。[②]圈足下部饰宽兽面纹带，系散列式无角连体兽面纹，有长条形的鼻和方形的冠。冠两侧布竖立的叶形耳，耳下一对大眼，眼珠凸出，眼后兽身上翘，兽尾回卷。兽面鼻翼外凸，两侧嘴角上翘，露出獠牙，嘴角亦有圆凸。兽面两侧有平行的勾云纹（图1.13.1-3）。纹饰的底栏有五个圆形透孔，直径分别为：3.5毫米、3.5毫米、3.8毫米、2.6毫米、3.8毫米（图1.14.1-5）。圈足底不圆正，尺寸为259毫米×235毫米（参见图1.11.2）；沿边不平，且有浇道残迹，导致圈足底沿厚度不匀，基本厚度在3毫米左右，两厚处是浇口设置处，厚度分别为5.6毫米和6毫米（图1.15.1-3）。

图1.10.1　罍K2②：159腹内壁

图1.10.2　罍K2②：159腹内壁

图1.11.1　罍K2②：159底

图1.11.2　罍K2②：159外底

[①] 四孔尺寸分别为宽25.3毫米、高34毫米，宽24.5毫米、高35毫米，宽21.2毫米、高35毫米和宽26.6毫米、高32毫米。

[②] 圈足一扉棱尺寸为长122毫米、上端高26.9毫米、下端高12.2毫米、上端宽6.1毫米、下端宽3.8毫米；另三条依次为126毫米、24.5毫米、12.1毫米、7.3毫米、4.4毫米，125毫米、24.1毫米、11.2毫米、4.9毫米、3.9毫米，以及127毫米、26.3毫米、10.6毫米、5.9毫米、4毫米。

三星堆出土青铜罍K2②:159初步研究

图1.12.1　罍K2②:159圈足内壁凹槽

图1.12.2　罍K2②:159圈足凸弦纹

图1.13.1　罍K2②:159
圈足扉棱

图1.13.2　罍K2②:159
圈足兽面纹

图1.13.3　罍K2②:159
圈足扉棱

图1.14.1　罍
K2②:159圈足透孔

图1.14.2　罍K2②:159
浇道残迹与圈足透孔

图1.14.3　罍
K2②:159圈足透孔

图1.14.4　罍
K2②:159圈足透孔

图1.14.5　罍
K2②:159圈足透孔

009

图1.15.1 罍K2②：159底沿

图1.15.2 罍K2②：159底沿

图1.15.3 罍K2②：159圈足底沿和浇道残迹

（二）铸造工艺

肩部鸟饰遗有清晰的铸造披缝，纵向对开分型。且与罍颈部的披缝一致并可连续（参见图1.5.1-3），此罍沿鸟饰四分型。其中一鸟因范前后错位以致尾未透空。

颈内壁浮锈上可见旋转状抹痕。

腹内壁，与肩下乳丁凸起相应，均为圆涡状下凹，乳丁纹下凹较深，约3.3毫米。肩兽首明显分铸（图1.16.1-2），且后铸成形，腹内壁均有后铸兽头的铆头，形状不规则（图1.17.1-4）。与腹部高浮雕的兽面相应，角、眼睛、身、鼻和冠均向下凹。

肩沿两兽首下部泥芯已被清理，可见兽首内壁叠压于腹壁，亦可见腹壁伸出的扁形凸榫（参见图1.16.1-2）。另一兽首内壁残缺，可见腹部的上端纹带。

圈足内壁较为平光，在透孔下有下凹的凹槽，两侧有长方形的凸起，分别长179毫米、宽49.7毫米和长184毫米、宽49毫米（参见图1.11.2、图1.12.1）。

外底近于平光。圈足底沿有两处浇道痕迹，残留较高，导致器底不平。

罍身多处可观察到垫片的使用，颈部即可见三枚，形状不规则，尺寸分别为12.2毫米×11.4毫米、18.9毫米×8.8毫米、13.5毫米×7.4毫米（图1.18.1-3）。圈足上的五个圆穿，一只靠近透孔边的直径为4.7毫米×4.8毫米。张昌平认为这些穿是后来钻

三星堆出土青铜罍K2②:159初步研究

图1.16.1 罍K2②:159兽首管状牺首分铸痕

图1.16.2 罍K2②:159兽首管状牺首分铸痕

图1.17.1 罍K2②:159内壁铆块

图1.17.2 罍K2②:159内壁铆块

图1.17.3 罍K2②:159内壁铆块

图1.17.4 罍K2②:159内壁铆块

图1.18.1 罍K2②:159颈部垫片

图1.18.2 罍K2②:159颈部垫片

图1.18.3 罍K2②:159颈部垫片

011

出的，[1]许杰也有类似的看法。其实，这些穿多非正圆（参见图1.14.1-5），个别穿的边缘锐而径略小，具有铸造凝固特点，说明这些穿是铸造的，和三星堆青铜头像上切、凿孔的工艺不同。

二、三星堆罍K2②：70和K2②：88

三星堆二号器物坑出土的另外两件圆罍K2②：70和K2②：88，两者的造型和纹饰相当一致，也有透空外挂的牺首，遗憾没能获取详细的结构和工艺等方面的信息，仅在此略加申论。

（一）三星堆罍K2②：70[2]

这件罍圆形截面，圆口稍敞，斜沿方唇。颈相对较短，收束，壁较直，饰三周凸弦纹。肩微下弧，饰由八幅象鼻夔纹组成的宽纹带，云雷纹衬地。夔纹线略宽，云雷纹线细。纹带平面展开，纹线浮于器表，夔纹眼珠凸出。八幅夔纹分四组，两两相向均布的四勾牙形扉棱。扉棱两侧面阴勾云纹，长度与纹带宽度一致。

折肩，深腹，壁斜直向下束收。和肩面扉棱相应，腹壁垂饰四道勾牙形扉棱，将腹部纹带纵向四等分，四组纹饰布局相同；扉棱几乎未透，长度与腹纹宽度相若，上端略高而下端略低。腹深表面满平铺纹饰，纹线浮于腹表。腹部纹饰分上中下三段，中间为宽兽面纹带，兽面以窄棱形鼻为对称平铺展开，鼻宽鼻头阔，口微张；一对臣字形眼的眼珠圆凸；额头竖立宽冠饰；其两侧，从眼角向上高耸向内勾卷的角；眼外伸出S形身躯，上耸平伸，于扉棱侧向下回勾；两侧兽面身下各填饰一变体夔纹，眼珠亦圆凸。兽面纹和夔纹各部分的轮廓为宽线，其中饰以卷云纹和雷纹；整个纹饰以云雷纹衬地。腹上端纹带在肩沿之下平铺，每组两夔纹，面向扉棱，以略宽线勾勒，眼珠圆凸，细线云雷纹衬地。每组纹饰的中间，外挂圆雕牺首。牺首中空，下端平齐且透空，兽头鼻与下栏平，一对小眼且眼珠凸出，一对硕大的角超出肩沿，高

---

[1] 张昌平：《论殷墟时期南方的尊和罍》，《考古学集刊》第15集，文物出版社，2004年，第123页。
[2] 《三星堆祭祀坑》，第253页，第263页图145，图版97。器物说明和线图均言中腹纹带上下边镶以连珠纹，对照照片实则无；同样，线图所示兽面纹桃形头亦误。

耸、向外平折后再下弧内勾，占据牺首泰半高度。牺首相对形小，只占据腹上端纹带宽度一半，该纹带的夔尾布列牺首两侧，牺首下可见两行云雷纹。腹下的纹带窄，宽度为两行云雷纹，细线浮于腹表，但可见两个若眼珠的圆凸。下腹弧收出平底，下接圈足。

圈足较高，壁近斜直而略外撇。顶上一周均布四个横列的长方形透孔，位置与腹部四扉棱相应，孔下各垂一道勾牙形但未透空的扉棱，扉棱两侧云形勾勒明显，上高下矮直抵底沿，将圈足纹带四分，每组由两略宽线目云纹构成，眼珠圆凸，勾云纹衬地。纹带下栏有圆穿，圈足底沿平齐。通高334毫米、口径210毫米、肩径280毫米（图1.19.1-2）。[①]

关于这件罍的铸造工艺，发掘报告指出"肩外缘及器壁上用'补铸法'铸有四个虎耳卷角羊头"[②]，江章华和李明斌沿袭此说，指出"三星堆铜罍上的牛、羊首装饰为补铸附着在器壁上，呈立状，而商文化中一般这种装饰均是紧贴在肩上，浑铸于一体"[③]，确当。四牺首后铸于肩外，且叠压着腹上纹带。事实上，腹上纹带的布局，

图1.19.1 罍K2②：70

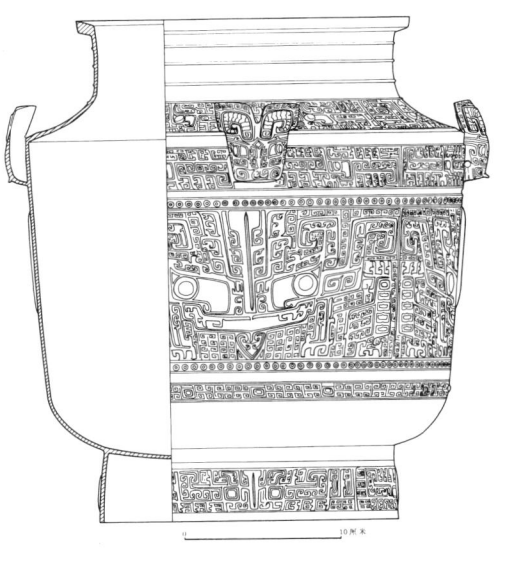

图1.19.2 罍K2②：70线图

[①] 中国国家博物馆编：《中国国家博物馆馆藏文物研究丛书——青铜器卷（商）》，上海古籍出版社，2020年，第174—175页。
[②] 《三星堆祭祀坑》，第253页。
[③] 江章华、李明斌：《古国寻踪：三星堆文化的兴起及其影响》，巴蜀书社，2002年，第139页。

在两夔纹间设置云雷纹即是为牺首预留的空间。工艺设计和罍K2②：159相同，和巫山李家滩大口折肩尊一致，①也是绝大多数这类南方风格大口尊和罍的做法。②肩部和腹部扉棱上均可见纵向的铸造披缝，并且有些微的错范痕迹，这可能是扉棱未能透空的缘由。从扉棱披缝可知其铸型沿扉棱四分，至于是否沿肩沿和圈足上沿横向分型，没有证据。可以认为其铸型由四块范和一块腹芯、一块圈足芯构成。圈足顶四透孔均外小内大，说明其成形的芯由圈足芯自带，南方风格的大口尊均如此。③至于圆穿的芯如何，待考。

（二）三星堆罍K2②：88④

该罍和上述罍K2②：70造型与纹饰非常接近，但考古报告将之划为Ⅱ式。通高354毫米、口径203毫米、圈足径186毫米（图1.20.1-3）。

罍K2②：88和罍K2②：70的基本造型是相同的，差异仅存在于很少细节。两件罍的肩沿牺首造型相同，但罍K2②：88的肩沿牺首下移了些许，以至于牺首下的云雷纹模糊不清；圈足纹带下栏有八个圆穿；发掘报告认为腹中纹带的兽面纹体下的变体夔纹，以扉棱为对称，与相邻的夔纹构成倒置的兽面纹。⑤两件罍的铸造工艺完全相同。

图1.20.1　罍K2②：88

---

① 苏荣誉：《巫山李家滩出土大口折肩青铜尊探微——兼析商南方风格青铜器的年代和扩散》，《南方民族考古》第十四辑，科学出版社，2017年，第131—187页。
② 苏荣誉等：《湖南省博物馆藏两件大口折肩青铜圆尊的研究——兼及同类尊的渊源、风格、工艺、产地和时代问题》，湖南商西周青铜器国际学术研讨会论文，2015年8月27日—28日：长沙。
③ 苏荣誉、宫希成：《六安㵲河青铜大口折肩尊的风格与工艺研究——兼及同类器物的时代与产地等问题》，何驽主编：《李下蹊华——庆祝李伯谦先生八十华诞论文集》，科学出版社，2017年，第359—421页。
④ 《三星堆祭祀坑》，第253—254页，第264页图146，图版98，彩版72。
⑤ 确否待详考。但发掘报告言此罍圈足上部有三道凸弦纹，对照照片则无。见《三星堆祭祀坑》，第253—254页。

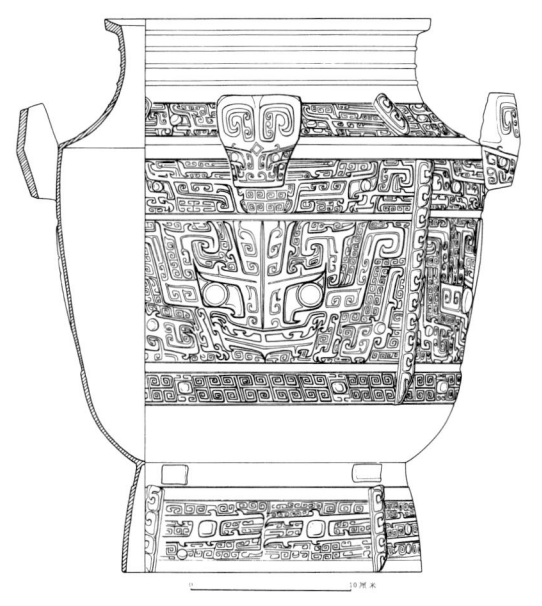

图1.20.2　罍K2②：88线图　　　　　图1.20.3　罍K2②：88纹饰拓片

后两件罍与罍K2②：159相比，共同点很突出：均属高体深腹、无耳、四牺首饰折肩罍，牺首中空，管状，后铸于肩外并叠压腹上纹带，纹饰均以云雷纹衬地，圈足都有圆穿。差异虽属次要，但也很明显，前者较后二者瘦高而后二者显得敦粗；前者肩部饰片状伏卧鸟饰，而后者为勾云形扉棱；前者牺首大，角颇张扬，压住整个腹上纹带，角立体中空，后者牺首小而角内敛，叠压腹上纹带一半，角为片状；前者纹饰为高浮雕型，腹内壁相应凹陷，系范—芯合作纹，腹部纹饰系两段结构，后二罍纹饰属平铺，仅眼珠圆凸，系模作纹，器内壁光滑，且腹部纹饰分三段；前者圈足底沿浇道残迹明显，内壁进行加厚处理，后二罍圈足底沿基本平滑，内壁亦光滑，虽然浇道也在圈足底沿上。

孙华指出，深腹罍在殷墟早期已几乎不可见，二里岗时期向阳回族食品厂窖藏出土的罍，可以看作三星堆罍的祖形，并进而指出三星堆文化的铜罍是模仿自殷墟早期以前的而不是殷墟早期以后的。[①]他对三星堆青铜器的年代分析，颇缜密持重，但

---

① 孙华：《试论三星堆文化》，《四川盆地的青铜时代》，科学出版社，2000年，第159—160、167—168页。对于向阳回族食品厂罍，孙华认为二里岗上层末期，郑州商城铜器制作者一度有将带盖的盛酒铜容器腹部拉长的尝试，但未在中原继续采用，却深刻地影响了南方青铜器的造型风格。这是从中原看南方的思路。或许可以倒过来看，向阳罍可能是南方铸造的，而且连续生产，货鬻四方。

是否将青铜容器纳入三星堆文化，是否是三星堆模仿中原青铜器，都很有讨论的余地。笔者愚见，三星堆青铜容器几乎都具属南方风格器物，当铸造于长江中游而输入及彼。

三、岳阳鲂鱼山罍

1982年有农民在岳阳鲂鱼山山腰发现一青铜罍，属折肩深腹无耳式。此器孤独发现，别无他物。通高500毫米、口径262毫米、圈足径252毫米，重10.75公斤（图1.21.1-2）。①

图1.21.1　岳阳鲂鱼山罍

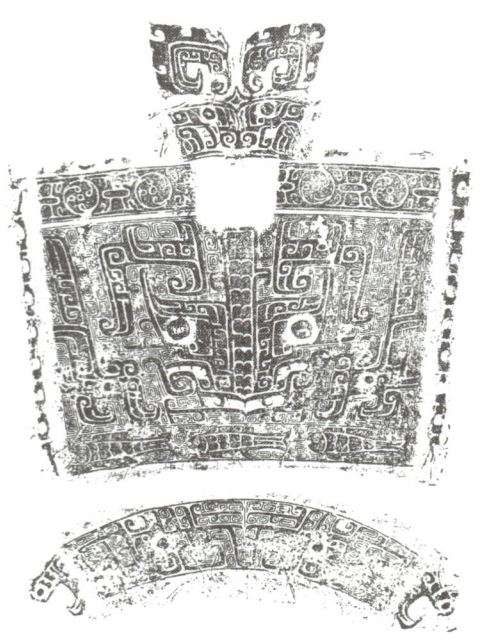

图1.21.2　鲂鱼山罍纹饰拓片

---

① 岳阳市文物管理所：《岳阳市新出土的商周青铜器》，《湖南考古辑刊》第二辑，岳麓书社，1984年，第26—27页。

（一）造型和纹饰

这件罍是斜沿方唇，口侈束颈，颈饰三周凸弦纹（图1.22.1），宽窄高低不尽匀称。宽肩微弧凹，饰宽线夔纹带，以细线云雷纹衬地，整个纹带浮于器表，为鸟饰分为四组（图1.22.2）。鸟饰为片状，作伏卧形，圆头短喙，大眼，眼珠扁鼓，粗颈两侧饰鳞纹，翘尾，腹和尾两侧随形勾云纹（图1.22.3），和上述罍的鸟饰造型一致。折肩，腹壁近于斜直，腹大而深，由四条长垂的勾牙形扉棱均分为四，勾牙透空。每组纹饰分上、中、下三段，中间为主纹，甚宽，上、下纹带窄，且下纹带与主纹带接连。主纹为兽面纹，以中间的鳞纹鼻对称展开，下有宽吻、阔鼻头，中有臣字眼，眼珠圆凸，眼上有眉，勾宽线云纹，眉梢和眼角上翘；额上竖宽冠饰，其两侧饰几字形角和身，上勾宽线云纹。兽面纹两侧饰尾高翘的夔纹，眼小而眼珠圆凸。下纹带接在兽面纹带下，由三条左向的鱼构成，和兽面纹一同由细线云雷纹衬地。腹上是涡纹与目雷纹交替布局的纹带，中心为牺首，两侧均是三个目雷纹和两个涡纹。整个腹部纹饰，除兽面纹鼻微凸、眼珠圆凸，夔纹眼珠凸起外，均平铺展开（图1.23.1-3，参见图1.21.1-2）。

图1.22.1　鲂鱼山罍颈部凸弦纹

图1.22.2　鲂鱼山罍肩部夔纹

图1.22.3　鲂鱼山罍肩部鸟饰

图1.23.1　鲂鱼山罍　　　　图1.23.2　鲂鱼山罍　　　　图1.23.3　鲂鱼山罍腹部兽面纹
　　　腹部扉棱　　　　　　　　腹部扉棱

　　肩外沿挂饰的管状牺首和腹部勾牙形扉棱构成此罍特殊的轮廓。但牺首较小，体量接近于三星堆罍K2②：70和K2②：88。牺首为管状，下沿不够平齐，头顶几与肩沿平齐（图1.24.1），满布纹饰。兽有阔鼻头，大臣字眼，眼珠圆凸。额上出一对大角，高度与牺首相垺，伸出肩沿。角为口向下的G形，角根粗壮，有圆凸，上竖回转内勾，内侧饰勾云纹而外周缘饰阴线逗号纹（图1.24.2）。角为片状，背面有相应凸起的纹线（图1.24.3）。而口内有凸榫穿出的痕迹（图1.24.4）。

图1.24.1　鲂鱼山罍肩部管状牺首　　　图1.24.2　鲂鱼山罍肩部管状牺首

图1.24.3 鲂鱼山罍肩部管状牺首内侧

图1.24.4 鲂鱼山罍肩部管状牺首口部

腹下弧收出底平，下接高圈足。圈足顶无透空，但有一周凸弦纹。中部饰宽纹带，纹带下有窄素面带。四道勾牙形垂直扉棱位置与腹部扉棱、肩部鸟饰一致，宽度与兽面纹带相等，也是上宽下窄，将圈足兽面纹带四等分。圈足兽面纹与腹部大同小异，差别主要在于兽面纹自眼后外伸，其下填饰的夔纹收缩如团状，但风格同样是平铺，细线雷纹衬地（图1.25.1），内壁有较大补块（图1.25.2-3），外面不易觉察。

图1.25.1 鲂鱼山罍圈足扉棱、兽面纹和浇道残迹

图1.25.2 鲂鱼山罍圈足内壁补块

图1.25.3 鲂鱼山罍外底

（二）铸造工艺[①]

鲌鱼山罍保存着大量工艺信息。首先是肩部的四只鸟饰均有纵向的铸造披缝，甚至还有前后的错范痕迹，导致其卷尾未能透空；而与之相一致的披缝，在颈部的凸弦纹、腹部的扉棱端头均可见痕迹甚至相贯通（参见图1.22.1-3、图1.23.1，图1.26.1-2），向下通过扉棱在下腹也可见披缝甚至错范痕迹（图1.26.3-4）。此罍虽然体量很大，但未见有水平分范的证据，相反，鸟饰与腹部扉棱披缝的连续贯通说明没有在肩沿分型。

图1.26.1　鲌鱼山罍颈部与唇沿披缝　　图1.26.2　鲌鱼山罍颈部披缝　　图1.26.3　鲌鱼山罍下腹披缝　　图1.26.4　鲌鱼山罍下腹披缝

肩沿外挂的牺首饰，与腹壁间有明显缝隙（参见图1.24.1），说明分铸。在管状牺首内壁，可见牺首挂在腹壁，牺首贴腹壁的一层，一方面不尽完整，另一方面还有铸疣（参见图1.25.3），这些均与牺首的分铸有关。从与牺首相应的腹内壁看，均有一对形状不规则的补块式铆头，厚不及1毫米（图1.27.1-4），其形状和宁乡划船塘出土瓿肩外牺首遗失后的痕迹相似（图1.28.1-3）。[②]划船塘瓿遗失的牺首很可能是分铸再以铸铆形式连接的，且可能从腹内浇注，因其体量巨大（通高625毫米、口径580

[①] 本节内容和图片，若无特别注明，节选自苏荣誉：《湖南商周青铜器铸造工艺初探》，《中国青铜技术与艺术》（丁酉集），上海古籍出版社，2019年，第393—442页。
[②] 张筱林、李乔生等：《湖南宁乡出土商代大型铜瓿》，《文物》2013年第3期，第74—76页。炭河里遗址管理处等编：《宁乡青铜器》，岳麓书社，2014年，第12—13页。

毫米），操作空间应具备。而鲂鱼山罍的制作，显然不具备这种条件，且内壁的"铆块"上没有任何浇道残迹，说明二者的做法有别。考虑牺首管内的铸疵和分层现象，在腹壁预铸工艺孔，从牺首管孔设内浇道铸铆也是有可能的。但有待进一步深入研究确认。这里值得提请注意的是牺首角为片状，外面纹饰成形类于减地，但其厚度有限，为此，设计了让深纹在背面凸起的方式（参见图1.24.4），既保证其成形，也使得角的壁厚尽可能匀称。

图1.27.1　鲂鱼山罍腹内壁铆块

图1.27.2　鲂鱼山罍腹内壁铆块

图1.27.3　鲂鱼山罍腹内壁铆块

图1.27.4　鲂鱼山罍腹内壁铆块

图1.28.1　宁乡划船塘瓿

图1.28.2　宁乡划船塘瓿牺首脱落痕迹

图1.28.3　宁乡划船塘瓿牺首脱落痕迹

这件罍的另一特别之处在圈足底沿，原简报指出"圈足底边伸出有三个很矮的扁足"[①]，张昌平注意到这一点，并指出岳阳费家河大口尊和三星堆罍K2②：159均有类似的现象，只不过三星堆罍有四个小足。[②] 在上述这些所谓矮足的罍和尊中，鲂鱼山罍三个"矮足"造型较为一致但尺寸不同（图1.29.1-2）。仔细观察，其一突出底沿但沿底沿有凹弦纹（参见图1.29.2），说明此凹弦纹是底沿边界，其设置可能与便于打断内浇道有关。再考圈足内壁，突出的形状不同，说明并非预先设计，而预先设计的底沿与上述凹弦纹一致，说明此三突出是铸造的孑遗，打断浇道时没有沿凹弦纹断而留有残茬（图1.29.3-4），是否将残茬加工成现在的形状亦未可知。岳阳费家河大口尊底部三条突出明显是浇道残余，[③] 和三星堆罍K2②：159的情形一样，已如前述。

图1.29.1　鲂鱼山罍圈足底沿浇道残迹　　　图1.29.2　鲂鱼山罍圈足底沿浇道残迹

图1.29.3　鲂鱼山罍圈足沿内　　　图1.29.4　鲂鱼山罍圈足沿内

[①] 岳阳市文物管理所：《岳阳市新出土的商周青铜器》，《湖南考古辑刊》第二辑，岳麓书社，1984年，第26页。
[②] 张昌平：《论殷墟时期南方的尊和罍》，《考古学集刊》第15集，文物出版社，2004年，第123页。
[③] 苏荣誉等：《湖南省博物馆藏两件大口折肩青铜圆尊的研究——兼及同类尊的渊源、风格、工艺、产地和时代问题》，湖南商西周青铜器国际学术研讨会论文，2015年8月27日—28日：长沙。

在圈足内壁，可见两个大补块（参见图1.25.2），一个边缘已经翘起，另一个分层，大概都是补铸未浇足的补块。罍内底尚称光滑，但有若干孔洞；外底显得粗糙，既可见不少补块，也可见垫片和垫片脱落形成的大孔（参见图1.25.3），其中某些补块也有可能是补早已脱落甚至铸时脱落的垫片形成的孔洞。有些小孔洞并没有补，证明此罍不能盛液体。其成因有两种可能，一种是铸造时已经形成，一种属皮下气孔，使用了一时就穿透了。

朱凤瀚认为此罍的年代约当殷墟二期II段；[①]张昌平认为属于殷墟二期，和三星堆罍K2②：70同；熊建华认为年代在殷墟二至三期之际。[②]

鲂鱼山罍与三星堆罍K2②：159如出一人之手，造型和纹饰完全相同（参见图1.1.1-2）。只是三星堆罍圈足下有圆孔，功能不明。[③]

四、平江套口罍

1998年，有农民在平江浯口镇套口修拦河坝时发现一件青铜罍，平江县文物管理所将之追缴收藏，一牺首残失，一牺首残缺，器身满布翠绿锈。通高540毫米、口径320毫米、最大腹径410毫米，重27.3公斤（图1.30.1-3）[④]。

（一）造型与纹饰

此器风格特点类于三星堆罍K2②：159，高浮雕纹饰、大角牺首和肩部饰片状伏卧鸟，差别在于此器敦胖而彼器高挑。

平江套口罍也是斜沿、方唇外出、直口束颈，颈饰三周凸弦纹，凸弦纹粗细高低不尽一律。斜宽肩微下弧，饰宽纹带，由浅浮雕宽扁线勾勒夔纹组成，眼珠圆凸，以细线云雷纹衬地，夔纹线上饰细阴线云纹。纹带上均布四只片状伏卧形鸟饰，将之分四组。鸟饰造型和纹饰与前述各罍相同（图1.30.3）。

---

① 朱凤瀚：《中国青铜器综论》，上海古籍出版社，2009年，第1182页。
② 熊建华：《湖南商周青铜器研究》，岳麓书社，2013年，第101页。
③ 《三星堆祭祀坑》，第254—255页，第256页图147，第268页拓片26，图版99。
④ 吴承翟：《平江县浯口镇出土商代铜罍》，《湖南省博物馆馆刊》第二辑，岳麓书社，2005年，第207—209页。

图1.30.1 平江套口罍

图1.30.2 平江套口罍

图1.30.3 平江套口罍肩鸟饰

　　折肩，深腹，腹壁斜直向下略收。折沿下约10毫米素带下布局纹饰，由上、下两重纹带组成。四道与肩鸟饰相应的勾牙形扉棱，将腹部纹饰等分为相同的四组，扉棱长度与纹带等宽，上高下矮，多未透空。上腹纹带窄，由乳钉纹与目雷纹相间排列而成，乳钉纹凸起而目雷纹平铺。纹带中间置牺首，牺首两侧各三只乳丁和三幅目雷纹，牺首占据一乳丁和两目雷纹空间。下面主纹带甚宽，为高浮雕散列式含体无耳兽面纹，两侧填变体夔纹，云雷纹衬地。兽面位于牺首之下，有宽而扁的鼻并与冠饰一体，鼻梁不宽，有鼻翼；鼻梁两侧出鳍，似将鼻与冠饰区分，冠饰边纹作立刀形，刀背也有小鳍，两侧为开口向下的G形角，角梢回卷外勾；鼻两侧布眼，不大但眼珠圆凸；眼和角外侧是S形身和尾，尾抵扉棱下卷并回勾；鼻下为阔嘴，嘴角深咧；嘴角外填变体夔纹。兽面纹各部分及夔纹纹线宽度相若，高浮雕凸起，上以细阴线云纹勾勒，云雷纹衬地；而兽面的立刀饰、角、身、鼻翼和嘴角及夔纹足根均有圆突（图1.31.1）。高浮雕部位包括上纹带的乳钉纹，在腹内壁均有相应的凹陷（图1.31.1-3）。

图1.31.1　平江套口罍管状牺首、腹部兽面纹及扉棱

图1.31.2　平江套口罍腹内壁下凹

图1.31.3　平江套口罍腹内壁铆块

肩沿外挂饰四牺首，位于两扉棱中间，居兽面纹正上方。其中一个牺首几乎残失，仅存少许残片和两个圆形透孔（图1.32.4），从腹内壁可知一个透孔恰在乳钉纹中心（图1.32.5）。另一个上半部连同双角残断，露出砖红色泥芯（图1.32.1），其余两个完整，但泥芯在其中，从牺首下颌不仅可见砖红色芯，还可见芯中有凸榫状物事（图1.32.2）。

牺首造型较为拘谨。宽鼻，有回卷纹线鼻翼。牺首两侧有阴线勾勒的纹饰，叶形小耳也在其中。下颌近于平齐抵在兽面纹的冠饰顶部（参见图1.32.2），一双臣字眼占据正面约三分之一空间，眼珠凸出。额上竖立一对几字形大角，高度与牺首相若，耸出肩沿。角间未透空，中间起脊并饰鳞纹，其折脊间饰细线羽刀纹，角外缘饰细阴线蔓枝，角尖外勾。角饱满，内侧饰鳞纹（图1.32.3）。从角上的残破处推知角壁厚约1毫米（参见图1.30.1）。

图1.32.1 平江套口罍
管状牺首

图1.32.2 平江套口罍
管状牺首

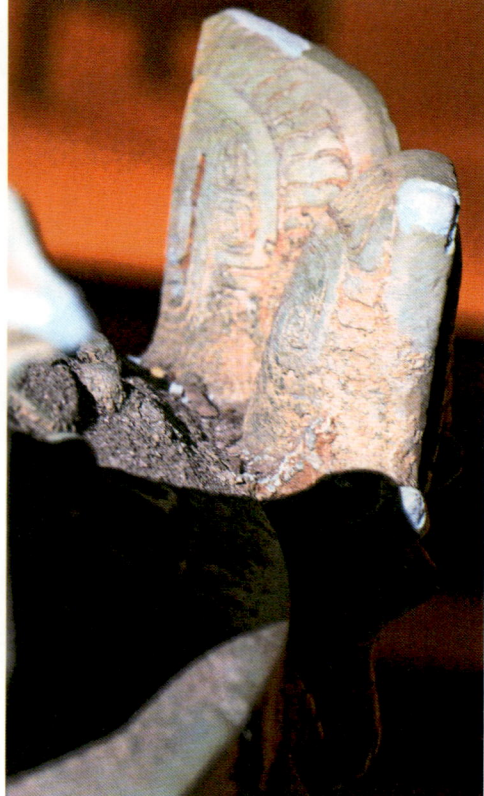

图1.32.3 平江套口罍
管状牺首

图1.32.4 平江套口罍
牺首残迹

图1.32.5 平江套口罍
残牺首内壁

罍下腹弧收出平底，下接高圈足。圈足壁斜直微弧，顶均布四个略似方形透孔，边界不平直，位置与腹部扉棱相应，孔下垂勾云形扉棱，也将圈足纹带等分四组。都是浮雕半散列式无角兽面纹两侧配变体夔纹，鼻、身、嘴上均有云纹，云雷纹衬地。一对竖立的叶形耳颇为显著，其耳根、鼻翼均有圆凸（图1.33.1）。圈足纹饰浮凸处内壁相应凹下（图1.33.2），底沿不平直。

图1.33.1　平江套口罍圈足

图1.33.2　平江套口罍圈足内壁下凹

（二）铸造工艺[①]

和三星堆罍、岳阳鲂鱼山罍一样，这件罍铸型也属四分，也是沿鸟饰—腹部扉棱—圈足扉棱中线垂直分型，也没有水平分型的证据。颈部的凸弦纹，按照万家保的推论，应属范作纹，[②]即在范上做出凹槽，然后铸出凸棱线。三道凸弦纹的宽窄高低有差以及平行度的出入（图1.34.1）可以支持这一假说，但在范上如何加工出光滑的凹槽，或者铸后将凸弦纹打磨光滑，都需要证明。

这件罍铸造工艺的关键是牺首的分铸。从牺首与腹壁的间隙（参见图1.32.1），可判断二者属分铸关系。牺首相应腹内壁的"铆块"（参见图1.31.3）和失却牺首的残迹叠压在腹壁上（参见图1.32.5），可知牺首后铸。那么，失却牺首下的一个圆透孔，位于一乳丁纹中（参见图1.32.4—5），当属预铸工艺孔，在铸造腹部时形成，目的是为了设置牺首。至于下边一个近圆透孔，位置在兽面纹冠饰上，和牺首应无关

---

① 本节内容和图片，若无特别注明，节选自苏荣誉：《湖南商周青铜器铸造工艺初探》，陈建明、许杰编：《三湘四水集萃——湖南出土商、西周青铜器展》，中华书局，2017年，第187—203页。
② 万家保：《安阳及黄陂两商代遗址铜器纹饰之比较》，《中国艺术史集刊》第七辑，1977年，第8—9页。

图1.34.1　平江套口罍颈部　　　　　　　图1.34.2　平江套口罍外底

系。成因待考。

　　牺首管内的现象不应忽视，即包含在牺首泥芯中类似凸榫的物事（参见图1.32.2），与之相应的内壁无特殊迹象。泥芯中的究属凸榫与否有待进一步分析，如进行CT扫描；若是，则说明牺首的后铸是铆接式和榫接式同时并用的方式，以期铸接牢固。通过在乳丁纹预铸的孔进行铸铆式结合，而其下，或者在乳丁纹—目雷纹带下栏，预铸有凸榫，与后铸的牺首以榫接形式相结合。

　　另外值得关注的是，和腹部、圈足高浮雕纹饰相应的内壁的凹陷，外凸尺寸和凹陷尺寸相当接近，如乳丁凸起略高，但内壁凹陷略深（参见图1.31.2-3），说明了对壁厚的严格控制，但其技术基础则是泥芯成形工艺的突破、范与芯组合的准确以及浇铸过程中尺寸的稳定。如此精准，芯必须是芯盒翻制的，而且制作芯盒的模和翻制范的模盒可能是同一个。铸型的组合中，应使用了很多垫片，但由于锈蚀遮蔽，大多垫片可能观察不到。在颈部中、下凸弦纹之间，可见三枚垫片（图1.34.1），排列均匀，其一周可能使用了八枚垫片。折肩沿下的素带上，也可见两枚垫片，对称分布在牺首两侧（参见图1.31.1）。在罍底可见多处孔洞（图1.34.2），既有浇不足所造成的，也有皮下气孔表皮破裂所致，当然也可能有垫片脱落所致。外底的补块皆由上述原因而生。很明显，这件罍是不能盛装液体的。

　　至于圈足底沿不平齐，那是设置浇道并打掉浇道留下残茬的结果。

　　对于平江套口罍的年代，原报告称属殷墟晚期；[1]朱凤瀚没有断代；[2]熊建华参照

---

① 吴承翟：《平江县浯口镇出土商代铜罍》，《湖南省博物馆馆刊》第2期，岳麓书社，2005年，第207—209页。
② 朱凤瀚：《中国青铜器综论》，上海古籍出版社，2009年，第1182页。

新干大洋洲所出罍，认为"考虑到立鸟装饰显示的较晚特征，将该器的年代定在殷墟二、三期之际是合适的"[1]。

五、华容东山尊[2]

华容东山尊属典型大口折肩型，收藏在湖南省博物馆（编号39194，图1.35.1-2）。发现时一牺首脱落，在肩沿下遗有方框形残迹（图1.35.3），后经修复。通高728毫米、口径611—612毫米，圈足透孔处壁厚3.6毫米。[3]

图1.35.1　华容东山尊　　　图1.35.2　华容东山尊　　　图1.35.3　华容东山尊

（一）造型与纹饰

大口，尖沿，方唇，长颈上饰三道凸弦纹，弦纹粗细、高度和平行度互有出入。颈下出较宽的肩，肩面近平，上饰宽纹带，纹带被三片状鸟均分为三组。鸟的造型与前述罍一致（图1.36.1）。三鸟下侧均经修复，鸟内侧有粘补的痕迹。

---

[1] 熊建华：《湖南商周青铜器研究》，岳麓书社，2013年，第103页。
[2] 本节大部内容引自苏荣誉等：《湖南省博物馆藏两件大口折肩青铜圆尊的研究——兼及同类尊的渊源、风格、工艺、产地和时代问题》，湖南商西周青铜器国际学术研讨会论文，2015年8月27日—28日：长沙。
[3] 湖南省博物馆：《湖南省工农兵群众热爱祖国文化遗产》，《文物》1972年第1期，第7页。

肩部纹带在鸟的两侧，为头头相对的夔纹。夔纹半浮雕，象鼻形嘴向下伸，前头翘勾，额上有T形大角，前端细线回卷，角端上翘且尖利。夔身横展，上有突出眼珠，出细尾，上曲横伸后下勾；眼下有云纹形足。夔嘴上饰水波纹或双排鳞纹。[①]以宽线云纹衬地。两夔尾之间，有一竖立无目兽面纹，纹线和夔之地纹一致。有鼻、两侧有回卷的细线，若目，上有三重云纹，类似角架（图1.36.2）。

图1.36.1 华容东山尊肩鸟饰

图1.36.2 华容东山尊肩纹带

折肩沿下一窄素面带，再下为腹部纹带。肩沿外均挂饰三个巨大的圆雕兽头。其一高达165毫米、通宽181.3毫米。中空，作管状，顶透空，后与肩沿平齐，唇下通透与口平齐。兽头有硕大的几字形角，高94毫米，体量略大于兽头高；中空，泥芯已被掏出，外面饰水波纹，周缘饰∩形阴线纹，中间饰云纹。外面微鼓，内壁略凸但光

---

① 施劲松认为"鳞纹在南方出土青铜器上的使用频率非常高，尤其是在湖南和江西新干大洋洲出土的铜器中，鳞纹是最具特色和最有代表性的地方性纹饰之一"。施劲松：《论带虎食人母题的商周青铜器》，《考古》1998年第3期，第61页。周亚也有类似观点，见《论法国吉美博物馆收藏的象尊》，上海博物馆编印：《象尊与牺尊——中法文化年交流展览》，2004年，第28页。

素。兽额有阴线勾菱形纹饰,其两侧勾勒云形眉,眉下为大眼,一对眼珠圆凸,眼后为树叶形耳,耳根有二小圆凸。兽的鼻梁宽而平,饰云纹,鼻头为C形,两端向上回卷成鼻翼。鼻翼外侧有上咧的嘴角,可见四枚尖利的牙齿。耳下有云形突起,功能不明,后饰云纹(图1.37.1-2)。

图1.37.1　华容东山尊管状牺首　　　　　　　图1.37.2　华容东山尊管状牺首

牺首下饰浮雕含体无耳散列式兽面纹,各器官均分离。①因兽头的关系,兽面的鼻矮而短促,鼻梁两侧出向下的钩刺,中间有较宽凸线,鼻翼也是一对圆凸。兽头两侧有C形浮雕形角,两端向下回卷,近冠一侧回卷凸出,下有鼓出圆眼珠的眼睛。眼外有浮雕S形兽身和尾,其下饰变体夔纹。鼻头的两侧咧嘴,露出牙齿,嘴角有线条卷曲形成的外凸。各部件较宽,上饰卷云纹,以云纹衬地。整个纹带浮在器表,纹带下有清晰边界(图1.38.1-2)。贝格立认为此尊开散列式兽面纹的先河。②

---

① 陈公柔和张长寿划分的Ⅳ型兽面纹,并认为最早见于殷墟一期青铜器,如小屯M331方卣R2066颈部兽面纹。陈公柔、张长寿:《殷周青铜容器上兽面纹的断代研究》,《考古学报》1990年第2期,第155页。

② Robert W. Bagley, *Shang Ritual Bronzes in the Arthur M. Sackler Collections*, Washington D. C.: The Arthur M. Sackler Foundation, 1987, p. 272.

图1.38.1 华容东山尊腹部纹饰（牺首下）

图1.38.2 华容东山尊腹部纹饰

三组兽面纹之间以勾云形扉棱为界，扉棱位置与鸟饰相应而与牺首相间，由若干C形构成，两侧有T、L形阴线勾勒，高与纹带之宽相等，其中一条扉棱高139毫米，上厚下薄，厚度在4—7毫米。

下腹弧收出微圜底。底下接高圈足。圈足壁微外弧，上半部分素而下半部分为纹饰。圈足顶端，和肩部鸟相应，各有一个十字形透孔，竖长横短，竖两头平直而横两端半圆。两道凸弦纹切过横的两边。透孔下各置一勾云形扉棱，和腹部扉棱、肩部鸟相应，下端渐微。两扉棱间饰半散列式连体兽面纹，即某个（些）器官与兽面分离，与腹部兽面纹上下排列。同样鼻梁平而不棱鼓，顶有方冠，冠两侧有叶形耳，耳头尖，耳根有圆凸，但耳轮没有纹饰，其间饰云纹。连体兽面身向两侧横展，浮雕型，与冠饰交汇处有阴线菱形勾勒，其两侧有目，圆眼珠外凸，身子多曲折，尾梢回勾。鼻头两侧有向上回卷的外凸，两旁有深咧的嘴，露出牙齿。嘴角也有圆凸。兽身下空白处填浮雕变体夔纹，兽身和夔身均有云纹饰，以卷云纹衬地（图1.39.1-2）。圈足纹带下为一素面纹带，底沿不尽平，可见三处略厚，当为浇道所在。

图1.39.1　华容东山尊圈足纹饰　　　　　　　图1.39.2　华容东山尊圈足纹饰

（二）铸造工艺

牺首两侧叠压着上腹壁，说明后铸。[①]其所在有清晰边线（参见图1.37.2），说明铸件符合原设计。管状牺首内部光素，在腹壁外有突台，高出腹壁3—6毫米，牺首若挂在腹壁。在腹内壁，三牺首处均可见"铆块"形凸起，叠压着腹壁，形状不很规则（图1.40.1-3）。结合此尊初被发现时一牺首脱落，在肩沿下遗有方形孔（参见图1.35.3），说明此孔即铸造尊腹时预留的工艺孔。在后铸牺首时，分别在工艺孔上组合牺首的铸型，浇注时，铜液流过工艺孔在腹内壁凝结成片状，即图1.40.2-3所见痕迹。兽头铸型沿鼻分型，左、右脸面各一范、尊腹内一范与管内一芯、双角各一芯组成。

东山尊的牺首外挂在肩沿，占据了腹部兽面纹的位置，使其没有冠饰。牺首头顶和颈两头透空，作管状，且有硕大的几字形中空的角。类似的一件牺首出自浏阳，边缘平整，通高130毫米、宽140毫米，[②]大几字形兽角不很对称，中空实有泥芯，饰叶脉纹，中间饰云雷纹。这显然是某件尊或罍肩沿的饰兽脱落了，支持牺首后铸的说法，也可期待更多这类器物的发现。

傅举良早已指出，腹部散列式兽面纹的高浮雕和浮雕部分，如鼻、角、身、眼

[①] 难波纯子认为牺首先铸，不确。见［日］难波纯子：《华中型青铜彝器的发达》，向桃初译，《南方文物》2000年第3期，第30页。

[②] 马大明、周贤朴、黄纲正、吴铭生：《新邵、浏阳、株洲、资兴出土商周青铜器》，《湖南考古集刊》第三辑，岳麓书社，1986年，引自熊建华主编：《湖南出土殷商西周青铜器》，岳麓书社，2007年，第134页。

图1.40.1　华容东山尊管状牺首

图1.40.2　华容东山尊管状牺首相应内壁

图1.40.3　华容东山尊管状牺首内壁"铆块"

珠、嘴角和夔，在器内壁均有相应下凹；[①]腹部浮雕凸起4—6毫米，宽度不等，内壁下凹相若（图1.41.1-2）。圈足外兽面纹突出的部分，如身（含冠饰、鼻、眼珠、尾、嘴角）、耳和夔纹，在内壁也相应凹下，深约3毫米（图1.42.1-2）。

　　肩部鸟饰可见清晰的铸造披缝，从前胸中间上延通过颈前至额顶，下转至颈后通向回卷的尾及尾外侧（参见图1.36.1），甚至在尾后颈壁的弦纹上，也可看到披缝通过而被修治的痕迹，但口沿及颈其他部位无披缝痕迹，当是修整所致。与三鸟相应，腹部和圈足相应的勾云形扉棱的中线，均有明确的铸造披缝，以致某些扉棱下段的勾牙未能透空（参见图1.38.1-2、图1.39.1-2）。说明尊沿扉棱—鸟饰垂直分型，其铸型由三范和一腹芯及一圈足芯组成。分型面通过圈足三透孔，而三孔的形状为十字形，不可能是圈足泥芯撑设置之处。圈足底沿不够平齐，厚度不匀，且有两处凹陷，当是浇道设置之所，在去除浇道时伤及圈足底沿（参见图1.42.2）。

　　此尊整体铸造质量上乘，缺陷很少。只是唇上可见气孔，沿下可见不少皮下气孔和大气孔（参见图1.35.1）。

[①]　傅举良：《谈湖南出土的商代青铜器》，《考古与文物》2001年第1期，第45页。

图1.41.1　华容东山尊腹内壁下凹 　　　　　　图1.41.2　华容东山尊腹内壁下凹

图1.42.1　华容东山尊圈足内壁下凹 　　　　　图1.42.2　华容东山尊圈足内壁下凹

关于这件尊，熊建华指出它在同类器中最为高大，并称牲首有曲折的角，可能指竖冠饰。兽面轮廓粗大，其上饰有卷云纹，加之衬地云纹属典型"三重花"形式。[1]纹饰和圆雕鸟、牲首成为罗越（Max Loehr）V型的典型。[2]贝格立（Robert W. Bagley）认为此尊风格属Va。[3]周亚认为应属于湖南混合型青铜器，不应认为它们都是商人在吸收了当地文化因素后铸造的，其中中原文化因素少、地方性文化因素多的一组，包括这件尊，很可能是当地土著民族的产物；而中原文化因素强的一组，可能是南下商人吸收了

---

[1] 熊建华：《湖南商周青铜器研究》，岳麓书社，2013年，第90页。
[2] 关于罗越的五种风格，参见Max Loehr, "The Bronze Styles of the Anyang Period (1300–1028 B.C.)", *Archives of the Chinese Art Society of America*, 1953, Vol.7, pp. 42-53。
[3] Robert W. Bagley, *Shang Ritual Bronzes in the Arthur M. Sackler Collections*, Washington D. C.: The Arthur M. Sackler Foundation, 1987, p. 104.

部分当地文化因素后所生产。①贝格立指出，华容东山尊几乎可以肯定是长江流域铸造的。②王恩田指出其属甲群第一期，年代属殷墟文化三、四期。③

向桃初说此尊"从形制和装饰明显可以看出继承了中原地区二里岗期同类器的传统"④，但没有指明比较或参照的对象，事实上，和中原二里岗期大口尊形态和装饰出入很大（详后）。难波纯子以殷墟青铜器比照这类"华中型尊"，或者采用并无多少证据的年代判断，认为其年代从殷墟二期一直流行到殷墟末期，将这件尊划为Ⅳ式，断为晚商Ⅱ期，⑤即安阳Ⅲ或Ⅳ期，为向桃初所赞同。⑥

在尊类器物中，华容东山尊以外挂形管状牺首饰具有独特性。张昌平指出不见于北方地区。⑦它的确是商代南方青铜作坊的产品。⑧

六、台北"故宫博物院"藏方腹圆口折肩尊

台北"故宫博物院"收藏的一件圆口方尊（JW2353-38），造型与纹饰均较罕见，通高449毫米、口径435毫米，有图录将其年代定为殷墟中晚期（图1.43.1-2）。其中一些要素不但和上述器物有紧密关联，还能提供一些新的认识。⑨

（一）造型与纹饰

圆口、尖沿方唇，口沿起线若沿口（参见图1.43.1），在二里头和二里岗期的爵、斝中习见，在后期尊、罍中稀见。腹部和圈足截面均方形，颈部饰三周凸弦纹，

---

① 周亚：《论法国吉美博物馆收藏的象尊》，上海博物馆编印：《象尊与牺尊——中法文化年交流展览》，2004年，第34—35页。
② Robert W. Bagley, *Shang Ritual Bronzes in the Arthur M. Sackler Collections*, Washington D. C.: The Arthur M. Sackler Foundation, 1987, p. 270.
③ 王恩田：《湖南出土商周铜器与殷人南迁》，《中国考古学会第七次年会论文集（1989）》，文物出版社，1992年，引自熊建华编：《湖南出土殷商西周青铜器》，岳麓书社，2007年，第278、282页。
④ 向桃初：《湘江流域商周青铜文化研究》，线装书局，2008年，第269页。
⑤ ［日］难波纯子：《华中型青铜彝器的发达》，向桃初译，《南方文物》2000年第3期，第44页。
⑥ 向桃初：《湘江流域商周青铜文化研究》，线装书局，2008年，第271页。
⑦ 张昌平：《论殷墟时期南方的尊和罍》，《考古学集刊》第15集，文物出版社，2004年，第122页。
⑧ 苏荣誉等：《湖南省博物馆藏两件大口折肩青铜圆尊的研究——兼及同类尊的渊源、风格、工艺、产地和时代问题》，湖南商西周青铜器国际学术研讨会论文，2015年8月27日—28日：长沙。
⑨ 陈芳妹：《故宫商代青铜礼器图录》，台北"故宫博物院"，1998年，第320—327页。

肩部纹带沿四角窄而低的披缝线为对称，各置一长鼻夔纹，眼珠圆凸，以云雷纹衬地（图1.44.1）。肩沿外，腹壁四壁上沿中央各置一圆雕牺首，一对巨大的C形角向内卷，高度占据牺首一半而宽度倍之（图1.44.2-3）。

图1.43.1　台北"故宫博物院"藏圆口方尊 　　　图1.43.2　台北"故宫博物院"藏圆口方尊纹饰拓片

图1.44.1　圆口方尊肩部纹饰 　　图1.44.2　圆口方尊管状牺首 　　图1.44.3　圆口方尊腹部纹饰

四壁中在牺首下饰散列式兽面纹，浮雕型宽鼻与冠饰一体，构图类似倒置蝉纹，三角形鼻头和小圆凸鼻翼类于蝉纹头眼，兽面也有一对小眼和大小相若的圆凸眼珠，其下深咧嘴角，冠两侧有几字形大角，云雷纹衬地。四角饰浮雕鸟纹，身形向两壁展开，有一对和牺首同样形状的大角，眼珠圆凸，尾下垂，身下有三指爪（图1.45.1）。圈足四面上部中央各有一竖置的长方形透孔，一周凸弦纹贯穿其中，这样的透孔罕见。圈足下半饰半散列式连体兽面纹，宽鼻中间有凸脊棱，鼻头宽阔，也有一对圆凸眼珠，C形角，云雷纹衬地（图1.45.2）。陈芳妹指出此圈足兽面纹与广汉三星堆罍和新干大洋洲壶的相近。[①]

图1.45.1　圆口方尊角部兽纹　　　　　图1.45.2　圆口方尊圈足纹饰

（二）铸造工艺

　　此器铸造工艺信息清楚，除牺首后铸外，肩面四隅向颈部延伸在凸弦纹上均可见披缝痕迹，鸟前胸的水波纹也有相应的现象，说明其铸型沿四角分型。至于水平分型情形如何则不得而知。

　　牺首中空若管状，与腹部有明显的叠压痕迹且附在四壁面上，颈部与折沿平齐，X光片中隐约可见管状牺首下腹壁的云雷纹，[②]都说明牺首后铸。

　　X光片表现出腹壁纹饰区没有垫片设置，但一侧面的纹带下栏左下可见一枚垫

[①] 陈芳妹：《故宫商代青铜礼器图录》，台北"故宫博物院"，1998年，第320—327页。陈氏还认为腹部兽面的鼻像蛇头，"罕见于安阳"，四隅的鸟纹"与四羊方尊的四羊高浮雕与四个角落的手法相近"。
[②] 陈芳妹：《故宫商代青铜礼器图录》，台北"故宫博物院"，1998年，第322页图52g3。

片，右下则有一大补块（图1.46.2），连同颈部的两个补块（参见图1.44.1），都应是垫片脱落后的补铸。尊底部使用了五枚垫片，中央一枚，四隅各一枚，排列十分规矩（图1.46.1）。陈芳妹在图录中指出，腹部兽面纹浮雕鼻和鸟，在器内壁相应下凹。贝格立指出此器在装饰上和华容尊有密切关系，应铸造于长江流域。①

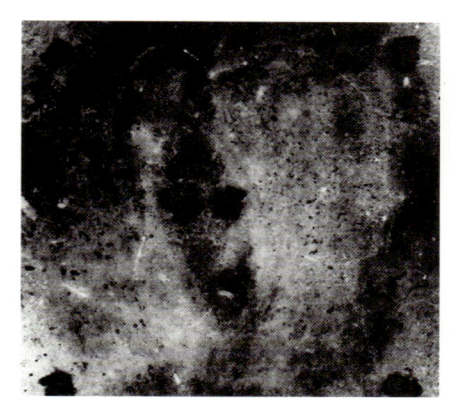

图1.46.1　鸟饰带盖方罍X光片（BT615-8）

图1.46.2　鸟饰带盖方罍X光片（BT615-1）

七、台北"故宫博物院"藏鸟饰带盖方罍

台北"故宫博物院"还收藏有一件鸟饰带盖方罍（图1.47.1-2），通高270毫米、口径171毫米×168毫米、圈足径155毫米×160毫米，重3845克。造型与纹饰均特别，尤其是肩沿外相对两壁挂饰管形牺首，与上述诸罍、尊关系密切，年代被断为殷墟二期。②

（一）造型与纹饰

此罍截面近方形，有盖。盖方唇窄平沿，沿内侧出子口插入腹口与之扣合。盖面中间穹隆上鼓，下面四角隐有四脊，其上各伏卧一圆雕鸟。圆头张目，额顶斜向后，竖一对片形耳，三角形短喙向前，粗短颈饰鳞纹，蝉纹式羽、鳞纹羽覆身，尾端

---

① Robert W. Bagley, *Shang Ritual Bronzes in the Arthur M. Sackler Collections*, Washington D. C.: The Arthur M. Sackler Foundation, 1987, pp. 36, 279 note 4.
② 陈芳妹：《故宫商代青铜礼器图录》，台北"故宫博物院"，1998年，第414—423页。

图1.47.1 台北"故宫博物院"藏鸟饰带盖方罍

图1.47.2 台北"故宫博物院"藏鸟饰带盖方罍纹饰拓片

平齐,突出盖面(图1.48.1-3)。陈芳妹说X光片表现出盖"中间作夔纹圆形装饰,并有四个分别面向四边的兽面纹"。其实X光片太黑,看不清楚纹饰,但中间相叠的白亮块,似表明有榫包含其中,[①]说明此罍盖原来中央有纽,不排除鸟形纽的可能,先铸为盖铸接。后来纽残断,接榫残留盖中,而接榫外的白亮块,不排除古代曾施行焊接修补的可能。后再经处理,使顶面光滑圆鼓。根据盖的拓片(参见图1.48.2),知盖面纹饰分三部分:顶端圆环由斜角目雷纹组成;沿口有窄的连续夔纹带,方向一致,且四角各有一夔纹跨在两面;中间为兽面纹,窄棱鼻、阔嘴、宽冠饰、大臣字眼、眼珠凸、几字形角,两侧填饰与沿口相同的夔纹。这些兽面纹各部分和夔纹以略宽线勾出,以细密云雷纹衬地。

腹斜沿,方唇略敞,束颈,饰轮廓模糊的凸弦纹一周。宽斜肩,饰略宽线夔纹带,以细线云雷纹衬地。折肩,腹前后面相同而与左右面有别,差异在于外挂管状牺首饰,前后面有而左右面无,其余纹饰相同,均由上腹窄的蝉纹带和下腹宽兽面纹带组成,云雷纹衬地。上腹纹带由四蝉纹组成,两两成组,头向四角,中间留下较大空白,饰以细线云雷纹,前后两面在云雷纹上置牺首,左右两面无。牺首非如前述各器为筒形

[①] 陈芳妹:《故宫商代青铜礼器图录》,台北"故宫博物院",1998年,第414—423页,图69c。

图1.48.1　鸟饰带盖方罍盖面 　　图1.48.2　鸟饰带盖方罍盖面纹饰拓片 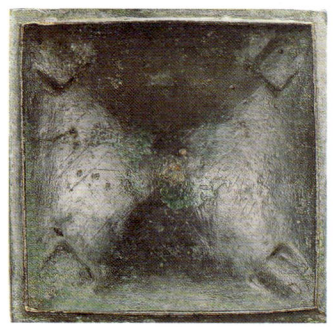　　图1.48.3　鸟饰带盖方罍盖内壁

而作三角形，鼻翼向上回卷且凸出，臣字形眼圆睁，额上出一对G形大角，外卷回勾，高度与牺首相垺，宽度远过之。腹部的兽面纹以窄而矮的鼻棱对称展开，鼻宽鼻头更宽，其下有嘴阔；其上的冠饰宽而复杂，抵在外挂形牺首下颔。鼻两侧为大臣字形眼，眼珠圆凸，眼角上竖粗壮角，梢内折并向下回勾；眼外接S形兽身，横伸上竖外折再下转回勾；身下填饰夔凤纹，眼大不凸。兽面纹各部分和夔凤纹以略宽线勾边，中填同样纹线的云纹，整个纹带以细密云雷纹衬地（图1.49.1-2，参见图1.47.1、图1.50.1）。

腹下弧收出平底，外底有阳线方格网纹（图1.50.2），下接截面近方形的圈足，壁斜直略外撇。圈足上半每面中点各有一近方形的透孔，一周轮廓模糊的凸弦纹贯穿其间；下半饰细线兽面纹。

图1.49.2　鸟饰带盖方罍腹壁X光片（BT611-1）

图1.49.1　鸟饰带盖方罍腹部兽面纹

图1.49.3　鸟饰带盖方罍腹内壁

图1.50.1　鸟饰带盖方罍牺首后铸在腹内铆块　　　　图1.50.2　鸟饰带盖方罍外底

（二）铸造工艺

陈芳妹编纂的《故宫商代青铜礼器图录》，公布了大量细节，表现出此器的诸多工艺现象。但她对这些现象的解释，却有若干处不尽达意。

对盖进行了X光成像分析，说明盖的鸟饰为实心；同时指出铸型"以鸟中线为准而分四范"，确当；也指出"盖内壁仅有立鸟部位凹痕"（参见图1.48.3），敏锐；但未解释。[①]这四个"凹痕"均有较清楚的边沿，所以不会是缩孔。恰恰因圆雕鸟饰使得这些部位很厚，为减少凝固收缩倾向，盖芯在此部位凸出以减小壁厚，符合壁厚尽量一致或缓慢过渡的铸造原理。

至于腹部肩外挂饰的牺首，只存在相对的两侧，另两侧没有，和已出土各尊、罍不同。遗憾既没有照片表现缺失牺首处的细部，也没有表现牺首的管状中空和分铸。图录写道：

> X光片呈显明显的结合现象（参见图1.49.2）。另两个相对应的器腹肩部不见立雕兽首，但纹饰却中断，是否是装饰花纹时已预留兽首位置，但终究没有完成铸接，而前者的二次铸接现象是当时的？抑或是晚近的？皆值得日后有更多的相关资料后再研究。[②]

[①] 陈芳妹：《故宫商代青铜礼器图录》，台北"故宫博物院"，1998年，第415页。
[②] 陈芳妹：《故宫商代青铜礼器图录》，台北"故宫博物院"，1998年，第415页。

事实上，图录中二牺首的X光片因重叠关系并不能表现出牺首的分铸（参见图1.49.2），但器内壁类似铆块的铜片（参见图1.49.3），和上述罍、尊内壁的一致，是以铸铆接式后铸牺首的遗存，铆块是强化二者结合的特别设计。倒是没牺首的一侧壁的X光片，似有一薄铜片贴附在腹内壁（参见图1.50.1），若果然如此，说明此二壁的牺首曾经铸接过，后来发生了断脱。

当然，X光片还表明腹壁厚度，兽面纹还是浮于地纹之上，十分匀称。外底可见垫片和补块痕迹（参见图1.50.2），而补块可能是与垫片脱落后的补铸有关。

陈芳妹指出此器纹饰与三星堆罍接近，据其引图，知其所指实为罍K2②：159。并指出纹饰有南方或西南区域特征。[1]

八、关于外挂式管状牺首饰诸器的讨论

中国青铜器以礼器出现为标志，在二里头文化中期进入了所谓的青铜时代，实则是青铜礼器时代。早期青铜器的发展有两个趋势：一个是大型化，一个是复杂化和装饰化。到二里头文化晚期，青铜器开始出现装饰。首先出现的是纹饰，以铸造的阳线饰在器表，并逐渐形成纹样，赋予其内容；其次是以绿松石镶嵌在牌饰上，可构成抽象兽面纹等图案，也镶嵌在兵器的柄部；再者，在器物上铸出结构性装饰，如斝和爵的柱及槊后的柱帽、尊等的扉棱，以及下文讨论的牺首等，以至于在新干大洋洲青铜器群中，许多青铜器上饰以圆雕的虎、鹿和鸟饰。[2]本节仅对外挂式管状牺首饰以及与之相关的器物进行讨论。

（一）牺首饰

牺首是指铸造于青铜器上的兽首形浮雕或圆雕形装饰，偶尔与器錾合二为一装饰器物，是与平面的铸造纹线的兽面纹相对的、形略小的浮雕或立体兽首的装饰。尊或罍的肩部是最早有牺首装饰的器类。郑州二里岗文化中，已有向阳回族食品厂窖藏发现的两件大口尊XSH1：3、XSH1：4和罍XSH1：5，人民公园出土的大口尊C7：

---

[1] 陈芳妹：《故宫商代青铜礼器图录》，台北"故宫博物院"，1998年，第415页。编者在文中言此方罍和三星堆一号祭祀坑罍接近并附照片，所言实为二号坑出土的罍K2②：159。
[2] 江西省文物考古研究所等：《新干商代大墓》，文物出版社，1997年，第9—80页。

Y0861和扉棱饰大口尊C7：Y0890，它们的肩面或肩沿上出现了高浮雕或近于圆雕的牺首（图1.51.1-2），①牺首浑铸。阜南月儿河、灵宝东桥（图1.51.3）和城固苏村出土的大口折肩尊和大口弧肩尊也是如此，且前二地的尊还饰有勾云形扉棱。②但黄陂盘龙城青铜尊、罍上则几乎没有牺首饰。③

阜南月儿河所出一组青铜器中，龙虎尊和另一件兽面纹尊十分突出（图1.52.1-2）。龙虎尊腹部高浮雕纹饰，内壁相应凹下（图1.52.3），属于范—芯合作纹；肩部龙身半浮雕，伸出的龙首圆雕，腹部的虎身半浮雕但虎头圆雕。类似的器物只见于三星堆器物坑，龙首和虎头皆后铸（详见本集第二篇）。

以后铸牺首将之铸造得更加饱满甚至张扬的情形出现在长江、淮河和汉江流域，即商代的南方，如六安泴河、岳阳费家河、江陵八姑台、枣阳新店、巫山李家滩以及广汉三星堆出土的大口折肩尊，莫不如此，而且牺首基本以铸铆式后铸④和高浮雕兽面纹、勾牙形扉棱及鸟饰构成了这些地区商代青铜尊复杂的轮廓和华丽的装饰。

这些牺首基本是扣在肩沿，兽角压在肩面而颈压住腹上侧。更大改变了轮廓的则是外挂形管状牺首饰。

| 图1.51.1 郑州人民公园尊 C7：Y0861 |  图1.51.2 郑州人民公园尊 C7：Y0890 |  图1.51.3 灵宝东桥尊 |

---

① 河南省文物考古研究所：《郑州商城：1953—1985年考古发掘报告》，文物出版社，2001年，第815—819页。
② 《中国青铜器全集》卷1，文物出版社，1996年，第115页。河南省博物馆、灵宝县文化馆：《河南灵宝出土一批商代青铜器》，《考古》1979年第1期，第20—22页。唐金裕、王寿芝、郭长江：《陕西省城固县出土殷商铜器整理简报》，《考古》1980年第3期，第211—218页。
③ 湖北省文物考古研究所：《盘龙城：1963—1964年考古发掘报告》，文物出版社，2001年，第458—463页。
④ 苏荣誉等：《湖南省博物馆藏两件大口折肩青铜圆尊的研究——兼及同类尊的渊源、风格、工艺、产地和时代问题》，湖南商西周青铜器国际学术研讨会论文，2015年8月27日—28日：长沙。

三星堆出土青铜罍 K2②:159初步研究

图1.52.1　月儿河兽面纹尊

图1.52.2　月儿河尊腹部纹饰

图1.52.3　月儿河尊内壁下凹

图1.53.1　三星堆罍K2②：159

图1.53.2　三星堆罍K2②：70

045

图1.53.3　罍K2②：88PL564 　　图1.53.4　岳阳鲂鱼山罍 　　图1.53.5　平江套口罍

图1.53.6　华容东山尊 　　图1.53.7　台北"故宫博物院"藏圆口方尊 　　图1.53.8　鸟饰带盖方罍

（二）外挂式管状牺首饰器

本文梳理的八件外挂式管状牺首器（图1.53.1-8），三件出自三星堆，均为罍，三件出自湘北，两件罍一件尊，另两件为传世品，收藏于台北"故宫博物院"，一尊一罍，皆是方形。这些有限的样本表明外挂式管状牺首用于装饰尊和罍（图1.54.1-8），当然，在某些情况下尊与罍不易区分，[1]都是深腹有圈足的大型容器。但配置有

---

[1] 张昌平：《论殷墟时期南方的尊和罍》，《考古学集刊》第15集，文物出版社，2004年，第116页。

所不同，罍为四分配置：四牺首、四扉棱（或肩部四鸟饰），有若方器（方罍两侧的牺首疑有，已失）；而圆尊为三分配置：三牺首、三扉棱（肩部三鸟饰）。

图1.54.1 罍K2②：159 肩部管状牺首正面

图1.54.2 罍K2②：70 牺首

图1.54.3 罍K2②：88 牺首

图1.54.4 鲂鱼山罍 肩部管状牺首

图1.54.5 平江套口罍牺首

图1.54.6 华容东山尊 管状牺首

图1.54.7 圆口方尊牺首

图1.54.8 鸟饰带盖方罍牺首

外挂式管状牺首饰的造型特点，首先是牺首属圆雕，中空，头顶和下颌基本平齐，上下透空。牺首在器物的位置，通常是顶与肩沿平齐，而下颌在腹部上纹带与主纹带之间，或者叠压一小部分主纹带。这一特点限制了牺首銎管的高度，故其体量有限。牺首只能在角耸起的高度和角向两侧伸展的宽度方向有限发展。通常角的高度与銎管相若，宽向不等。牺首可分两类，一类角近几字形，圆雕中空，实有泥芯，角尖向外，背面有纹饰，称之为圆角，三星堆罍K2②：159、岳阳鲂鱼山罍和华容东山尊属此，浏阳出土的一件牺首也属此类。[①]另一类角形如开口向下的G，内卷，为片状，背面或有凸线，称之为片形角，其他五件器牺首属此。圆角与片形角，一张一敛，内涵不明，是否有雄雌之别未为可知。

再看外挂式管状牺首饰器的纹饰，八件器物中，三星堆罍K2②：159、平江套口罍和华容东山尊三件属高浮雕兽面纹，而此三器的牺首属于圆角类；另五件均属平铺纹饰，牺首的角属片形类。虽然其中的内在关系还不能解析，但似存在较张扬的牺首与浮雕纹饰、较内敛的牺首与平铺纹饰的搭配关系。另外，三星堆罍K2②：159、岳阳鲂鱼山罍、平江套口罍和华容东山尊肩部以片形鸟饰代替了勾牙形扉棱，其中鲂鱼山罍牺首角为片形，纹饰为平铺，可能没有严格配置。或者说，片形鸟饰既配圆雕角牺首、浮雕纹饰器，也可配片形角牺首、平铺纹饰器。同时也说明片状鸟饰和勾牙扉棱具有相同或相似的装饰功能。这里需要指出的是，台北"故宫博物院"鸟饰方罍，盖四角的鸟饰近于圆雕，且浑铸，该与如新干大洋洲镈XD：63舞间及虎饰XD：68脊中的鸟饰相同[②]，无妨视作南方风格器的一个品类。

（三）管状牺首的铸接及此后的演变

上文对八件器物逐一考察，得知外挂式管状牺首饰全部系分铸成形，且后铸于肩沿外，形成挂饰效果。在腹内壁与牺首相应位置，均可见形状不同的"铆块"，那是为强化后铸牺首与腹壁结合的措施。平江套口罍的四牺首，一残一近于残失，暴露出牺首下的工艺孔，直径约6—7毫米。如此小的工艺孔，铸接后连接牺首和其内壁的"铆块"，易于产生裂纹而脱落，事实上，不仅平江套口罍和华容东山尊的牺首在出

[①] 马大明、周贤朴、黄纲正、吴铭生：《新邵、浏阳、株洲、资兴出土商周青铜器》，《湖南考古集刊》第三辑，岳麓书社，1986年，引自熊建华主编：《湖南出土殷商西周青铜器》，岳麓书社，2007年，第134页。
[②] 江西省文物考古研究所等：《新干商代大墓》，文物出版社，1997年，第73、80、131页。

土时脱掉，推想三星堆罍亦会如此。

浏阳发现的一件牺首（图1.55.1），边缘平整，角跟有圆凸，通高130毫米、宽140毫米，[1]属于圆雕角类型，即是从罍或尊上脱掉之物。惜未见发表照片，特别需要表现管銎的背侧，以明了牺首与工艺孔的关系。三星堆二号器物坑中也出土了一件牺首K2②：39，发掘报告描述仅六字"羊头为外卷角"[2]（图1.55.2），至关重要的背部情况未描述，也未发表照片，应和浏阳牺首一样，分别代表了张扬和收敛两个类型。

图1.55.1 浏阳牺首纹饰拓片

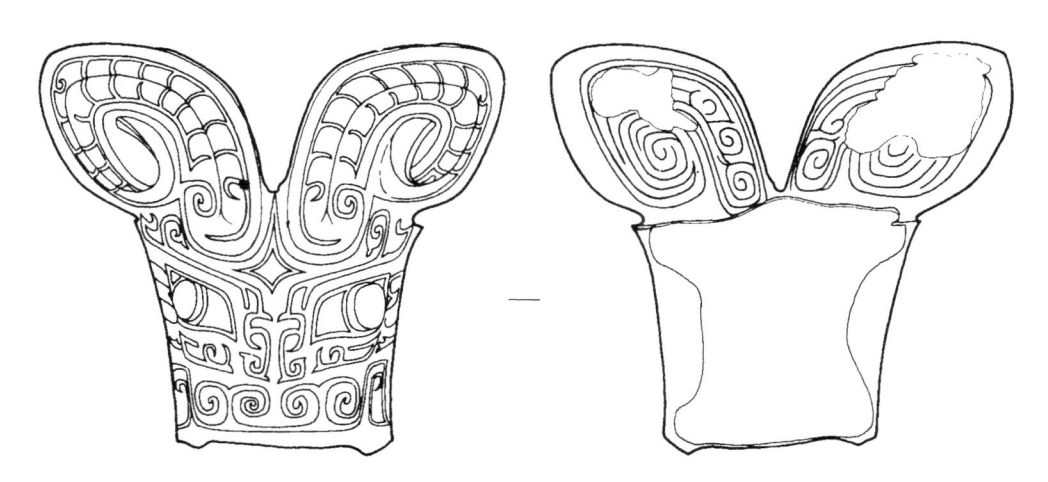

图1.55.2 三星堆出土牺首K2②：39线图

平江套口罍一牺首的管銎中似有凸榫（参见图1.32.2），很可能是铸接的接榫，即罍腹在肩沿下铸有工艺孔，一边形成较为牢固的"铸铆式铸接"，同时，在下侧预

---

[1] 马大明、周贤朴、黄纲正、吴铭生：《新邵、浏阳、株洲、资兴出土商周青铜器》，《湖南考古集刊》第三辑，岳麓书社，1986年，引自熊建华主编：《湖南出土殷商西周青铜器》，岳麓书社，2007年，第134页。
[2] 《三星堆祭祀坑》，第255页，第274页图148.2。报告中文图的器物编号不一，文中为K2②：103-2，线图为K2②：39，姑从线图。

铸接榫并形成榫接式铸接，目的都是为了强化牺首与器腹的结合。

较为特别或者可能属于例外的是鲂鱼山罍。与牺首相应的内壁有一对补块，这种现象也出现在宁乡划船塘失却牺首的瓿上（参见图1.28.1-3）。划船塘瓿体量巨大，先铸的牺首很可能通过铸铆工艺结合。鲂鱼山罍体量小，不应采用这一工艺。结合牺首管銎内壁的铸疣，似不应排除牺首分铸但铸出两个工艺孔，铸就的罍腹在设置牺首处已铸出两个工艺孔，铸铆时以工艺孔为定位，固定工件并组合铸型，内壁的铸型即是"铆块"型腔，外侧的铸型还不清楚，或为片状，浇铸时，通过伸进牺首管銎的内浇道注入，铜液通过两对工艺孔充满内壁型腔。另一种可能是，腹壁同样预铸一对工艺孔，浇铸牺首形成腹内壁两个"铆块"，而牺首管銎中的铸疣可能是铸后牺首脱落修复的痕迹。具体若何，有赖CT扫描深入解析。

如前所述，二里岗时期先在中原的青铜尊、罍上出现的牺首，或与扉棱同时，均是浑铸的。牺首多半浮雕形，甚或浅浮雕（参见图1.51.1）。南方风格青铜尊和罍（以及瓿），牺首变大并富有装饰性，和勾牙形扉棱一起装饰器物，这些牺首均后铸，多采用铸铆式铸接。[1]至外挂式管状牺首饰，才成为圆雕装饰，同样后铸，全部为铸铆式铸接或铸铆式与榫接式结合的铸接形式。

中商晚期安阳小屯墓葬出土的青铜尊和罍，如M232的罍R2056、M333的罍R2060和R2059、M331的罍R2058，肩部没有牺首饰，情形与盘龙城相若；M388的罍R2061，肩部有浅浮雕形的牺首，肩内壁相应凹陷，显然浑铸成形；M331大口折肩尊R2070和R2071，不仅肩—腹饰三道勾牙形扉棱，且饰有三高浮雕牺首，其吻突出肩沿许多，后铸。[2]这两件大口折肩尊较为另类，很可能是南方的舶来品。[3]

需要看到，管状牺首出现的器物不多，后来很可能演变为贯耳。较早的贯耳壶是小屯M238的R2074（图1.56.1），贯耳表面以阴线表现兽首，但已无高扬的角（图1.56.2），妇好墓出土的妇好壶M5：863和M5：795的贯耳与之相若。[4]

殷墟时期表现圆雕牺首附饰通常有两种方式，一种是铸接牺首，多在尊肩部，

---

[1] 苏荣誉等：《湖南省博物馆藏两件大口折肩青铜圆尊的研究——兼及同类尊的渊源、风格、工艺、产地和时代问题》，湖南商西周青铜器国际学术研讨会论文，2015年8月27日—28日：长沙。
[2] 李济、万家保：《殷墟出土五十三件青铜容器之研究》（《古器物专刊》第五本），"中研院"历史语言研究所，1972年，图版22、24—26、23、33—34、56。
[3] 苏荣誉等：《湖南省博物馆藏两件大口折肩青铜圆尊的研究——兼及同类尊的渊源、风格、工艺、产地和时代问题》，湖南商西周青铜器国际学术研讨会论文，2015年8月27日—28日：长沙。
[4] 中国社会科学院考古研究所：《殷墟妇好墓》，文物出版社，1980年，第64、66页。

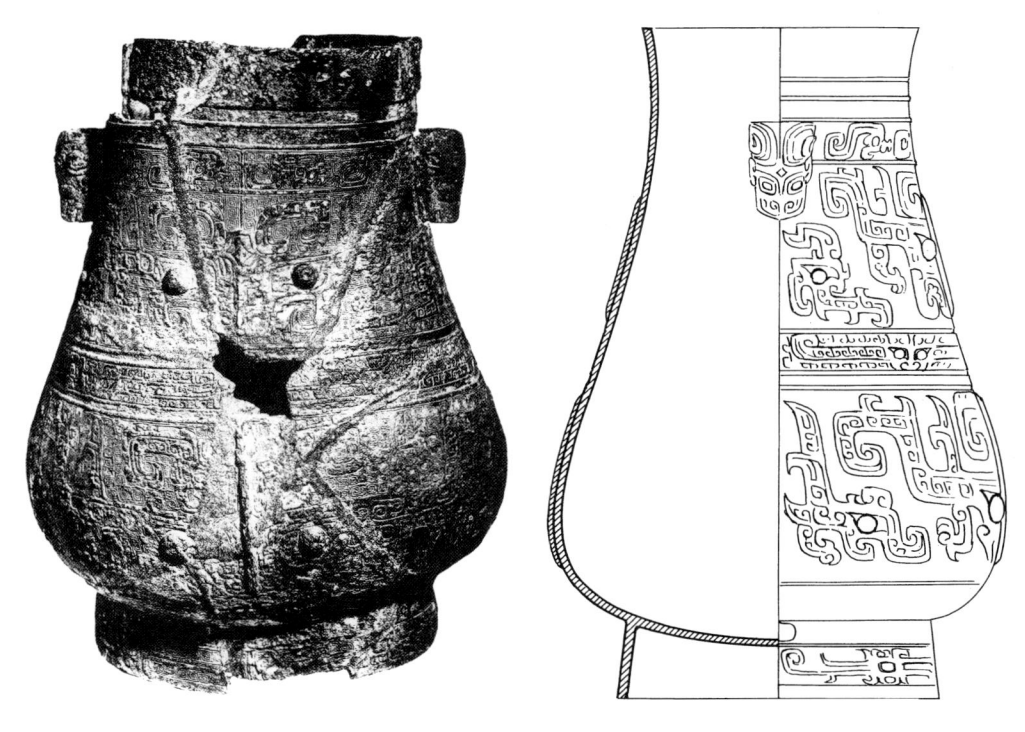

图1.56.1　小屯M238贯耳壶R2074

图1.56.2　小屯M238贯耳壶R2074线图

另一种则是在簋和觥以及斝鍪等器上，设计铸造圆雕兽首。妇好墓出土的妇好方尊M5：792及妇好方斝M5：855、圆斝M5：860、簋M5：832与双耳簋M5：851等，[①] 可以代表这两种形式，但除方斝M5：855外，基本没有张大的双角，但西周早期的一些簋的耳，如著名的利簋的兽耳，片形双角虬张。[②] 而妇好墓所出妇好瓿M5：830、子束泉尊M5：320等肩部的牺首，[③] 都是二里岗时期尊的牺首饰的延续，但兽首是分铸铸接的。[④] 新兴的器类，如簋等，纹带上的圆雕兽首基本都是浑铸成形。

---

① 中国社会科学院考古研究所：《殷墟妇好墓》，文物出版社，1980年，第53、55、67、70、49—50页。
② 《中国青铜器全集》卷5，文物出版社，1996年，图49。
③ 中国社会科学院考古研究所：《殷墟妇好墓》，文物出版社，1980年，第56、66页。
④ 华觉明、冯富根、王振江、白荣金：《妇好墓青铜器群铸造技术的研究》，《考古学集刊》第1集，中国社会科学出版社，1981年，第267—268页。

（四）外挂式管状牺首饰器的年代与产地蠡测

上述八件外挂形管状牺首饰青铜罍和尊，虽然六件有明确出土地点，三星堆的三件还经过科学发掘，但无一出自墓葬，甚至湘北的三件均是单件孤立出土，无从参考，失去传统考古学断代的重要证据。对它们年代的看法，以前多依据纹饰进行推演，甚至猜测。

青铜器装饰牺首的分铸，现有的资料以阜南月儿河的龙虎尊为早，大约在中商早期。连同它的高浮雕纹饰以及内壁相应凹下，张昌平以"凸凹式铸法"相称，[1]本质上纹饰属范—芯合作纹，要求范与芯精工制作、精确定位，非同一模制难以实现。[2]对照中商时期中原所出青铜器，后铸牺首和范—芯合作纹几乎未见应用，小屯五座墓中器物，M331两件大口折肩尊R2070和R2071，腹壁饰三道勾牙形扉棱，斜肩均饰三圆雕牺首，牺首分铸，万家保以为先铸，[3]实则后铸。这两件尊具有浓厚南方因素，或许铸自南方。[4]而多件罍和尊的风格与工艺，更接近于盘龙城器物。

相对的是，在六安淠河、岳阳费家河和鲇鱼山、华容东山、江陵八姑台、枣阳新建、城固苏村、巫山李家滩以及广汉三星堆诸地，已有十多件此类风格和工艺的器物被发现。这些器物风格一致，时间集中，当是同一作坊在取得重大技术突破后，在一个不长的时间内铸造的。推测出自南方作坊，而器物的年代或不早于中商早期。

兽首附饰的一致性或可导致如下推测：南方工匠发明了筒状兽首饰较早用之于台北"故宫博物院"圆口方尊和华容东山尊，而后施于三星堆罍K2②：159，可能觉得更为匀称，故不再施之于尊而施之于三星堆罍K2②：70和K2②：88。从华容东山尊到广汉三星堆罍和平江套口罍、浏阳牺首，表现出这类外挂牺首的同源性和时代一致性。三星堆的青铜容器，应是长江中游作坊的产品输出的结果，巫山李家滩尊也不例外。

---

[1] 张昌平：《论殷墟时期南方的尊和罍》，《考古学集刊》第15集，文物出版社，2004年，第120页。另请参阅本集第二篇。
[2] 苏荣誉等：《湖南省博物馆藏两件大口折肩青铜圆尊的研究——兼及同类尊的渊源、风格、工艺、产地和时代问题》，湖南商西周青铜器国际学术研讨会论文，2015年8月27日—28日：长沙。
[3] 李济、万家保：《殷墟出土五十三件青铜容器之研究》（《古器物研究专刊》第五本），"中研院"历史语言研究所，1972年，图版3—34。
[4] 苏荣誉等：《湖南省博物馆藏两件大口折肩青铜圆尊的研究——兼及同类尊的渊源、风格、工艺、产地和时代问题》，湖南商西周青铜器国际学术研讨会论文，2015年8月27日—28日：长沙。另请参阅本集第四篇。

至于下限，和殷墟青铜器相对照，在殷墟青铜器中出现的高浮雕纹饰，器内壁并未相应凹下，妇好墓时期青铜器大量的散列式兽面纹，在郑州二里岗和中原中商青铜器中，很难找到它们的渊源，铸铆式后铸更是如此，都表现出受到南方青铜艺术和技术影响的局面，[1]特别是本文专门讨论的外挂式管状牺首器，在殷墟几无踪影，要么演变成贯耳，要么出现圆雕铸造，随之一同变异的，还有勾牙状扉棱的快速消失并演变为直条式扉棱。所以，外挂式管状牺首饰青铜器，时代下限不晚于武丁时期。

张昌平研究了南方类型的尊、罍后敏锐指出："殷墟二期是殷墟青铜文化的繁荣阶段，青铜器的类别、数量都有较大的发展，因此这一阶段尊、罍在北方的消退和在南方发达的情况显得特别引人注目。当然在殷墟二期以后南方尊、罍未有进一步的发展，这一点与中原又是一致的。"[2]其中也反映了他的困惑，但他没有解释何以殷墟二期以后停滞。事实上，殷墟的青铜器没有停滞，只是从大口折肩尊迅速演变到筒形尊，折肩无耳罍演变成三耳罍罢了。

青铜工艺技术不是匀速发展的，有创造、创新，也有因循停滞甚至"人亡技绝"，尤其制作的青铜器，风格和类型必不能匀速变化，除技术因素外，政治、经济、文化、环境、工匠等都是不易控制的因素，这一点与其他介质和形式的艺术生产一致，但我们的青铜器断代并未充分考虑到这些因素。一般来说，新朝、新都定鼎是文化碰撞和融合的活跃期，也是艺术创造的鼎盛期，盛期过后是较为长的平稳期，接着是衰落期。殷墟的青铜器也不例外，盘庚至武丁是繁荣期，也表现出多样化，南方风格因素是一个重要方面。考虑南方青铜器的"停滞"甚至无以为继，结合武丁时代大规模的征伐，可以设想武丁毁弃了南方作坊，迁其铸工于安阳，以南方某些独特的青铜工艺铸造了一批精美的、具有南方风格因素的青铜器。[3]若果如此，绝大多数南方风格青铜器，不会晚于武丁时期。

---

[1] 苏荣誉：《安阳殷墟青铜技术渊源的商代南方因素——以铸铆结构为案例的初步探讨兼及泉屋博古馆所藏凤柱斝的年代和属性》，日本泉屋博古馆、日本九州国立博物馆编：《泉屋透赏：泉屋博古馆青铜器透射扫描解析》，科学出版社，2015年，第384—385页。
[2] 张昌平：《论殷墟时期南方的尊和罍》，《考古学集刊》第15集，文物出版社，2004年，第120页。
[3] 苏荣誉：《青铜工艺与青铜器风格、年代和产地——论商末周初的牛首饰青铜四耳簋和出戟饰青铜器》，《艺术史研究》第十六辑，中山大学出版社，2014年，第104页。

青铜龙虎尊研究

——兼论南方风格商代青铜器的渊源

苏荣誉　杨夏薇　李钟天

大口、细颈、折肩、鼓腹、圈足的折肩青铜尊出现于二里岗时期，多为二里岗上层。这类器形陶器，在二里头文化遗址中曾经出现，二里岗文化遗址中，虽然陶器未见，但原始瓷器中颇有接近者。[1]但在盘龙城遗址中出土的硬陶尊，形态笔俏，是故范子岚推测青铜尊形器源自南方无圈足圜底硬陶尊。[2]

二里岗期的大口折肩尊，在肩部和腹部都有纹饰带，圈足间或也有，类型或为罗越（Max Loehr，1903—1988）所划分的安阳I型或II型。[3]在二里岗晚期与中商的过渡阶段，大口尊的装饰开始复杂起来，表现在：a.肩部均布三个浮雕牺首并逐渐成为定制，且牺首浮雕的高度不断增加以至圆雕，牺首或自有装饰；b.与牺首相间位置的肩部和腹部均布三道勾云形（或勾牙形）扉棱，或者肩部先出现，尔后肩部与腹部同有，再后圈足也装饰扉棱，或与之同时，肩部的扉棱为片状伏卧鸟饰所取代；c.腹部纹饰在宽线兽面纹带上开始出现浮雕，从局部发展到整个纹饰单元，并延及圈足的纹带。[4]

---

[1] 中国社会科学院考古研究所：《二里头陶器集萃》，中国社会科学出版社，1995年，第281、301、441页。
[2] 范子岚：《盘龙城：从出土青铜器论二里岗期至殷墟一期长江流域青铜文化之发展与演变》，台南艺术大学艺术史与艺术评论研究所硕士论文，2009年，第82页。
[3] 关于罗越的安阳青铜器类型划分，可参考：Max Loehr, "The Bronze Styles of the Anyang Period (1300–1028 B.C.)", *Archives of the Chinese Art Society of America*, 1953, Vol. 7, pp. 42–53; *Ritual Vessels of Bronze Age China*, New York: The Asian Society INC, 1968。
[4] 苏荣誉等：《湖南省博物馆藏两件大口折肩青铜圆尊的研究——兼及同类尊的渊源、风格、工艺、产地和时代问题》，湖南商西周青铜器国际学术研讨会论文，2015年8月27日—28日：长沙。

龙虎尊在这一变化中具有重要而独特的地位，仅发现的两件分别出土于四川广汉三星堆和安徽阜南月儿河。本文即是对这两件器物的再度分析和对比研究，[①]并在商代早、中期青铜尊和罍演变的背景下，对南方风格的特点、兴起以及对殷墟青铜艺术和技术的影响再做申论。

一、三星堆龙虎尊

1986年广汉三星堆器物坑出土了大量青铜、玉石等器物，其中有一件青铜龙虎尊（编号K1：158、K1：258，本文用K1：158，图2.1.1-3）。这件尊出土时一侧经火烧残失，器内装有经过火烧的玉石器残片、海贝和层层黏结在一起的铜饰件及炭化物。此尊残高433毫米、口径287—290毫米、肩径320毫米、肩宽76毫米、圈足径216毫米、圈足高120毫米。[②]

图2.1.1 三星堆龙虎尊 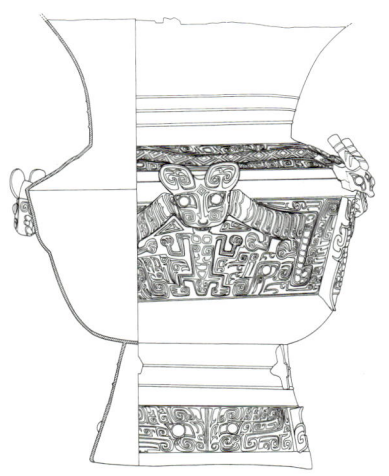　　图2.1.2 三星堆龙虎尊线图 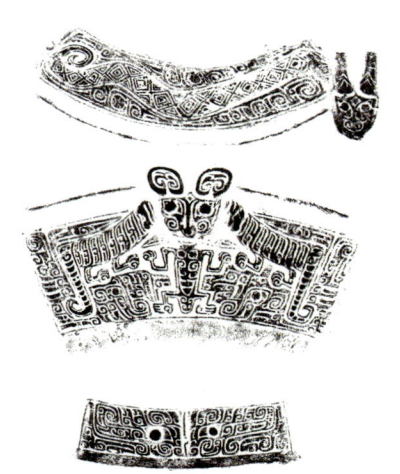　　图2.1.3 三星堆龙虎尊纹饰拓片

---

① 苏荣誉：《青铜龙虎尊发微》，《青铜文化研究》第八辑，黄山书社，2013年，第13—22、115页。此文讨论月儿河龙虎尊所依据的细节材料取自国家博物馆陈列，器物高置，光线从顶射下，周遭基本看不清。经作者再三观察，发现了更多信息，本文将纠正前文，主要在龙首与虎首的分铸的确认上。
② 《三星堆祭祀坑》，第33页。

（一）造型与纹饰

侈口，口径小于肩径，口沿不平齐，器口不完整，后修补。束颈，截面作桃形（图2.2）。颈部饰三周凸弦纹，纹线不流畅，平行度较差，宽窄高低有出入。宽斜肩，肩面纹带是三条浅浮雕游龙（图2.3.1），龙身饰菱形纹和三角纹，以勾云纹为地纹；龙尾向前曲卷，龙颈部向肩沿斜出，以接龙首（图2.3.2）。

图2.2　三星堆龙虎尊连弧状口

图2.3.1　三星堆龙虎尊肩部纹带

图2.3.2　三星堆龙虎尊肩部纹带

龙首探出肩沿之外，张口，下颌几触其下的扉棱（图2.4.1）。前面作半椭圆形，三角形宽吻，鼻梁低矮但鼻头阔大，鼻翼外张；眼眶大，眼珠圆凸，额中饰阴线勾勒菱形（图2.4.2），一对粗壮的圆棍形角斜向后耸立，角中前面有水平阴纹，角下半部有人字形阴纹，角端部较为圆平，面宽与双角相若（图2.4.3）。

图2.4.1　三星堆龙虎尊龙首侧面

图2.4.2　三星堆龙虎尊龙首正面

图2.4.3　三星堆龙虎尊龙首铸接

腹部出土时残失及半，仅半边是原件。折沿下有一窄素面带，龙首下均有垂直扉棱，上半为勾云形，未透；下半片状，尾端翘起。三扉棱将腹部纹饰等分为三个相同单元（图2.5.1），主体是虎一人（图2.5.2）。虎隆出腹壁之外，位于腹部纹带中间的上方，虎脑高于肩沿（图2.6.1）。虎身斜向两侧伸展，弧线向下，饰羽刀纹（图2.6.2）；尾自臀部垂直向下，几达纹带下栏，再外折上翘回勾；虎腹中部和后部出虎爪，腿纤弱，爪团握。虎头圆雕，前身浮雕，高度自颈至臀部减低，臀和后腿已属平纹。虎头张口露齿，面阔吻宽，细鼻小鼻头（图2.6.3），一对大眼占面部近半，眼珠外鼓，额正中饰菱形纹。虎头外悬于腹壁外（图2.6.4），两侧耸起两耳，耳窝和侧脸均有勾云饰，耳背素面，虎脑正中有一透孔（图2.6.5）。

图2.5.1　三星堆龙虎尊腹部纹饰

图2.5.2　三星堆龙虎尊虎头下人形

图2.6.1　三星堆龙虎尊虎头　　图2.6.2　三星堆龙虎尊虎头　　图2.6.3　三星堆龙虎尊虎口

图2.6.4　三星堆龙虎尊虎头分铸

图2.6.5　三星堆龙虎尊虎颈透孔

虎头下一人，头含于虎口。人阔嘴，圆头颈粗，平肩微耸；下垂两臂，小臂外伸再上折，手如虎爪，或握拳或伸展。人身作蝉纹形，向两侧平伸大腿，小腿下蹬，双脚向外作踞状。人首两侧饰三角形云纹，人身两侧饰变形夔纹，眼睛圆但不凸出。虎尾后饰卷云纹和羽刀纹，纹线较宽，无地纹。

腹下弧收，下接高圈足。圈足顶对称分布三个十字形大透孔，两周凸弦纹分别穿过其中间、切过其下端。圈足下半段有宽纹带，纹饰浮于表面，三道与腹部相应的扉棱也将之分为相同的三组。扉棱也是云形，[①]两侧有阴线勾勒，未透空，且尺寸不一（图2.7.1）。[②]纹带为宽体兽面纹，以扉棱为对称展开：大眼，眼珠凸出，但大小不一。有勾云形的角和身，尾回卷；纹饰两侧饰勾云纹（图2.7.2）。

图2.7.1　三星堆龙虎尊圈足透孔与扉棱

图2.7.2　三星堆龙虎尊圈足纹饰

[①] 此尊的修复系用传统方式，修复处不易辨识，圈足的扉棱多修成长条形。
[②] 三道扉棱尺寸分别为：长43.1毫米、高8.9—11.2毫米、宽4.7—6.2毫米；长43.7毫米、高8.3—12.3毫米、宽5.6—5.7毫米；长42.6毫米、高8.6—9.9毫米、宽4.3—4.7毫米。

底微圜，圈足底不圆整，略近桃形。腹内壁可见浮锈与浮土，基体平光。底沿不十分平齐（图2.8.1），厚度不匀，最薄处3.7毫米，最厚两处分别为11.9毫米和13.2毫米，当是浇道所在之处（图2.8.2）。

图2.8.1　三星堆龙虎尊外底　　　　　图2.8.2　三星堆龙虎尊圈足浇道残迹

（二）铸造工艺

三星堆龙虎尊肩外的龙首，明显扣在肩沿，并叠压着肩部纹带和上腹，在颈部有非常明显的铸接痕迹，龙颈部的长短不一，[1]说明龙首分铸且后铸。虎头同样，与腹部有隙，并明显叠压着腹部纹饰，在两侧颈部都有铸接痕迹，也是后铸成形的。在内壁肩沿下，与虎头位置相应，有不规则贴片形"铆块"，甚至有些微翘起者，这是后铸虎头为加强与器壁结合的措施，与月儿河龙虎尊相同。

初铸的龙虎尊只有尊体，饰有龙、虎身。尊口、腹部和圈足的横截面皆呈桃形，并在腹部和圈足扉棱的中心可见纵贯的铸造披缝，而且在一条垂线上，说明尊的铸型三分，由三块范与腹芯和圈足芯组成。但在设置铸接龙首的颈部应铸有凸榫，以便铸接龙首；在铸接虎头处铸有工艺孔，后铸的虎头铸型在孔上组合，腹内的范很可能是在一光片上挖出一不规则长条，浇铸时青铜液注入虎头型腔，通过工艺孔注入内壁范的长条坑，凝固后留下如贴片的"铆头"，形状很不规则（图2.9）。这一痕迹与华容东山尊等的痕迹相似，[2]三星堆的多件尊、罍牺首的铸接亦如此。[3]

---

[1] 苏荣誉：《青铜龙虎尊发微》，《青铜文化研究》第八辑，黄山书社，2013年，第20页。
[2] 苏荣誉等：《湖南省博物馆藏两件大口折肩青铜圆尊的研究——兼及同类尊的渊源、风格、工艺、产地和时代问题》，湖南商西周青铜器国际学术研讨会论文，2015年8月27日—28日：长沙。
[3] 苏荣誉、朱亚蓉：《三星堆出土青铜罍K2②：159研究——附论外挂形管状牺首饰罍与尊》，纪念三星堆祭祀坑发掘三十周年学术研讨会，2016年7月18日—19日：四川广汉三星堆。

图2.9　三星堆龙虎尊腹内壁铆块

至于虎头的铸型，因虎首中空，在虎首耳侧可见横向披缝，耳下可见沿虎面部而下的垂直披缝，可据以构建虎首的铸型：虎首由内芯和四块外范组成铸型。虎头铸型沿鼻分型，左、右脸面各一范和腹内一范与内芯一块。龙首下端开裂翘起可见与器身的间隙，可能中有盲芯靠芯撑支持，或者实体无须泥芯，具体有待X光成像分析确定。

这件龙虎尊，孙华认为"属于二里岗向殷墟早期过渡期偏晚阶段的东西"[1]。

二、月儿河龙虎尊

1957年6月，农民在阜南常庙小月河的月儿河段打渔，发现了八件商代青铜器，包括两件尊、两件觚、两件斝和两件爵。两件尊即是龙虎尊（图2.10.1-2）和一兽面纹尊。[2] 此尊出土后，大凡关乎商代青铜器的论著，均会涉及此器。其中卓有见识的如郭宝钧和石志廉等，既分析其造型和纹饰，也讨论其铸造工艺，尤其是后者，体现

---

[1] 孙华：《试论三星堆文化》，《四川盆地的青铜时代》，科学出版社，2000年，第158页。
[2] 葛介屏：《安徽阜南发现殷商时期的青铜器》，《文物》1959年第1期，封二。据传，1944年同样地点出土过一批铜器，确知有鬲五件。安徽省博物馆编：《安徽省博物馆藏青铜器》"前言"，上海人民美术出版社，1987年。

图2.10.1　月儿河龙虎尊　　　　　　　　　图2.10.2　月儿河龙虎尊纹饰拓片

了20世纪70年代的最高水平。[1]但限于时代，还不够全面，解释也有欠通之处。

（一）造型与纹饰

龙虎尊大敞口，口径大于腹径，圆唇沿，从口沿向下收束形成颈，饰三道彼此平行但纹线高低和宽窄不尽一致的凸弦纹。最上一道凸弦纹位于颈部最细处，颈部从此缓缓外张并斜折出宽肩，肩面饰一周纹带，由三条逆时针蜿蜒的高浮雕龙身组成，龙身三曲三折，颈部垂直于肩沿，浮雕高度自颈至尾渐低，尾端向前卷曲回勾；身饰阴线三角纹。龙尾后置一浅浮雕夔纹，口大张，头向龙尾，整个纹带以云雷纹衬地（图2.11.1）。

龙首圆雕伸出肩沿并与之垂直，向下大张口，下颌悬在腹部扉棱顶面；上唇半椭圆形，极厚，饰有阴线勾云纹（图2.11.2）。龙面前宽后收，窄矮鼻梁前有大鼻头，两侧回勾成鼻翼；一对桃核形大眼占据面部少半，眼珠圆凸；额中阴线勾菱形，两侧

---

[1] 郭宝钧：《商周铜器群综合研究》，文物出版社，1981年，第32页。石志廉：《谈谈龙虎尊的几个问题》，《文物》1972年第11期，第64—65页。

图2.11.1　月儿河龙虎尊肩龙纹

图2.11.2　月儿河龙虎尊肩龙首

图2.11.3　月儿河龙虎尊肩龙首

耸立一对长颈鹿角，角顶圆鼓，角中前面饰两道横阴线和两道阴线锯齿纹（图2.11.3）；一对小耳在两侧以阴线勾出。

肩沿锐折，腹壁向下缓慢弧收，深腹。肩沿下一周窄素面带，再下为宽纹带（图2.12）。龙头下各垂一道勾云形扉棱，将腹纹三等分。扉棱宽，尽管两侧阴纹线极其深峻，但未透空（图2.13.1—3）。腹壁弧面下收接圈足。腹部主纹在两道扉棱之间，与龙首相错60度，主题是虎一人纹（图2.14.1）。纹饰中央上方有一圆雕虎头，张口出露狰狞獠牙（图2.14.2），作向上攀爬并前顾状，颔首张口噙住其下人形的头盖（图2.14.3），虎眼圆睁，双耳上翘。虎头额中有阴线勾勒的菱形纹，位居双耳与两目中间，菱形上方有阴线勾勒如人形的冠饰，从两耳间伸向脑后。①虎头后向两侧对称地伸展高浮雕颈部和躯体，颈部硕壮，前爪向前平伸；身缓缓向下，下腹紧凑，后腿曲蹐；尾粗壮，有力垂下，尾梢回卷。虎身和腿饰阴线云纹，尾上曲折阴线勾出鳞纹，尾梢有随形阴线。高浮雕虎身的上下侧都饰云纹（图2.15.1）。虎头后有一不大规则的透孔（图2.15.2），与虎口相通透，虎头中空。

虎头下有半蹲的人，额以上被虎含于口。人头圆，面宽，一对大招风耳，眼圆大而眼珠凸

---

① 林巳奈夫认为此"冠饰"为蓝形，形近甲骨文"舌"字，"像是卷曲着身子趴在酒瓶上舔东西"，在有些纹样中可从龙的嘴里伸出，并据以确定是用这种形式来表现舌头（［日］林巳奈夫：《神与兽的纹样学：中国古代诸神》，常耀华等译，生活·读书·新知三联书店，2016年，第17—19页）。林巳奈夫常有异乎寻常的想象但都没有论证，也不免互相矛盾，聊备一说。

图2.12　月儿河龙虎尊腹部纹饰

图2.13.1-3　月儿河龙虎尊扉棱

图2.14.1 月儿河龙虎尊腹部主纹拓片 　　图2.14.2 月儿河龙虎尊虎一人 　　图2.14.3 月儿河龙虎尊虎头下人形

图2.15.1 月儿河龙虎尊虎头 　　图2.15.2 月儿河龙虎尊虎头颈背透孔

出,悬胆形鼻位于高颧之间,口阔而抿。①长颈下接宽肩,肩头略耸;上臂下垂而下臂上举,无手。人腹长垂,臀肥而圆,作半蹲状,或蹲坐于圈椅上,大腿上曲而小腿力持,脚跟欲并而脚趾向外。人身上勾勒各种阴线,但不密集。石志廉明确指出,龙虎尊上的人形和安阳所出一些铜器上人形的粗眉、隆鼻、宽口、厚唇者有所不同。②

---

① 林巳奈夫说此尊"人形眼睛以上的部分被省略掉了,也可能是因为那部分进入到虎口里面看不见的缘故"([日]林巳奈夫:《神与兽的纹样学:中国古代诸神》,常耀华等译,生活·读书·新知三联书店,2016年,第17页),其实眼上部分并未被省略,也不难看到。尽管林巳奈夫看不到人的眼上部分,"仅从裸体这一点可以看出此为死者的灵魂或就是神"。进而认为此人"口中的舌头像植物蓓蕾一样垂下,舌头上露出的'气'像天线似的,这就意味着它不是人类"([日]林巳奈夫:《神与兽的纹样学:中国古代诸神》,常耀华等译,生活·读书·新知三联书店,2016年,第19页)。这是典型的林巳奈夫式"观察"。常人既看不到舌,也看不到气。

② 石志廉:《谈谈龙虎尊的几个问题》,《文物》1972年第11期,第66页。但张长寿以为,虎人"这类题材为主的纹饰在殷墟第一、第二期的青铜器上颇不少见"。见张长寿:《殷商时代的青铜容器》,《考古学报》1979年第3期,第288页。两相比较,石志廉的看法显然敏锐。

虎身下、人两侧以扉棱为对称饰兽面纹，位置和龙首相应。有圆而凸出的眼珠和细瘦的身躯，尾部回卷，眉硕大，角高耸，前足接于口后，粗大前卷，鼻头宽阔遮着上唇，上牙呈稀疏的三角形出露在鼻翼侧，和鲨鱼牙齿相近。腹部凸起的浮雕和高浮雕纹饰，内壁相应下凹（图2.16）。

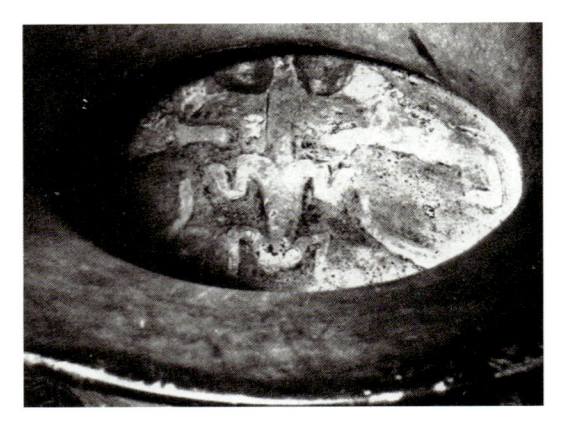

图2.16 月儿河龙虎尊腹内壁下凹

下腹素面，大弧面内收出平底，下接圈足。圈足作圆台形，壁直，向外略斜。圈足上部素面，与扉棱相应处各设一个十字形透孔，形状较规整，一条凸弦纹从正中穿过，串起三个透孔。圈足下部有三组兽面纹组成的纹带，纹带上下都有凸起的扁弦纹边界，整个纹带高起于圈足表面。

兽面纹带主体为宽线条，除一对凸出的眼珠外，都和扁凸弦纹平齐。兽面造型和腹部兽面相若，但身体修

图2.17 月儿河龙虎尊圈足纹饰

长，以宽线卷云纹填空。圈足底沿平齐（图2.17）。整个尊装饰独特而华丽，主次有致，层次分明，做工精致。通高505毫米、口径450毫米。[1]

（二）铸造工艺

月儿河龙虎尊的铸造工艺信息，郭宝钧和石志廉发表的观察和研究大体明了，但也有未尽和不确之处。

郭宝钧曾指出，"器初下型（作者按：指初铸成形），只有龙虎身而无头，龙虎头是器成后另加一小范补铸的，器上现存的淤铜和预留接缝的槎枒可证"，并命名这一工艺为"补铸法"，还进一步申明在殷墟范围内尚未发现过，阜南龙虎尊堪为独

---

[1] 葛介屏：《安徽阜南发现殷商时期的青铜器》，《文物》1959年第1期，封二。

步。①"补铸法"是郭宝钧自造的词汇，其实就是后铸法。早年小屯五座墓中出土的两件折肩尊R2070和R2071，肩部的牺首即是后铸的。②当然，无论是后铸龙首还是虎头，都需要一套铸型，不是"另加一块小范"可以完成的。

石志廉的观察更仔细和系统，几乎涉及了青铜铸造的主要方面，其研究揭示了龙虎尊铸造的一系列关键问题，至今仍具有重要学术价值，但限于时代，某些术语和解释有待规范和商榷。首先，石志廉将龙虎尊的铸造称之为"两次铸造法"，他发现"龙虎尊的三个龙头和虎头是在龙虎尊铸成后，把所有的花纹全部铸了出来，而将头部留出空隙，然后把头范再放在已铸成的器上，经过第二次铸造，才把头部重铸上去的。我们可以从龙纹和虎纹头部的地方，清楚地看出第二次铸造的痕迹和接缝，而且有的地方还将已铸成的龙和虎身的花纹给掩盖了一部分"。还指出二者颜色的差异，"凡是第二次铸上去的龙头和虎头，铜质都呈黄绿色，并且带有光泽，锈蚀程度较轻微。而第一次铸成的器身和花纹，则呈青灰色，不但毫无光泽，而且锈蚀情况较为严重"。他进而指出"这种铸造方法，在当时是比较进步的技术"③。这些观察资料十分珍贵，特别是龙虎尊现在国家博物馆陈列，光线很差而很难看清。

> 按：石志廉同样指出了龙首和虎头的后铸铸接问题，而这一工艺是泥范块范法青铜技术系统中，铸造复杂器物或大型器物的必由之路，其发明可以上溯到二里头文化晚期。上海博物馆收藏的一件角，④可认为属分铸法初始之器，其流即是后铸的。在商代早期，分铸铸接确有其进步性。龙虎尊龙首与虎头的铸接十分巧妙，非仔细观察不易辨认。⑤龙头的分铸在肩沿，有曲线形接缝（图2.18.1），易与纹饰相混；而虎头的铸接，在颈部向外突出处，铸接的虎头（深灰色）将颈部水平的卷云纹打破，纹饰改为垂直方向（图2.18.2-4）。

---

① 郭宝钧：《商周铜器群综合研究》，文物出版社，1981年，第32页。
② 李济、万家保：《殷墟出土伍拾叁件青铜容器之研究》（《古器物研究专刊》第五本），"中研院"历史语言研究所，1972年，图版33、34。
③ 石志廉：《谈谈龙虎尊的几个问题》，《文物》1972年第11期，第65页。
④ 《中国青铜器全集》卷1，文物出版社，1996年，第11器。
⑤ 苏荣誉在《青铜龙虎尊发微》中，误以为龙首和虎头浑铸（《青铜文化研究》第八辑，黄山书社，2013年，第15页）。

图2.18.1　月儿河龙虎尊龙首铸接 　　　　　　　图2.18.2　月儿河龙虎尊虎头分铸痕迹

图2.18.3　月儿河龙虎尊虎头分铸痕迹 　　　　　图2.18.4　月儿河龙虎尊虎头中间披缝

月儿河龙虎尊，在腹部的扉棱中心，可见纵贯的铸造披缝，说明尊是三分，三块范与腹芯和圈足芯组成铸型。披缝宽约1毫米，这可能是某些处扉棱没能透空的主要原因。石志廉认为，尊体铸型是"由十六块合范铸成的。……是将整个器身分作底部、腹部、肩部和颈部四段（层）铸成的。每一段用三块范，合范的接缝处是在器面出戟（按：即扉棱）部分，上部用范一块，腹内和圈足内各用范一块，底部用范一

块，不算后铸的龙虎头范，它是由十四块外范和两块内范（按：即芯）铸成的"[1]。尊体的铸型是否果如他所认为的分颈、肩、腹、圈足四段，近些年学者根据安阳孝民屯铸铜遗址出土泥范，认为不少青铜器在水平方向有更多分范，[2]但从器物上找不到依据（披缝和打磨披缝的痕迹），不无疑问。目前还应认为此尊尊体的铸型是三范与一块腹芯和一块圈足芯组成的。

龙虎尊的三龙首和虎头后铸，它们是逐一铸接在相应部位上的。对于龙首，龙颈应铸有接榫，以备龙首铸接，属于榫接式，接榫如何，希望将来以CT扫描确定。对于虎首，无法考察到其空腔内的情形，但相应位置的腹内壁，在下凹的人头上方有两块凸起的类似贴片的"铆块"（参见图2.16），是虎头后铸的结构部分。

类似的情形出现在岳阳鲶鱼山罍（参见图1.21.1），[3]四个管形牺首后铸，与之相应的内壁也有两个同样贴片状"铆块"（参见图1.27.1-4），说明管形牺首为铸铆式后铸，是为加强与罍腹的连接而采用的特殊工艺措施。[4]另一例证是宁乡划船塘出土的大瓿，牺首已失去（参见图1.28.1），[5]在器表遗下清晰的铸铆式铸接的痕迹（参见图1.28.2-3）。在南方风格青铜尊、罍和瓿上，通常牺首以铸铆式后铸，一个牺首对应的腹内壁是一个"铆头"[6]。

铸接龙首的铸型，在龙首上遗留有清晰的痕迹，只是不能收集全。首先是两角之间有一道横向的披缝（参见图2.11.3），结合角侧面的纵向披缝（参见图2.11.2），知它们在一个分型面上，将面部与颈部范分开为二；牺首面部无任何披缝痕迹，应是沿唇沿（最大面）分型，如此，龙首的铸型可复原为：面一、颈一、两侧面各一、下颌一还自带龙口内泥芯。至于虎头的铸型，两片状虎耳间有清晰的横向披缝（参见图2.18.4），其余部位披缝不详，估计其铸型结构和龙首一致，但口内泥芯可从虎的后脑穿出，易于固定，虎头后的孔洞概出于此。但这6件后铸龙首、虎头的浇注系统尚无头绪。

---

[1] 石志廉：《谈谈龙虎尊的几个问题》，《文物》1972年第11期，第65页。
[2] 张昌平等：《二里岗至殷墟文化时期青铜器范型技术的发展》，《考古》2010年第8期，第80—82页。
[3] 岳阳市文物管理所：《岳阳市新出土的商周青铜器》，《湖南考古辑刊》第二辑，岳麓书社，1984年，第26—27页。
[4] 苏荣誉：《湖南商周青铜器工艺技术研究》，待刊。
[5] 张筱林、李乔生：《湖南宁乡出土商代大型铜瓿》，《文物》2013年第3期，第74—76页。炭河里遗址管理处等编：《宁乡青铜器》，岳麓书社，2014年，第12—13页。
[6] 苏荣誉、朱亚蓉：《三星堆出土青铜罍K2②:159研究——附论外挂形管状牺首饰罍与尊》，纪念三星堆祭祀坑发掘三十周年学术研讨会，2016年7月18日—19日；四川广汉三星堆。

龙虎尊的一大特色是肩部和腹部高浮雕纹饰，并在内壁有相应的下凹，郭宝钧和石志廉均注意到这一特殊现象。前者注意到"内范（按，即芯）不为平面，随器表浮雕的凹凸而凹凸（参见图2.16），所以壁虽凹凸而器壁厚薄仍均匀"，并称这种铸法为"凹凸法"。认为是殷商初中期所谓精细作法，将此尊作为南方"有时较北部为进步"的实例。[1]后者称之为"使用内范花纹凸出的做法"，将芯称为"内范"。石志廉指出，"龙虎尊的内范是阳文的，外范是阴文的，从其腹中和肩内（部）都可以清楚地看出龙虎和人形花纹凹入穴槽内"，他解释龙虎尊这一特点"可能是由于龙虎尊的花纹浮雕突出器面较高而且粗放的缘故"，表明了"用内范花纹突出的技术，至少在商代早期就已经有了"[2]。张昌平强调郭宝钧的看法，称这种方法为"凸凹式铸法"，泥芯是从模均匀地刮去一层，芯的表面依然有浮雕纹饰，南方尊、罍浮雕纹饰多是此法做出。[3]

他们也都认识到尊的腹壁厚度均匀，但都未做解释。事实上，壁厚一致（或缓慢过渡）是铸件工艺设计的一项基本原则，因为青铜凝固有一个温度区间，是一个过程。青铜注入型腔后，受冷处（一般是铸型外壁）先凝固，而凝固就会发生体积收缩，一般在百分之三左右甚或更多，没有凝固的铜液可能会补充这种收缩，若流动不了无法补缩，则会导致浇不足或裂纹发生，造成残次品或铸件报废。青铜有良好的铸造性能，较窄的凝固区间，便于同时凝固，但壁厚不应差别过大。考古发现青铜爵、鼎等的足断脱，和上述缺陷有很大的关联。

铸造像月儿河龙虎尊那样复杂的装饰和高浮雕纹饰，关键在于腹芯的制作。如石志廉所言，芯是阳纹的，但如何制作它，则没有讨论。而郑州商城和安阳殷墟的铸铜遗址，发现的芯很少。只有石璋如早年推测泥芯是将泥模均匀地刮去一层而成，但缺乏考古学证据。[4]结合侯马铸铜遗址情况，这类复杂配合的范、芯是由同一模和模盒翻制的，[5]唯其如此，范和芯才能准确配合，不致范或芯的某一点偏差导致浇不足之类缺陷的发生。这是典型的范—芯合作纹。

至于浇注，石志廉指出"在它的圈足上，找到三个等距作半弧（形）的突出长

---

[1] 郭宝钧：《商周铜器群综合研究》，文物出版社，1981年，第32—33页。
[2] 石志廉：《谈谈龙虎尊的几个问题》，《文物》1972年第11期，第65页。
[3] 张昌平：《论殷墟时期南方的尊和罍》，《考古学集刊》第15集，文物出版社，2004年，第122页。
[4] 石璋如：《殷代的铸铜工艺》，《"中央研究院"历史语言研究所集刊》第26本，1955年，第95—129页。
[5] 山西省考古研究所：《侯马铸铜遗址》，文物出版社，1993年，第298—299页。

条，这三个突出的长条就是灌铸铜液的铸口和出气孔（图2.19）。推测当时的铸造有两种可能：一种是以一个突出的长条处当作铸口，向里倾倒铜汁，由另外两个突出的长条处当作出气孔；另一种可能是以两个突出的长条处作铸口，以一个突出的长条处当作出气孔"①。

此外，铸造龙虎尊使用了垫片，石志廉称之为"支钉"，说"在龙虎尊的肩部，有六个等距而经过磨治的铜补洞。这些补洞，是由内范（按：即芯）

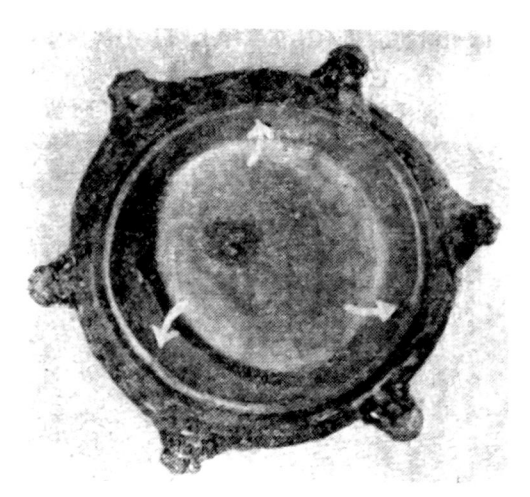

图2.19 月儿河龙虎尊底部

支钉所形成，是后来补焊上去的。当初铸造铜器时用以卡范的支钉，不是铜制的，而是陶制的，铸成器后，陶支钉处就变成透孔，所以要焊补"②。限于当时的认识，石氏错误地解释了一个正确的发现。的确，这件龙虎尊使用了大量垫片。在颈下（图2.20.1-2）和腹下（图2.20.3-4）发现了两周垫片，尺寸在10毫米左右，形状不规则。当然，这还不是月儿河龙虎尊使用垫片的全部，完全信息有赖X光成像予以解决。

关于月儿河龙虎尊的年代，有不少说法。郭宝钧将之归为殷墟以外的晚商青铜器，③大体反映了当时从早期殷墟出发看待他地青铜器的观念；郑振香和陈志达认为应属殷墟一期；④张长寿的表述比较含混，但接近于郑、陈的说法；⑤马承源认为属商中期；⑥杨育彬的看法相同，但称之为二里岗与殷墟的过渡期；⑦施劲松认为是二里岗时期最具代表性的器物之一；⑧林巳奈夫认为它"一望即知商朝中期风格"，⑨但却未对

---

① 石志廉:《谈谈龙虎尊的几个问题》,《文物》1972年第11期,第65—66页。
② 石志廉:《谈谈龙虎尊的几个问题》,《文物》1972年第11期,第64页。
③ 郭宝钧:《商周铜器群综合研究》,文物出版社,1981年,第32页。
④ 郑振香、陈志达:《殷墟青铜器的分期与年代》,《殷墟青铜器》,文物出版社,1985年,第74页。其殷墟一期的含义是盘庚迁殷后至武丁早期（第70页）。
⑤ 张长寿:《殷商时代的青铜容器》,《考古学报》1979年第3期,第288页。
⑥ 马承源:《中国青铜艺术总论》,《中国青铜器全集》卷1,文物出版社,1996年,第13页。
⑦ 杨育彬:《夏和商早、中期青铜器概论》,《中国青铜器全集》卷1,文物出版社,1996年,第55页。
⑧ 施劲松:《长江流域青铜器研究》,文物出版社,2003年,第184页。
⑨ [日]林巳奈夫:《神与兽的纹样学：中国古代诸神》,常耀华等译,生活·读书·新知三联书店,2016年,第17页。

图2.20.1 月儿河龙虎尊颈部垫片　　图2.20.2 月儿河龙虎尊颈部垫片　　图2.20.3 月儿河龙虎尊下腹垫片　　图2.20.4 月儿河龙虎尊下腹垫片

商中期予以界定；段勇将龙纹归为殷墟I期。[1]简单归纳诸多讨论，或出于偶然，殷墟发掘者将龙虎尊年代拉在殷墟，其他人则认为早于殷墟。

三、两件龙虎尊的比较

很明显，两件龙虎尊存在着密切的联系，造型上大同小异，纹饰有差，工艺上较为一致。现就关键之处作一对比。需要说明的是，月儿河龙虎尊出土时基本完整，而三星堆尊出土时残失小半，尺寸等有不准确之处。

（一）出土背景

1a，月儿河尊出自淮河下游一支流河畔，三星堆尊出自四川盆地西侧鸭子河岸边台地；

1b，都非出自墓葬；

---

[1] 段勇：《商周青铜器幻想动物纹研究》，上海古籍出版社，2003年，第68—69页。

1c，与月儿河尊共同出土的有7件青铜器，类型有尊、瓿、罍、爵，即传统分类的酒器，是典型的商文化青铜礼器；三星堆共出的器物千余件，有玉石、青铜和牙器等；青铜器的主流属于别具三星堆特色的面具、头像、兵器、神树及一些动物造型；中原式的器物有尊、罍等，少数；

1d，月儿河附近曾发现多件青铜器，均属商文化；[①]三星堆发现有玉石器坑。

（二）造型

2a，月儿河尊最大径在口，三星堆尊在肩；

2b，月儿河尊颈部、腹部和圈足的截面正圆，三星堆尊的这些截面均呈桃形；

2c，月儿河尊扉棱为勾云形，欲透空而未全竟，圈足无扉棱；三星堆尊扉棱为云形板状，圈足饰有扉棱；

2d，月儿河尊龙首宽而双角开，三星堆尊龙首窄而双角拢；前者虎身肖生而后者非，前者耳小而后者大；前者耳外扩而后者列于同一平面上；前者人的腿足近于肖生而后者纤细；后者有巨大阳具前者无；

2e，月儿河尊大而三星堆尊略小；

月儿河尊，通高505毫米、口径450毫米、圈足径240毫米；[②]

三星堆尊，残高433毫米、口径216（残）毫米、圈足直径216毫米；

2f，圈足顶十字透空，月儿河尊大，三星堆尊略小。

（三）纹饰

3a，月儿河尊腹部纹饰是虎—人和兽面配合的主题，三星堆尊则是虎—人主题；前者两虎之间以扉棱为对称的兽面纹在后者消失，仅以夔纹代之；

3b，月儿河尊铸高浮雕纹，三星堆尊纹饰在平铺的基础上，仅龙身和虎身前半低浮雕；

3c，月儿河尊纹线规整、深峻，三星堆尊略随意，肤浅；

3d，月儿河尊肩部纹带是龙身与夔纹组合，三星堆尊近龙身；

---

① 葛介屏：《安徽阜南发现殷商时期的青铜器》，《文物》1959年第1期，封二。葛治功：《安徽嘉山县泊岗引河出土的四件商代铜器》，《文物》1965年第1期，第23—26页。
② 葛介屏：《安徽阜南发现殷商时期的青铜器》，《文物》1959年第1期，封二。

3e，月儿河龙虎尊虎身舒展，斜垂微近于扉棱；三星堆尊虎身不够伸展，尾与扉棱的空间饰羽刀纹。

（四）铸造工艺

4a，两件尊的龙首、虎头皆后铸，龙首的分铸似榫接式，虎头的分铸为铸铆式；铸铆式分铸工艺是南方风格青铜器的特色，安阳殷墟少数几件铆接式后铸附件器，要么是南方器北传的结果，要么是南方工匠北迁所铸之器；[1]两件尊分铸工艺相同，具有同源性；从工艺上看二者铸造时间不应相差过大；

4b，两件尊的本体铸型均是三范与一块腹芯、一块圈足芯组成，内浇道设在圈足底沿，可能都是三个；后铸的龙首与虎头的铸型一致；

4c，月儿河尊腹饰高浮雕纹，内壁相应下凹，属于范—芯合作纹，芯与范均需从同一模翻制；三星堆尊纹饰基本平铺，少量低浮雕，为模作纹；

4d，两件尊的扉棱均未镂空，但月儿河尊的扉棱，两侧阴文极深峻，有披缝而未透；月儿河尊扉棱为板式云形，两侧阴线浅，原本设计即不透空；

4e，月儿河尊外表干净，器表光滑，颈部与下腹各发现一周垫片；三星堆尊浮锈裹体，且小半残，还未曾发现垫片，有赖X光分析显示。

自三星堆器物坑发现始，即有不少学者对两件龙虎尊进行比较研究。它们的形制高度一致，以至于葛严和林嘉琳（Katheryn M. Linduff）直言二者相同。[2]巴纳（Noel Barnard）认为它们"一模一样"。[3]

李学勤首先指出，二者在高度一致、如出一辙的前提下，尚存在不小的差异，有些差异具有本质性，有些则是技术性的，或者是未得到关注的。他指出，月儿河尊很多地方具有商前期即二里岗期的因素，而三星堆尊是"臣"字眼，夔纹融入地纹之中。前者无地纹，属二里岗式样，而后者已经发展成"三重花"，[4]具有殷墟时期的某些特征。他进而申论，从月儿河龙虎尊到三星堆龙虎尊，或者是后者继承了前者，

---

[1] 苏荣誉：《安阳殷墟青铜技术渊源的商代南方因素——以铸铆结构为案例的初步探讨兼及泉屋博古馆所藏凤柱斝的年代和属性》，日本泉屋博古馆、日本九州国立博物馆编：《泉屋透赏：泉屋博古馆青铜器透射扫描解析》，科学出版社，2015年，第384—385页。
[2] 葛严、林嘉琳：《三星堆——中国西南一处新的青铜时代遗址》，罗泰编：《奇异的突目——西方学者看三星堆》，巴蜀书社，2002年，第115页。
[3] 巴纳：《对广汉埋葬坑青铜器及其他器物意义的初步认识》，罗泰编：《奇异的突目——西方学者看三星堆》，巴蜀书社，2002年，第181页。
[4] 李学勤：《商文化怎样传入四川》，《中国文物报》1989年7月21日。

或者两者同有所本，是一条发展链环上的两个环节。但二者演变的纹饰轨迹，和中原是一致的。①李学勤说三星堆龙虎尊纹饰属于"三重花"，可能还稍勉强，该尊仅肩部龙身有地纹；若他说三星堆龙虎尊具有"殷墟时期特征"是指此，亦属勉强；申说的三星堆龙虎尊"演变轨迹"和中原"一致"，也难懂是怎样的一致。

孙华把三星堆龙虎尊作为一号器物坑断代的一个重要参照甚至标尺。根据它与月儿河龙虎尊的相似性，指出二者时代相近或三星堆尊略晚。三星堆龙虎尊"腹部的神与双虎纹和圈足的兽面纹，纹饰组成比二里岗期复杂，却又不见殷墟二期普遍采用的衬地的云雷纹，这也是殷墟一期纹饰的特点"，认定三星堆一号坑年代属殷墟一期。②

冈村秀典指出，三星堆的尊是月儿河尊的变体。"器形上，开口变小，圈足变高；纹饰上，羽状扉棱较大，肩部龙纹变成平面纹样，腹部饕餮纹变成完全不能辨认的羽状纹，而其旁人物的头像完全被虎吞食而消失。"事实上，三星堆龙虎尊的头并没有被虎完全吞噬，饭岛武次已经指出这一点。他认为三星堆尊"铸造较为粗糙，整体上有点单薄"，但可以认为他们所表现的意思是相同的。难波纯子同意冈村秀典的意见，认为三星堆尊是"月儿河尊退化的形式"③。

江章华和李明斌明确指出"三星堆龙虎尊明显是模仿中原商文化中像安徽月儿河出土的同类龙虎尊"④。施劲松比较两尊中虎的造型，指出三星堆尊比例失调，呆板无力，具有殷墟一期风格。⑤

关于两件龙虎尊的讨论，多从形制和纹饰的角度讨论三星堆尊的渊源或铸造地问题，很少从铸造技术出发。贝格立首先考虑二尊的关系，三星堆尊"应该是从长江下游传入的"，但铸造地难以判定。⑥在他研究了三星堆一号坑后指出，所出龙虎尊"不仅证明了三星堆的器物坑确实在安阳早期，而且证明了此时成都平原的青铜文化

---

① 李学勤：《三星堆饕餮纹的分析》，李绍明、林向、赵殿增编：《三星堆与巴蜀文化》，巴蜀书社，1993年，第77页。
② 孙华：《四川盆地青铜文化初论》《关于三星堆器物坑的若干问题》，《四川盆地的青铜时代》，科学出版社，2000年，第28、182页。
③ ［日］冈村秀典：《三星堆文化的谱系》、［日］饭岛武次：《三星堆遗址出土的青铜器与饕餮纹》、［日］难波纯子：《三星堆出土青铜器兽面纹的来源》，［日］西江清高：《扶桑与若木——日本学者对三星堆文明的新认识》，徐天进译，巴蜀书社，2002年，第46—47、116、118、143页。
④ 江章华、李明斌：《古国寻踪：三星堆文化的兴起及其影响》，巴蜀书社，2003年，第132页。
⑤ 施劲松：《长江流域青铜器研究》，文物出版社，2003年，第184、214页。
⑥ ［日］冈村秀典：《三星堆文化的谱系》，［日］西江清高编：《扶桑与若木——日本学者对三星堆文明的新认识》，徐天进译，巴蜀书社，2002年，第46—47页。

与其东部顺长江而下的地区之间有着深远的联系"[1]。但根据一件或几件器物说明所出的祭祀坑年代，则过于简单化，毕竟器物的流传时间可较长，流传地域可很大。

四、南方大口折肩尊与南方风格青铜器及其对殷墟的影响

两件龙虎尊，尤其是月儿河龙虎尊，出土于淮河边，年代或不晚于早、中商之交，造型、纹饰和附饰均较为特别，涉及的时代、地域和器物很多。以下仅从高浮雕纹饰、扉棱、牺首三个方面进行简要的讨论。

（一）高浮雕纹饰

青铜器纹饰出现于二里头文化晚期而发展于二里岗时期，早期阶段的大体趋向是从简单几何线条向抽象动物纹（兽面纹）发展，纹线从细到宽，从低到高，从无地纹到有地纹，从局部浮雕到整单元高浮雕。其技术含义则可能是从徒手在范上刻划纹线到在模上布局、制作纹样再翻范制作，再到范、芯配合制作，范与芯的制作有如李济所构建的从范作纹到深刻模作纹。[2]

早期的纹线多浮凸于器表，局部浮雕纹饰可能出现在二里岗晚期，郑州商城和黄陂盘龙城都发现了实物：郑州白家庄出土的小口龟纹罍C8M2：1，口侈，尖沿、方唇，束颈上均布三个"龟纹"，肩部饰勾云纹带；折肩，深腹，下腹近半球形，腹饰

---

[1] 贝格立：《四川广汉市三星堆的商代祭祀坑》，罗泰编：《奇异的凸目——西方学者看三星堆》，巴蜀书社，2002年，第85—86页。

[2] 根据万家保对青铜觚纹饰作法的研究，李济概括青铜器纹饰的作法为五种：1.刻划范（作）纹：仄的阳线条组成的纹饰，包括小圆圈饰。2.模范合作纹：仄的和宽的阳线条组成的纹饰，包括小圆圈带饰。3.堆雕模纹：已经有地纹出现，惟地纹和主纹饰仍在一水平面上。纹饰大部皆在模上形成。4.浮雕模纹：出现了不同水平的纹饰，可能已在模上应用了堆砌方法。5.深刻模（作）纹：这是较少有的例子，表现出来的是镂空花纹。李济、万家保：《殷虚出土青铜觚形器之研究》（《古器物研究专刊》第一本），"中研院"历史语言研究所，1964年，第69—114页。这种基于技术的纹饰分类，较罗越基于视觉（也可能有技术意味）的五种风格理论内容应更扎实，但很少有人讨论。关于罗越的中国青铜器风格，参见 Max Loehr, "The Bronze Styles of the Anyang Period (1300–1028 B.C.)", *Archives of the Chinese Art Society of America*, 1953, Vol. 7, pp. 42–53。对罗越安阳青铜器风格的新认识，参见：Robert W. Bagley, *Max Loehr and the Study of Chinese Bronzes Style and Classification in the History of Art*, New York: Ithaca, 2008。

宽兽面纹带，上下侧以云雷纹带镶边；兽面浮雕但紧凑成团，若肩部牺首。兽面高冠，一对C形兽角开口向下，角梢回卷，一对甚小的臣字眼，眼珠如豆但凸出，宽鼻的鼻翼为阳线螺旋形凸出，鼻两侧的兽面之足浮雕凸出。宽线勾云纹向两侧铺展，而兽面的角、足、鼻、冠等勾勒卷云纹。圈足仅饰两周凸弦纹，通过上部的三个十字形透孔（图2.21）。①盘龙城王家嘴出土的一件罍WZM1：2，②造型和白家庄罍一致，但束颈饰三周凸弦纹，肩面饰由三组宽线目云纹组成的纹带。折肩深腹，腹部饰宽兽面纹带。兽面纹构图依然拘谨，宽鼻高冠，一对角硕大，斜向外耸出后下折回勾，上饰鳞纹；一对眼不大，眼角尖而眼珠凸，鼻翼、角根、嘴角同样为外凸的螺旋线，兽面纹两侧各半幅宽线兽面，与相邻的一半构成倒置兽面纹。主兽面纹凸出，形成浅浮雕，其余纹线平铺。圈足上部也是两周凸弦纹穿过三个均布的十字透孔（图2.22.1-2）。此罍肩、腹纹饰流畅，是典型的模作纹。③

城固苏村窖藏中也有一件罍CH71-2，造型与上述二罍相同但纹饰有差，颈部也是三周凸弦纹，肩部饰宽线夔纹带，腹部饰宽线兽面纹带，布局接近王家嘴罍，但兽面布局舒展，高冠两侧竖叉形角，眼角后隐有兽身，阔鼻，两侧是兽面无目，圈足结构同上，

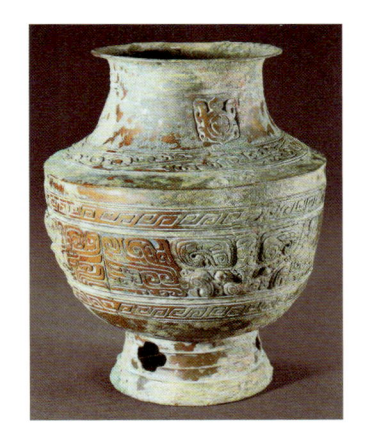

图2.21 郑州白家庄罍C8M2：1

图2.22.1 盘龙城王家嘴罍WZM1：2

图2.22.2 盘龙城王家嘴罍WZM1：2

---

① 河南省文物研究所：《郑州商城：1953—1985年发掘报告》，文物出版社，2001年，第821页。《中国青铜器全集》卷1，文物出版社，1996年，图128。
② 湖北省文物考古研究所：《盘龙城：1963—1994年考古发掘报告》，文物出版社，2001年，第138页。报告称此器为尊。
③ 苏荣誉、张昌平：《盘龙城青铜器的铸接工艺研究》，盘龙城遗址博物院、武汉大学青铜文明研究中心编：《盘龙城与长江文明国际学术研讨会论文集》，科学出版社，2016年，第118—137页。

重要的是与腹部浮凸兽面纹相对，内壁相应下凹（图2.23.1-3）。①对比这三件罍，大同小异，从纹饰结构看，白家庄罍腹部纹带为两重，可能略晚，另外两件中，或许王家嘴罍较苏村罍略早。

安阳小屯M333出土一件罍R2060，造型与上述三罍相若，束颈饰三道凸弦纹，肩面饰宽线九幅三组夔纹，云雷纹衬地；腹部饰宽兽面纹带，兽面纹结构颇近王家嘴罍，兽面的"角、鼻、眼及獠牙部分凸出器面很高，而器身内部之对应部位则凹入"。此外，兽面纹两侧的半幅兽面有所不同，有凸出的眼珠；云雷纹衬地。圈足上部一周凸弦纹穿过三个均布的十字形透孔（图2.24.1-2）。②张昌平指出，该器是中原青铜器中所知年代最早的内壁随器表纹饰浮凸而凹陷的实例。③

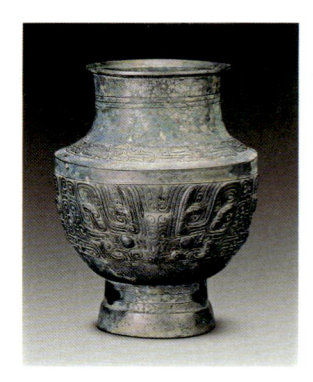

图2.23.1　城固苏村罍CH71-2

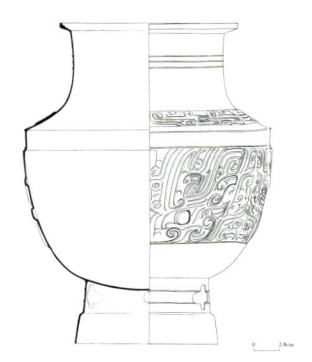

图2.23.2　城固苏村罍CH71-2线图

图2.23.3　城固苏村罍CH71-2内壁下凹

需要特别指出的是，小屯M331出土的方腹卣R2066（图2.25.1），出土时卣的腹、盖、盖纽和提梁皆分离，提梁断为数段。在发掘报告中，石璋如已明确指出盖

---

① 苏荣誉、张昌平：《盘龙城青铜器的铸接工艺研究》，盘龙城遗址博物院、武汉大学青铜文明研究中心编：《盘龙城与长江文明国际学术研讨会论文集》，科学出版社，2016年，第118—137页。
② 李济、万家保：《殷墟出土五十三件青铜容器之研究》（《古器物研究专刊》第五本），"中研院"历史语言研究所，1972年，图版22、44。
③ 张昌平：《论殷墟时期南方的尊和罍》，《考古学集刊》第15集，文物出版社，2004年，第122页。

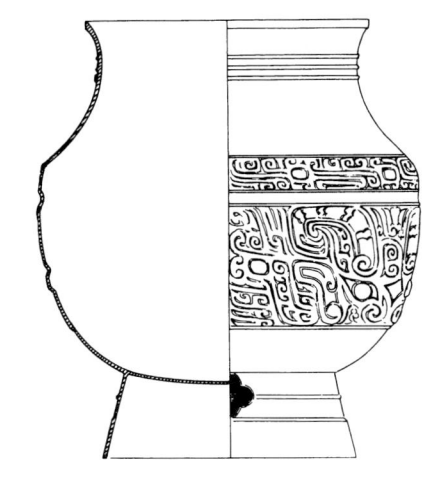

图2.24.1　小屯M333罍R2060　　　　图2.24.2　小屯M333罍R2060线图

的鸟纽属分铸成形。①提梁和盖以虎形链节链接，盖以子口扣合进卣口。盖为穹形，面满布三组鸟纹，以雷纹填地；盖中央站立一飞鸟形纽。卣圆口长颈，口微侈，折肩，接方形截面腹。四道勾牙形扉棱均布，自口沿长垂至折肩四隅的圆雕兽首后颈，将颈、肩纹饰四分，而扉棱与兽首也构成独立的装饰单元，形若爬龙（图2.25.2）。口沿下饰一周勾云纹带，扉棱位于兽面纹组界。肩面有一对半圆形环耳，与提梁链接，提梁端有圆雕兽首包覆链接部分。四隅为圆雕兽首，前后肩面中间另置别种圆雕兽首，兽首间填勾云纹和雷纹（图2.25.3-4）。卣腹亦满布纹饰，四角饰高浮雕大型兽面纹，一双G形大角向两侧耸起，再回卷并翘出，角上饰外侧有几何勾牙的双排鳞纹；兽面略呈十字形，高鼻，凸眼珠，唇抵腹底，细云纹和云雷纹衬地（图2.25.5）。腹下接矮圈足，外饰一周窄回纹带。推测与四角高浮雕兽面相应的内壁有下凹。②虽然李济和万家保忽视了纽的分铸，指出"盖系一次铸成"，失察，但他们却明确指出卣肩部的六个牺首是分铸的，且属先铸。③

---

① 石璋如：《小屯第一本·遗址的发现与发掘·丙编》（中国考古报告集之二），《殷墟墓葬之五：丙区墓葬·上》，"中研院"历史语言研究所，1980年，第70—74页。《中国青铜器全集》卷1，文物出版社，1996年，图133。李永迪编：《殷墟出土器物选粹——庆祝"中央研究院"历史语言研究所八十周年》，"中研院"历史语言研究所，2009年，第46—47页。
② 苏荣誉、柳扬：《论圆口长颈方腹卣》，待刊。感谢史语所惠允，苏荣誉对这件卣进行了核查，确认有下凹。
③ 李济、万家保：《殷墟出土五十三件青铜容器之研究》（《古器物研究专刊》第五本），"中研院"历史语言研究所，1972年，图版45。

图2.25.1　小屯M331
方腹卣R2066

图2.25.2　小屯M331
方腹卣R2066拓片

图2.25.3　小屯M331方腹卣
R2066线图（顶视）

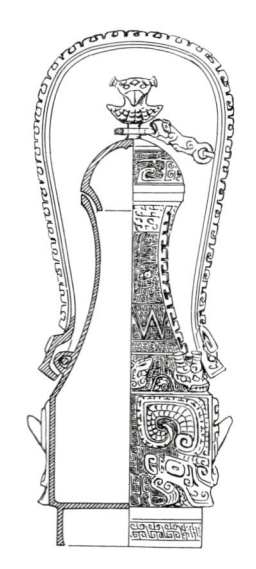

图2.25.4　小屯M331
方腹卣R2066线图

图2.25.5　小屯M331
方腹卣R2066腹部

更北的藁城台西商代墓地出土一件瓿M112：4，直口、方唇、沿外侈，短颈饰两道凸弦纹，宽肩饰三组细线目雷纹带，两侧以圆圈纹镶边；弧肩，腹部饰宽兽面纹带。兽面长目多素白、尖眼角、眼珠圆凸；鼻梁凸起，下有大鼻头，两端向内卷螺旋线并突出为鼻翼；鼻下有宽阔的微张大嘴，獠牙出露；额上有宽冠饰，两侧各有三竖立的羽刀纹，一对不大的几字形角在其外，眼外为S形分离的兽身，前端螺丝

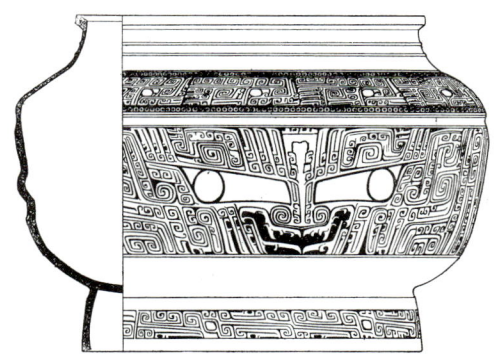

图2.26.1 藁城台西瓿M112：4　　　　　　　图2.26.2 藁城台西瓿M112：4线图

卷，尾端向下折勾；眼珠下有分离的兽足，其外填补无目变体夔纹。兽面的鼻、角、身、眼、足及夔纹均浮雕，器内壁相应凹下。圈足矮，饰三组目雷纹组成的纹带（图2.26.1-2）。[1]

进入殷墟早期，以妇好墓出土的青铜器为代表，"主纹多为复层花"，"浮于地纹之上"，"辅助花纹多为单层花，少量则为复层花"[2]，浮雕纹饰流行。如妇好方斝M5：855（图2.27.1）、妇好瓿M5：796（图2.27.2）和妇好方尊M5：792（图2.27.3），都是典型的三重花装饰，主纹高浮雕，方斝的四角的长条形扉棱甚至通到了柱帽，圆雕牺首几乎占满了肩部，但内壁均平光，[3]并没有因纹饰的高浮雕而在内壁下凹，依然是简单的模作纹。

很明显，殷墟时期青铜器最具特点的"三重花"纹饰，和二里岗时期的局部高浮雕纹饰有距离。

在阜南月儿河，与龙虎尊同时出土的还有一件兽面纹尊（参见图1.52.1），以密集、曲折、流畅宽纹线为特征，有向满布花纹发展的强烈意向。尊腹饰高浮雕兽面纹，不仅凸凹有致一丝不苟，且纹饰没有上下分段，且内壁随外表纹饰凸起而下凹（参见图1.52.2-3）。贝格立认为阜南龙虎尊纹饰是缓地隆起形成浮雕状，兽面、人纹和虎纹造型圆润，似要融入底面一般；其阴线均匀地漫延在主纹和底面，和殷墟时

---

[1] 河北省文物研究所：《藁城台西商代遗址》，文物出版社，1985年，第129页。
[2] 郑振香、陈志达：《殷墟青铜器的分期与年代》，《殷墟青铜器》，文物出版社，1985年，第49页。
[3] 中国社会科学院考古研究所：《殷墟妇好墓》，文物出版社，1980年，第66、53—55页。

图2.27.1 妇好方斝M5：855

图2.27.2 妇好瓿
M5：796

图2.27.3 妇好方尊
M5：792

期高浮雕的两层花明显不同，足部具有标准的二里岗期纹饰，[1]年代无疑应属二里岗时期。[2]罗越将月儿河两件尊纹饰的凸起称之为"高浮雕"，而贝格立称之为"缓地隆起形成浮雕状"，这种说法更加写实，更能描绘出月儿河尊纹饰突起的特别之处。阜南月儿河尊，其突起纹饰多成坡面，一侧翘起而另一侧隐于底面之中，与殷墟时期地纹与主纹高低层次清晰的"二重花"不同，年代应早于殷墟时期，属二里岗时期，介于无地纹浮雕向有地纹高浮雕的过渡阶段。

月儿河兽面纹尊与城固苏村CH71-2罍相同处在于，冠两侧都为羽刀纹，但月儿

---

[1] 贝格立：《南方青铜器纹饰与新干大洋洲墓的时代》，马承源编：《吴越地区青铜器研究论文集》，两木出版社，1997年，第125页。
[2] Robert W. Bagley, *Shang Ritual Bronzes in the Arthur M. Sackler Collections*, Washington D. C.: The Arthur M. Sackler Foundation, 1987, p. 274 note 10.

河尊的角为向内卷曲的羊角式,这一点又与盘龙城王家嘴一号墓所出罍相同,但其冠两侧又无羽刀纹,可见,月儿河兽面纹尊的纹饰构成有可能来源于盘龙城王家嘴一号墓罍和苏村罍二者的结合,二者所处时间大致相同,都具有南方风格,且月儿河兽面纹尊腹部整体兽面纹都是缓地隆起形成浮雕状,肩部饰有扉棱和兽首。

(二)扉棱装饰

以扉棱装饰青铜器可能上溯到二里头时期,上海博物馆藏的一件乳钉纹角,流管上有"曲尺形"扉棱饰。盘龙城李家嘴和杨家湾出土的两件管流爵LZM2:12(图2.28.1)和YWH6:28(图2.28.2),流管顶面有纵向的勾牙饰,[①]与上博角(图2.28.3)有清楚的关联,也说明它们的年代相近,盘龙城管流爵可能属二里岗下层。这些可能是扉棱的祖形。

图2.28.1　盘龙城李家嘴管流爵LZM2:12

图2.28.2　盘龙城杨家湾管流爵YWH6:28

图2.28.3　上博角

扉棱大约在二里岗上层发展定型。1954年郑州人民公园出土的一件大口尊C7:Y0890,肩、腹部均饰有勾牙形扉棱(参见图1.51.2);[②]1974年灵宝东桥出土的尊,[③]肩、腹部扉棱和人民公园尊相同,但腹部纹饰分上下段,纹线有粗细之别(参

[①] 湖北省文物考古研究所:《盘龙城:1963—1994年考古发掘报告》,文物出版社,2001年,第162—163页,彩版11.1;第276—278页,彩版36.3。
[②] 河南省文物考古研究所:《郑州商城:1953—1985年考古发掘报告》,文物出版社,2001年,第818页,图版226.3,彩版32。
[③] 河南省博物馆、灵宝县文化馆:《河南灵宝出土一批商代青铜器》,《考古》1979年第1期,第20—22页。

见图1.51.3），或者年代略晚。这两件尊棱为卷云形，高卷，中透空，肩部的扉棱和阜南月儿河兽面纹尊相同，腹部扉棱与月儿河龙虎尊的一致。①单就扉棱看，暗含着这四件尊年代相差不大。北京故宫博物院收藏的一件大口尊，肩、腹部扉棱与人民公园尊十分接近，②或同出一地。

但它们的腹部纹饰差别较大，人民公园和灵宝东桥尊，纹饰基本是舒展平铺的宽线兽面纹，后者还配以细线装饰衬地的云雷纹。月儿河两件尊的腹部兽面纹为整体高浮雕形式，内壁相应凹下，兽面各部均以阴线或阴线云纹勾勒，没有地纹。也就是说，纹饰风格差异不小。

安阳小屯M331出土的两件大口折肩尊R2070和R2071造型相近，与灵宝东桥尊一致，唯后者略瘦高。肩部的牺首和肩、腹扉棱相同，腹部纹带也分上下。肩沿下的窄纹带，R2070为目雷纹（图2.29.1），而R2071为兽面纹（图2.30.1）；腹部同样饰三条勾云形扉棱，纹饰结构都是连体兽面纹两侧配竖立夔纹，但前者兽面为Γ形角（图2.29.2），而后者为C形角（图2.30.2），圈足饰兽面纹带。③是故陈芳妹指出，"小屯五座墓的青铜器带有深厚的二里岗风格因素"，所出青铜器"或许有些是从郑州带来的'古董'"，但却"罕见于妇好墓青铜器"④。M331两件尊的年代，应与灵宝东桥尊接近。⑤从工艺上看，上述尊都是所谓模作纹，但牺首的处理不同。人民公园尊的牺首浑铸，灵宝东桥依然，但小屯M331两件尊的牺首都是后铸的。⑥这是中商时期技术的变化，而这种变化包含着一些新因素的冲击。它们并非来自二里岗的古

---

① 葛介屏：《安徽阜南发现殷商时代的青铜器》，《文物》1959年第1期，封二。
② 故宫博物院：《故宫青铜器》，紫禁城出版社，1999年，第74页。
③ 李济、万家保：《殷墟出土伍拾叁件青铜容器之研究》（《古器物研究专刊》第五本），"中研院"历史语言研究所，1972年，第3—34页。肩部牺首李济称之为"水牛头"。李济：《记小屯出土之青铜器》，《中国考古学报》1948年第3期，第10页。
④ 陈芳妹：《小屯五座墓的青铜容器——从二里岗到典型殷墟风格的转变》，《考古与历史文化》（上），正中书局，1991年，第181—232页。
⑤ 关于M331及其所出土尊的年代，从唐际根说。唐际根从铜器和陶器两方面进行研究并和考古遗存进行对比，认为M331属殷墟一期早段（《殷墟一期文化及其相关问题》，《考古》1993年第10期，第925—935页）。代表性的不同说法有，岳洪彬认为其时代属殷墟二期早段（《殷墟青铜礼器研究》，中国社会科学出版社，2006年，第68—69、139页；《殷墟青铜容器分期研究》，《考古学集刊》第15集，2004年，第82页），朱凤瀚也断为二期I段（《中国青铜器综论》，上海古籍出版社，2009年，第952—953页）。
⑥ 万家保认为牺首先铸（李济、万家保：《殷墟出土五十三件青铜容器之研究》，《古器物研究专刊》第五本，"中研院"历史语言研究所，1972年，图版22），失当。苏荣誉：《湖南省博物馆藏两件大口折肩青铜圆尊的研究——兼及同类尊的渊源、风格、工艺、产地和时代问题》，湖南商西周青铜器国际学术研讨会论文，2015年8月27日—28日：长沙。

图2.29.1　小屯M331尊R2070 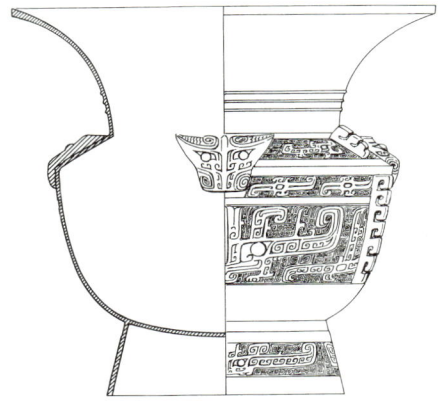　　　　图2.29.2　小屯M331尊R2070线图

图2.30.1　小屯M331尊R2071 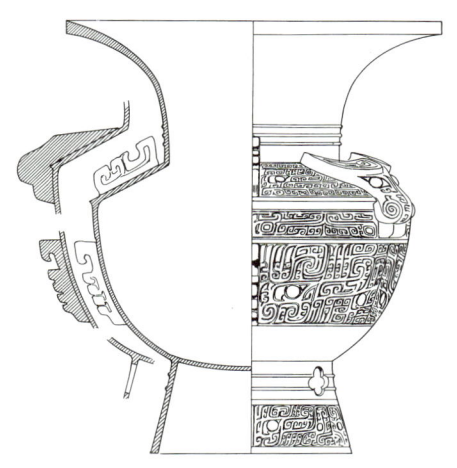　　　　图2.30.2　小屯M331尊R2071线图

董,其勾云形扉棱也多未透空。

  殷墟前期,两侧以T、L、I阴线勾勒的条形扉棱迅速增多,某些扉棱从勾牙形演变为列旗形。[1]妇好墓中出土的妇好爵M5∶1579(图2.31.1),流和尾下的扉棱从勾牙形向长条形过渡,而妇好扁圆壶M5∶795(图2.31.2)和妇好方彝M5∶825(图2.31.3)的扉棱已属典型的长条形扉棱。[2]

---

[1] 苏荣誉:《扉棱先铸青铜容器初论》,宝鸡戴家湾、石鼓山与安阳出土青铜器及陶范学术研讨会,2015年11月30日—12月4日;北京—西安—宝鸡。
[2] 中国社会科学院考古研究所:《殷墟妇好墓》,文物出版社,1980年,第85、64、53页。

图2.31.1 妇好爵M5:1579 　　图2.31.2 妇好壶M5:795 　　图2.31.3 妇好方彝M5:825

很明显，二里岗晚期扉棱定形为勾云形，少量器物开始装饰扉棱，到殷墟的武丁时期扉棱多演变为长条等形，中商阶段是理解这一转变的关键时期。

安徽六安滠河出土的一件大口折肩尊，[1]浮雕纹饰，肩沿均匀覆扣三牺首，与之相间，在肩部纹带均饰三片形伏卧鸟，相应的腹部和圈足垂列勾牙式扉棱，即扉棱由一列C串成，一端略高或略厚而另一端略矮或略薄，往往由于错范以致未能透空，多施于南方风格器物；牺首是铸铆式后铸到肩沿；腹部与圈足纹饰均由范—芯合作纹完成。与之同形的南方风格大口尊如岳阳费家河、江陵八姑台、枣阳新店、广汉三星堆以及巫山李家滩尊皆如此。[2]华容东山的大口尊（参见图1.35.1-3），造型和六安滠河尊几乎一样，腹、圈足也饰同样的扉棱（参见图1.39.1-2），所差仅在于肩部以外挂式管状牺首取代覆扣式牺首。[3]不仅其制作工艺与六安滠河尊等完全相同，[4]与之同形的出自广汉三星堆、岳阳鲂鱼山和平江套口的罍也如此。[5]

---

[1] 安徽省皖西博物馆：《安徽六安出土一件大型商代铜尊》，《文物》2000年第12期，第65—68页。
[2] 苏荣誉、宫希成：《六安滠河青铜大口折肩尊的风格与工艺研究——兼及同类器物的时代与产地等问题》，何驽主编：《李下蹊华——庆祝李伯谦先生八十华诞论文集》，科学出版社，2016年，第359—421页。苏荣誉：《三星堆大口折肩尊研究——兼论商南方风格大口尊的风格、工艺、年代与渊源关系》，见本集第四篇。
[3] 湖南省博物馆：《湖南省工农兵群众热爱祖国文化遗产》，《文物》1972年第1期，第7页。
[4] 苏荣誉等：《湖南省博物馆藏两件大口折肩青铜圆尊的研究——兼及同类尊的渊源与风格、工艺、产地和时代问题》，湖南商西周青铜器国际研讨会，2015年8月26日—27日：长沙。
[5] 苏荣誉、朱亚蓉：《三星堆出土青铜罍K2②:159研究——附论外挂形管状牺首饰罍与尊》，《三星堆研究》第五辑，巴蜀书社，2019年，第225—260页。

这批大口折肩尊的扉棱惊人相似，较之勾云形扉棱，变得矮，多不透空，明显介于勾云形扉棱和长条形扉棱之间。事实上，早于殷墟的中原出土的青铜器，有些已经装饰勾牙形扉棱，前述安阳小屯M331出土方腹卣R2066，不但颈部饰四道勾牙形扉棱，提梁正中也有，美国弗利尔艺术馆（Freer Gallery of Art, Smithsonian）收藏的壶（编号49.5，图2.32.1），[1]颈部扉棱（图2.32.2）与方腹卣R2066的十分接近。弗利尔壶的年代可到二里岗时期，将勾牙形扉棱上溯到商早期。最可注意的是其扉棱属于平光式先铸铸接，那是南方青铜工艺的发明和少数铸工所掌握的特别技艺。[2]

图2.32.1　弗利尔壶　　　　图2.32.2　弗利尔壶颈部扉棱

再回头看月儿河两件尊的扉棱，兽面纹尊仅肩部饰之，而龙虎尊仅饰于腹部。兽面纹尊的肩部勾云形扉棱高、厚且透空（图2.33.1），和郑州人民公园尊、灵宝东桥尊及三星堆残尊K2②：135肩部的扉棱相当一致（图2.33.2-4）。单从这点看它们，尤其是前三件的时代十分接近，可推测其铸工或在同一作坊铸造且是同门。

---

[1] John Alexander Pope, Rutherford John Gettens, James Cahill, and Noel Barnard, *The Freer Chinese Bronzes, Volume I, Catalogue*, Washington D.C.: Smithsonian Institution, 1967, p. 40.
[2] 苏荣誉：《扉棱先铸青铜容器初论》，宝鸡戴家湾、石鼓山与安阳出土青铜器及陶范学术研讨会，2015年11月30日—12月4日：北京—西安—宝鸡。

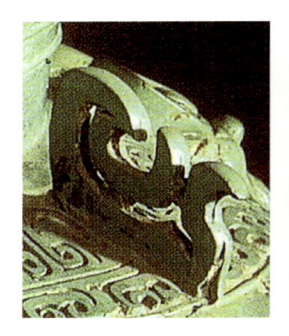

图2.33.1 月儿河
兽面纹尊肩部扉棱　　图2.33.2 郑州人民公园
尊肩部扉棱　　图2.33.3 灵宝东桥
尊肩部扉棱　　图2.33.4 三星堆残尊
K2②：135肩部扉棱

　　龙虎尊的腹部勾云形扉棱较长，虽然未透，但两侧纹线深刻（图2.34.1），郑州人民公园尊和灵宝东桥尊的腹部扉棱（图2.34.2-3）可谓与之如出一辙，强化了就肩部扉棱所推论的三者关系。三星堆龙虎尊腹部和圈足扉棱都是板状云形，上段的两侧阴勾云纹，但下端外翘（图2.34.4-5），而非如勾云纹或勾牙形扉棱上高下低，上端略厚而下端略薄。所以，三星堆龙虎尊时代较月儿河龙虎尊晚，或者可以视作扉棱从勾牙云形向长条形的过渡期。

　　顺便尝试解释一下月儿河两件尊扉棱的关系。龙虎尊造型颇为张扬，宽肩锐折，轮廓华美有力。肩部浮雕的龙身、伸出肩沿的龙首、突出腹壁的虎头、高勾云形扉棱

图2.34.1 月儿河
龙虎尊腹部扉棱　　图2.34.2 郑州人民
公园尊腹部扉棱　　图2.34.3 灵宝东桥尊
腹部扉棱　　图2.34.4
三星堆龙虎尊
腹部扉棱　　图2.34.5
三星堆龙虎尊
圈足扉棱

配合高浮雕纹饰,均是扩大上腹、轮廓线曲折的意趣。但浮雕龙身就不便再有别的装饰如扉棱,形成了独特的造型;而兽面纹尊,相对收敛,虽然折肩,但非锐折,致使肩面显得略窄,设置团聚式牺首,并以勾云形扉棱调整肩部。对于腹部,因规则流畅的高浮雕纹饰,不必设三道垂直扉棱约束,以免画蛇添足。

从月儿河兽面纹尊到溮河尊,肩部鸟饰取代了扉棱,虽然也是勾云形扉棱,但扉棱呈现出长条化的趋势,尤其在没有透空时视觉效果更是如此。更重要的变化发生在圈足上装饰扉棱,这一变化发展得很快,年代相近且出身很一致。但由此仍可理出月儿河兽面纹尊要早于扉棱饰牺首尊,与龙虎尊的造型和二里岗尊一致,应属二里岗上层晚期或中商一期。而肩部虽同样没有扉棱,但圈足装饰了扉棱的三星堆龙虎尊虽与月儿河龙虎尊相仿,但明显较晚,年代或在中商三期或中商与晚商之交。六安溮河尊的肩部饰片状伏鸟,代替了勾云纹。贝格立认为肩部鸟饰是由扉棱演变而来,颇有见地,他解释这一变化和地方铸工喜欢以鸟饰器有关。[1]

需要特别说明的是,对扉棱的讨论是基于风格和工艺对青铜器的年代重新认识,绝不意味着出土这些器物的器物坑、窖藏或墓葬的年代和器物一致,相反,它们的年代要较器物晚,甚至晚很多以至逾千年。

另外,如果上述分析合理,那么罗越IV和V型青铜器均是在南方发展起来的,并随着南方器物向安阳的流动,特别是南方工匠迁移到安阳铸铜作坊,迅即普及开来,使罗越V型成为安阳风格的标志。同样,散列式兽面纹也传到了安阳并施之于妇好墓青铜器,勾云形扉棱也传来但被改造成直条状扉棱。

(三)牺首附饰

青铜器装饰牺首可能是二里岗晚期才开始的。就尊和罍装饰的进化,肩部没有牺首饰的应体现着较早的形态,而肩部连纹饰都没有的则可能更原始。[2] 洋县张村和望城高砂脊就分别出土过仅颈部和圈足饰凸弦纹的青铜尊。[3] 偃师塔庄出土一件大口尊,

---

[1] Robert W. Bagley, *Shang Ritual Bronzes in the Arthur M. Sackler Collections*, Washington D. C.: The Arthur M. Sackler Foundation, 1987, pp. 457–458.
[2] 苏荣誉等:《湖南省博物馆藏两件大口折肩青铜圆尊的研究——兼及同类尊的渊源与风格、工艺、产地和时代问题》,湖南商西周青铜器国际研讨会,2015年8月26日—27日:长沙。
[3] 曹玮主编:《汉中出土商代青铜器》,巴蜀书社,2006年,第64—65、16—17页。湖南省文物考古研究所等:《湖南望城县高砂脊商周遗址的发掘》,《考古》2001年第4期,第39、41—43页。

肩部和腹部分别饰云雷纹带和兽面纹带，均以圆圈纹镶边（参见图4.138），①纹线为细线，风格属罗越I型。盘龙城杨家湾窖藏（按：应为一墓）的一件尊YWH6：20与之十分接近（图2.35.1），只是肩部饰云纹带并无连珠纹（参见图4.139）。②郑州商城出土的五件罍，除XSH1：5肩部饰半圆雕牺首外，二里岗墓葬出罍C1：0243、白家庄墓葬出罍C8M2：1、C8M3：9和C8：1615肩和腹部均饰宽线纹带，③和平陆前庄所出罍一致（图2.35.2）。④郾城拦河潘出土两件罍，一件的纹饰与这些尊、罍一致，而另一件腹部纹饰分上下段，纹线介于宽线与细线间。⑤

上述实例说明，在细线纹带和宽线纹带，及罗越I型和II型纹饰上，都可能没有牺首装饰，目前还不能凭纹饰类型确定它们的早晚或地域关系。盘龙城出土十多件罍和尊，均无牺首饰；安阳小屯五座墓中出土有四件尊和罍也无牺首。

一般认为二里岗尊、罍上的牺首饰是早期形态。1961年郑州人民公园商墓出土的一件折肩尊C7：Y0861，肩、腹饰略宽线云纹和兽面纹，牺首若浅浮雕扣在肩沿；向阳回族食品厂窖藏出土的大口尊XSH1：3，兽头的浮雕略高，轮廓清晰；同出的罍XSH1：5牺首和腹部纹饰一样突出，也是较高浮雕（图2.36）。⑥城固五郎庙出土的折肩尊A92：474、龙头出土的

图2.35.1 盘龙城杨家湾尊YWH6：20

图2.35.2 平陆前庄罍

---

① 秦文生、张锴生编：《中原文化大典·文物典·青铜器》，中州古籍出版社，2008年，第127页。
② 湖北省文物考古研究所：《盘龙城：1963—1994年考古发掘报告》，文物出版社，2001年，第281页。发掘报告将此器划为第七期，相当于二里岗上层晚段。该窖藏另出尊YWH6：21，肩、腹纹带均为宽线，为罗越II型，再一件尊YWH6：15，造型细高，肩和腹仅饰圆圈纹两周，和杨家湾墓出的一件尊YWM11：34相同，年代均可能略早。
③ 河南省文物考古研究所：《郑州商城：1953—1985年考古发掘报告》，文物出版社，2001年，第818—821页。
④ 卫斯：《平陆县商代遗址出土文物》，《文物季刊》1992年第1期，第18—19页。
⑤ 孟新安：《郾城出土一批商代青铜器》，《考古》1987年第8期，第765—766页。
⑥ 河南省文物考古研究所：《郑州商城：1953—1985年考古发掘报告》，文物出版社，2001年，第815页。卫斯：《平陆县前庄商代遗址出土文物》，《文物季刊》1992年第1期，第18—19页。

图2.36　郑州向阳回族食品厂窖藏罍 　　　　图2.37　小屯M388罍R2061

弧肩尊CH68-1和CH68-2的牺首近似。①直到安阳小屯M388出土的罍R2061，肩、腹、圈足饰细线兽面纹，且腹部分上下两段，肩沿均布的三牺首，浮在纹带仅两线之高（图2.37）。②上述这些牺首都是浑铸成形的，未见分铸。

牺首是浮雕形态，凸起有高有低。考古报告和器物图录很少涉及牺首背面即器腹内壁的情况。郑州向阳回族食品厂出土的折肩尊XSH1：4的线图不仅表现出牺首中空，而且空腔不封闭；③小屯罍R2061的描述中明确提到"肩部饰突起之兽面三具，器内表的对应位置稍稍凹入"④，浅浅的凹陷是因为牺首凸起矮的缘故。这一现象说明，腹芯在牺首有随形的凸起，凸起部分即牺首芯，其目的是将凸起的牺首铸得中空，而这恰是青铜凝固所需要的，否则容易在牺首与肩、腹结合处形成裂纹以至报废，工艺思路和上述高浮雕纹饰的内壁相应凹下一致。同样，因器壁厚度在2毫米左

---

① 曹玮主编：《汉中出土商代青铜器》，巴蜀书社，2006年，第56—57、46—51页。
② 李济、万家保：《殷墟出土伍拾叁件青铜容器之研究》（《古器物研究专刊》第五本），"中研院"历史语言研究所，1972年，图版23。
③ 河南省文物考古研究所：《郑州商城：1953—1985年考古发掘报告》，文物出版社，2001年，第817页图549.1。
④ 李济、万家保：《殷墟出土伍拾叁件青铜容器之研究》（《古器物研究专刊》第五本），"中研院"历史语言研究所，1972年，图版23。

右，泥芯的制作和定位难度极大，芯很可能也是从模翻制的。月儿河兽面纹尊的牺首，未见分铸痕迹，很可能也是浑铸而成。

但月儿河龙虎尊肩部的龙首和虎头都是分铸，前者属于榫接式后铸，而后者属于铸铆式后铸，与虎头相应的器内壁有清晰的"铆块"，这一作法成为六安洴河尊、岳阳费家河尊、鲂鱼山罍（参见图1.27.1-4）、平江套口罍（参见图1.32.5）、华容东山尊（参见图1.40.2-3）、江陵八姑台尊、枣阳新店尊、城固苏村尊、巫山李家滩尊以及三星堆绝大多数尊、罍（参见图1.17.1-2）的牺首的定制。①

从牺首浑铸发展到后铸，目前最早可上溯到月儿河龙虎尊，随即在南方风格青铜尊中成为标准工艺。这一现象并非偶然，说明南方风格青铜尊出自同一作坊，而且铸造的时间相当接近。

这一工艺的渊源可上溯到盘龙城李家嘴出土的双耳簋LZM1：5（图2.38.1），双耳铆接式后铸（图2.38.2-3）。大约在一两代人之后，发展了的

图2.38.1　盘龙城李家嘴双耳簋LZM1：5

图2.38.2　盘龙城李家嘴双耳簋内壁铆块

图2.38.3　盘龙城李家嘴双耳簋内部铆块

---

① 苏荣誉、宫希成：《六安洴河青铜大口折肩尊的风格与工艺研究——兼及同类器物的时代与产地等问题》，何驽主编：《李下蹊华——庆祝李伯谦先生八十华诞论文集》，科学出版社，2016年，第359—421页。苏荣誉等：《湖南省博物馆藏两件大口折肩青铜圆尊的研究——兼及同类尊的渊源与风格、工艺、产地和时代问题》，湖南商西周青铜器国际研讨会，2015年8月26日—27日：长沙。苏荣誉、朱亚蓉：《三星堆出土青铜罍K2②：159研究——附论外挂形管状牺首饰罍与尊》，纪念三星堆祭祀坑发掘三十周年学术研讨会，2016年7月18日—19日：四川广汉三星堆。苏荣誉：《湖南商周青铜器工艺技术研究》，《中国青铜技术与艺术》（丁酉集），上海古籍出版社，2019年，第393—442页。

铸铆式铸接，钉盖形铆头以涡纹美化，转至凤鸟斝鋬的后铸。岐山贺家村出土者（图2.39.1-3）、日本泉屋博古馆（图2.40.1-3）和美国弗利尔艺术馆收藏者均如此。后来转而铸作别类器的耳、鋬或纽。①

图2.39.1　岐山贺家村凤鸟斝

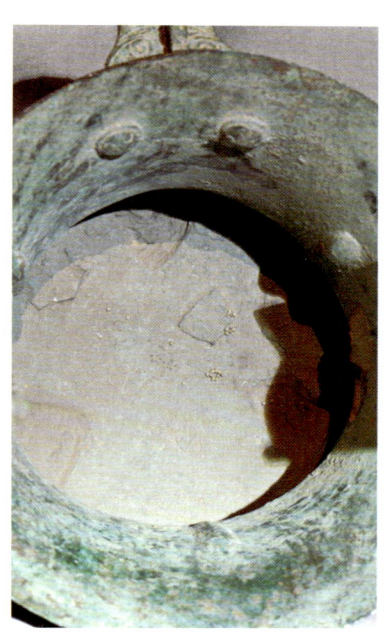

图2.39.2　岐山贺家村凤鸟斝腹内壁

图2.39.3　岐山贺家村凤鸟斝鋬铸铆式后铸铆头

---

① 苏荣誉：《安阳殷墟青铜技术渊源的商代南方因素——以铸铆结构为案例的初步探讨兼及泉屋博古馆所藏凤柱斝的年代和属性》，日本泉屋博古馆、日本九州国立博物馆编：《泉屋透赏：泉屋博古馆青铜器透射扫描解析》，科学出版社，2015年，第353—386页。《中国青铜器全集》卷4，文物出版社，1998年，图59。《泉屋博古：中国古铜器编》，日本泉屋博古馆，2002年，第47页。苏荣誉：《青铜工艺与青铜器风格、年代和产地——论商末周初的牛首饰青铜四耳簋和出戟饰青铜器》，《艺术史研究》第十六辑，中山大学出版社，2014年，第97—143页。

图2.40.1　泉屋博古馆
凤鸟斝

图2.40.2　泉屋博古馆凤鸟斝
内壁铆头

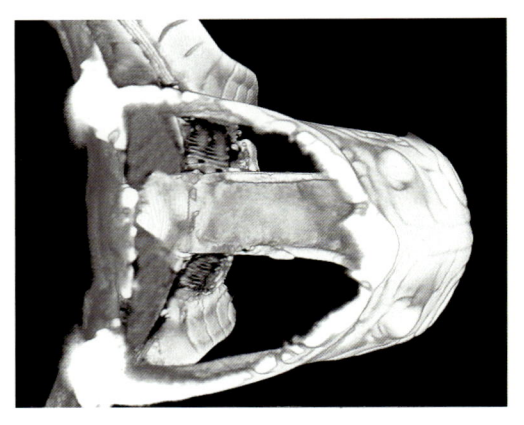

图2.40.3　泉屋博古馆凤鸟斝
鋬CT扫描结构

　　以盘龙城李家嘴青铜器为代表的，在二里岗晚期成熟的铸铆式铸接工艺，属于商代南方青铜技术体系。[1]很明显，此后即分为蘑菇形铸铆铸接和贴片形铸铆式铸接两支，[2]前者还掌握着扉棱的凸棱式先铸铸接，后者是否掌握扉棱的平光式铸接，不得而知。和本题密切相关的是贴片形铸铆式铸接，数位铸工在不长的时间内铸造了包括三星堆尊、罍的南方风格青铜器。

---

[1] 苏荣誉:《岐山出土商凤柱斝的铸造工艺分析及相关问题探讨》，陕西考古研究院、上海博物馆编:《两周封国论衡——陕西韩城出土芮国文物暨周代封国考古学研究国际学术讨论会论文集》，上海古籍出版社，2014年，第551—563页。
[2] 苏荣誉:《读青铜器图录札记:牛首饰四耳簋》，北京大学出土文献研究所编:《青铜器与金文》第一辑，上海古籍出版社，2017年，第433—449页。

再看西北冈M1400出土的青铜尊R1073，朱凤瀚划那座墓为殷墟第二期II段。①因出土时口沿至颈部均残，颈部装饰不明。肩、腹和圈足是"满装花纹"，而表现手法则是浮雕模纹。肩部均布三圆雕牺首，完全在肩面，嘴未伸出肩沿。与牺首相间均布三长条形扉棱，两侧有T、I阴线勾勒，夔纹分布其间，头向牺首。腹部和圈足均有六道垂直的长条形扉棱，三条与肩部扉棱相应，另三条和牺首相应，以此扉棱为对称构成三连体兽面纹，但纹带上栏有云雷纹带镶边。圈足顶均布的三个不规则形状透孔在兽面纹分界位置，底部有一字铭文（图2.41.1）。万家保分析其工艺，根据牺首与肩部的分铸痕迹认定牺首先铸（图2.41.2），所复原的尊的铸型据牺首先铸而作（图2.41.3）。佢从痕迹看并结合上述诸尊工艺，牺首应是后铸的，腹内壁没有信息，很可能这件尊的牺首属榫接式后铸，妇好墓所出尊、罍肩部牺首即是如此，②和南方风格大口折肩尊判然有别。

尊R1073和本文所涉及的大口尊的显著不同在于铭文和扉棱，扉棱从勾云形发展到长条形，从肩—腹部演变到肩—腹—圈足。如果按照贝格立的意见，勾云形扉棱是南方青铜器的一个特点的话，它很可能首先出现在二里岗铜器上，传到南方得到普及，并有很大可能将器物输出各地，安阳小屯M331所出土的尊或许是这样的结果。

图2.41.1 安阳西北冈M1400尊R1073

图2.41.2 安阳西北冈M1400尊R1073牺首后铸

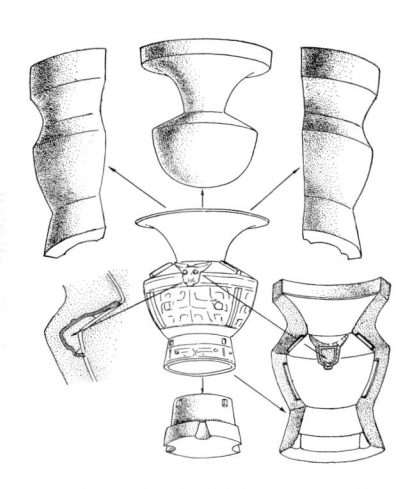

图2.41.3 安阳西北冈M1400尊R1073铸型复原图

---

① 朱凤瀚：《中国青铜器综论》，上海古籍出版社，2009年，第963页。
② 华觉明、冯富根、王振江、白荣金：《妇好墓青铜器群铸造技术的研究》，《考古学集刊》第1集，中国社会科学出版社，1981年，第261—266页。

勾云形扉棱在殷墟产生影响的结果是扉棱很快普遍化，按照陈芳妹的统计，到殷墟二期的妇好墓，扉棱在青铜器的出现率高达73%，[①]并由勾云形演变为长条形，由灵动变得呆板。

可见，安阳殷墟的牺首铸法（的主流）是不同的，榫接式后铸牺首的结果是牺首不牢，易脱，已为考古实践所证实。随着尊和罍的造型在殷墟中期的改变，就再也没有发现铸铆式铸接的牺首装饰器物了。

根据这些事实，可以推断铸铆式铸接牺首是二里岗晚期在南方的一种工艺发明，月儿河龙虎尊是其中的特殊形式。这一工艺在中商时期在南方广泛被用于铸造青铜尊、罍和瓿，具有南方风格特点。这些器物流布很广区域，包括郑州等中原地区。也有一大批输送到了四川盆地，三星堆和巫山李家滩的尊均是，城固多地出土的器物，说明传播的路径经过彼地，甚至当地尝试铸造青铜礼器。

三星堆龙虎尊是其中的一件，是对月儿河龙虎尊强烈模仿的作品。但模仿者是在南方铸铜作坊进行的，很可能就是月儿河龙虎尊铸造者的徒孙。这样也为三星堆龙虎尊的年代判断提供了支持，属于中商晚期或中商与晚商的过渡期。

结语

本文是对典型器物进行多角度研究的尝试，选择的对象是已有许多研究的龙虎尊，一件出自淮河畔，一件出自四川盆地西边，直线距离1000公里，时代约在3500年前，在这样的时空发现了如此雷同的器物，立足于全面解读两件器物的同时，发掘它们的背景和纠葛。限于月儿河出土的龙虎尊收藏在国家博物馆，不敢奢想亲炙，即使陈列也无法看清。端赖前辈们提供的诸多信息，根据已有的青铜器知识，将其造型、纹饰、工艺的主要问题，基本廓清：那是一件意欲表现张扬气态、华丽造型、精细纹饰而铸造的青铜器，泥范、块范法铸造。具体的铸造工艺整体设计，首先铸造尊体，为铸造需先制作模，并从模翻芯盒，再以芯盒翻制泥芯，同时从模翻制泥范。所

---

① 陈芳妹：《小屯五座墓的青铜容器——从二里岗到典型殷墟风格的转变》，《考古与历史文化》（上），正中书局，1991年，第197页。

以范、芯来自同一模，保证了范芯的一致性和同步性。

铸造尊腹部时，龙颈部铸出接榫，以备铸接龙首；在虎头下铸出两个工艺孔，在工艺孔上组合虎头铸型，内壁的范上有片形型腔，浇注时，铜液注入虎头型腔并通过工艺孔充满片形型腔，凝固后在内壁形成不规则"铆块"，这样的铸接较榫接式牢靠，但并非人人掌握，目前都发现在南方风格的商代尊、罍、瓿的牺首相应的内壁。

尽管三星堆龙虎尊纹饰和装饰与月儿河尊有所不同，但属枝节，其大同是非常类似，不仅主题一致，铸造工艺和铸接的工艺措施完全一样。工艺上这样的一致性，需在更大的背景下考量。

经对南方风格大口尊、折肩罍和部分瓿的研究，虽然器形有差、纹饰有别，但纹饰结构和布局、铸造工艺和工艺措施惊人的一致，加上传世器物，总数有四五十之多。如此庞大的器群，工艺思想和形制，纹饰风格和表现手法高度一致，表现出它们的同源性。

为探讨其渊源关系，本文从浮雕纹饰、扉棱、牺首三个侧面，对其早期源流进行梳理。结果发现，浮雕纹饰出现于二里岗晚期尊或罍的腹部兽面纹中。这时的兽面纹往往团在一起，不舒展，但工匠意欲突出之，手法和在平铺纹饰的模作纹一样，只是兽面部分模为浮雕，翻范后下凹较深而已。所以月儿河龙虎尊和兽面纹尊纹饰是整体性的高浮雕，且纹线深峻，以一种不同的思路表现兽面纹。若要追溯南方风格的渊源，开始情形还不清楚，月儿河龙虎尊应可代表早期情形。安阳小屯和藁城台西出土的外表浮雕内壁相应下凹的器物，或许体现了南方风格的更早形式，可能铸造于南方。

扉棱也定形于二里岗上层，早期可能有较长的发展过程。初定形的扉棱即是勾云形、较高、透空的形式，月儿河兽面纹尊肩部饰有，或许反映了早期形态。到二里岗上层，虽将扉棱装饰器物，但毕竟不多，中原器物屈指可数。直到安阳殷墟初期，扉棱多已向长条形扉棱转变。在勾云形与长条形扉棱间，正可安排勾牙形扉棱，是否透空取决于是否错范。而勾云形、勾牙形扉棱是南方风格青铜尊、罍和瓿的主流，它们和纹饰共同塑造了南方风格特点。殷墟初期开始，多数被直条形扉棱取代，少数演变为列旗形等。

从器物装饰进化看，无牺首尊和罍应更早，郑州商城及其附近出土二里岗时代的尊和罍，不少没有牺首，盘龙城这类器上也无牺首，直到小屯五座墓，不少器物依然没有装饰牺首。自牺首定形后，或放或敛地覆扣在器肩沿。早期的牺首全部为浑铸成形，牺首的大小和复杂程度有限。自龙虎尊的龙首和虎头后铸铸接成功后，南方风格器物，牺首几乎全部分铸。龙虎尊龙头的铸接可能属榫接式，但虎头为铸铆式，优于前者，铸接牢固，遂迅速发展，几乎所有南方风格青铜尊、罍和瓿的牺首，都是以铸铆式铸接的。

十多件青铜容器，具有同样的风格，装饰同样的高浮雕纹饰和牺首，说明它们出自同一作坊，而且铸造的时间相差不大，铸地或在长江中下游。对照安阳殷墟出土的殷墟早期风格青铜尊，牺首依然是榫接式铸接，暗含南方风格器物的牺首都是铸铆式铸接。它们的年代不应晚过殷墟武丁早期。三星堆龙虎尊的年代，应属商代中期，不晚于武丁中期。

三星堆青铜方罍K2③：205探论

余 健 苏荣誉 郭汉中

广汉三星堆二号器物坑第三层出土有一件方罍K2③：205，有盖，腹盖均残缺，且腹部变形严重，未矫形修复（图3.1.1-2），但进行过绘图复原和拓片展开（图3.2.1-2）。口宽133毫米、肩宽190毫米、圈足宽126毫米、圈足高56毫米、通高356毫米。[①]这件器物因残缺很少展出，尚未引起学界关注。本文即是对这件器物的风格（包括造型与纹饰）和工艺信息进行尽可能全面的披露和解读，对相关的几个问题略作申论，以就教于方家。

图3.1.1 方罍K2③：205　　　　　图3.1.2 方罍K2③：205

① 考古报告为此器编两个号：K2③：205和K2③：205-1，估计是腹、盖分别编号。本文将之合并为K2③：205。《三星堆祭祀坑》，第263—264页，第276页图151，第279页拓片29、图版101.2—3。

图3.2.1 方罍
K2③：205线图

图3.2.2 方罍K2③：
205纹饰拓片

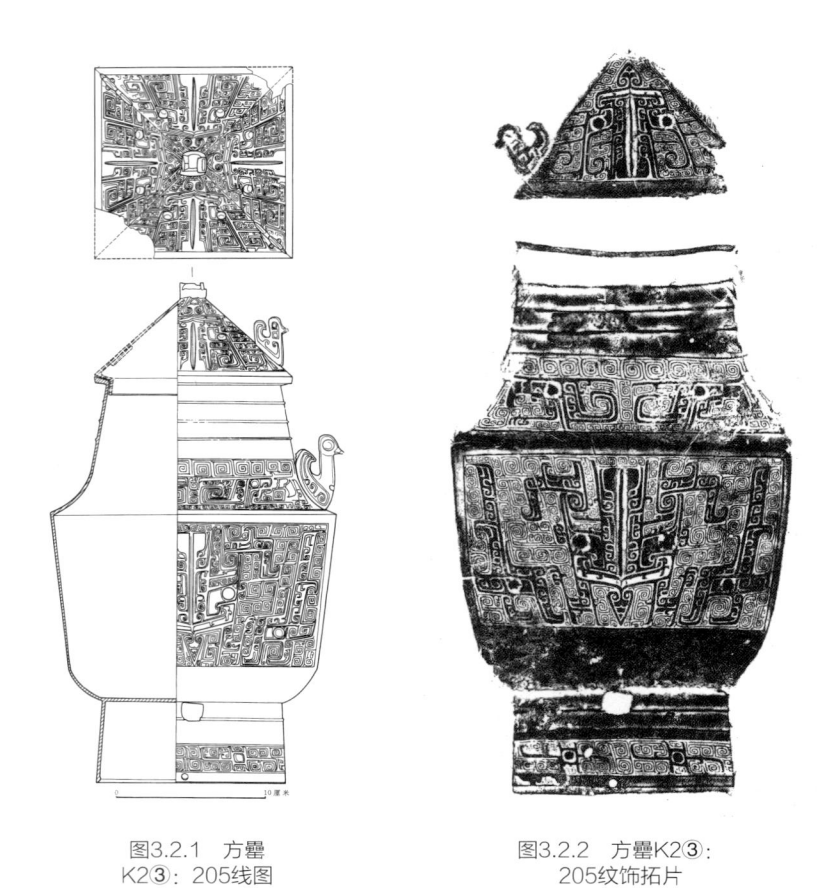

一、风格

盖和腹部以子母口扣合。盖变形严重且两角残失，子口残失尤多。盖截面近于方形，下有较宽平沿，沿内侧出子口插入罍口中。盖的造型若盝顶，四坡面基本相同，均饰平铺倒置的兽面纹，有窄而矮的鱼背式扉棱，纹饰以之为对称展开；有高而宽的冠，眼珠凸出，勾云形角向内侧回勾，有桃形的鼻，纹饰空白处填以勾云纹（图3.3.1-4）。两坡面之间出脊棱，在其近角处饰片状鸟饰，鸟饰作伏卧状，头圆而大，粗短喙向前；眼珠圆凸；颈粗，饰鳞纹；身平卧，饰勾云纹；尾上翘并回勾，饰随形勾勒（图3.4.1-3）。盖仅一角存鸟饰，对角的残失，脊棱上遗有狭缝（参见图3.3.1、图3.3.4）；与之相对的两角残缺。

100

三星堆青铜方罍K2③:205探论

图3.3.1　方罍K2③:205盖面

图3.3.2　方罍K2③:205盖内壁

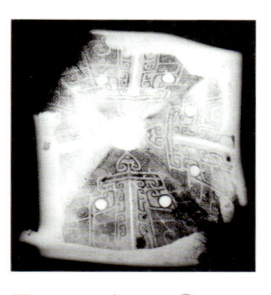

图3.3.3　方罍K2③:205盖X光片

图3.3.4　方罍K2③:205盖面纹饰

图3.4.1　方罍K2③：205盖棱鸟饰 　　　图3.4.2　方罍K2③：205盖棱鸟饰 　　　图3.4.3　方罍K2③：205盖棱鸟饰

　　盖顶中心有纽但残缺较多，造型不明，或为鸟形亦未可知。

　　器口近方形截面，有较宽平沿，方唇，沿内收，口沿厚度3.1毫米。颈收束，饰三周凸弦纹，平行度较好，但高低宽窄有出入（图3.5.1）。[①] 弧肩微凹，肩饰宽纹带，内侧为较窄的圆角雷纹带，纹线细；外侧为较宽的鸟纹带，每面两鸟，尾尾相对，头朝脊棱的片状伏卧鸟饰；纹线宽，眼睛圆凸，空白处填以勾云纹和圆角雷纹，地纹纤细（图3.5.2）。

　　肩部四角的棱脊上饰片状圆雕鸟，与盖的鸟饰相呼应。肩部仅一角保存鸟饰，造型与盖的鸟饰基本一致（图3.6.1-2），且内壁平光。相邻一角的鸟饰已失，遗留下缺失部分肩角形成的狭缝（参见图3.5.2）。另两鸟饰残失。

图3.5.1　方罍K2③：205颈部凸弦纹 　　　　　图3.5.2　方罍K2③：205肩部纹带

① 凸弦纹宽2.8毫米×3.0毫米、高1.4毫米×0.3毫米。

图3.6.1　方罍K2③：205肩鸟饰　　　　图3.6.2　方罍K2③：205肩鸟饰

罍腹壁厚度1.6毫米，满布纹饰，主体为兽面纹，有窄棱形鼻和平而宽的冠饰，几形角的尾粗壮下垂而回勾，臣字眼的眼珠圆凸，鼻宽阔扁平。兽面两侧为竖立的夔纹，眼珠圆凸。纹饰平铺，兽面纹和夔纹的身体以宽勾云纹勾勒，其余以云雷纹或卷云纹衬地，虽高低无差，却有两重纹之意（图3.7.1-3，参见图3.2.1-2）。

图3.7.1　方罍K2③：205腹纹

图3.7.2　方罍K2③：205腹纹

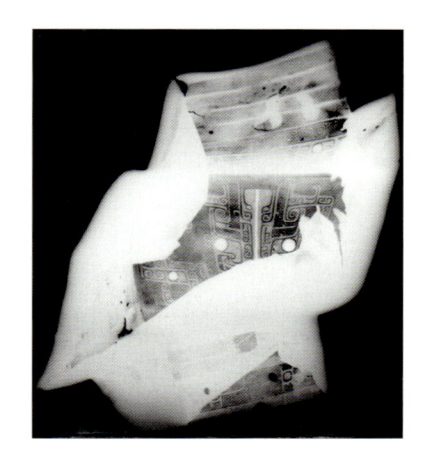

图3.7.3　方罍K2③：205腹壁X光片

器底平，下接高圈足（图3.8.1），截面近于方形。①圈足的三个角尚保存部分泥芯，四壁顶面中间均有一个透孔，形状不规则且大小不一，②一周凸弦纹通过透孔的下边并为透孔所打破。圈足下部饰目云纹带，每面两组，眼大，眼眶为略宽线，周围的雷纹为细线，纹带浮凸于圈足上，其下还有窄的素面带，底沿不甚平齐（图3.8.2）。纹带下栏或纹带以下，三面有铸出的近乎圆形的透孔，一侧两小一大，一侧一孔（图3.9.1-2）③，圈足折角两边的底沿外突、内壁曲尺形加厚（图3.9.3）。故圈足壁厚最大4.3毫米、最薄1.4毫米。

图3.8.1　方罍K2③：205外底 　　　　图3.8.2　方罍K2③：205圈足

图3.9.1　方罍K2③：205圈足圆孔　　图3.9.2　方罍K2③：205圈足透孔　　图3.9.3　方罍K2③：205圈足内壁

此器定名为方罍，但通常所言者往往肩部有一对兽耳，与之相对一面的下腹也有一相应的兽耳。④和方壶、瓿相较，则多为弧肩，且盖、肩上无鸟饰。⑤按照裘书研的

---

① 圈足底沿四条边长分别为124.4毫米、128.1毫米、123毫米和123.2毫米。
② 透孔尺寸分别为17.2毫米×12.1毫米、14.3毫米×9.6毫米、16.1毫米×8.0毫米、15.7毫米×11.2毫米。
③ 圈足上三圆孔尺寸如下：4.7毫米×5.0毫米、7.3毫米×7.27毫米、4.7毫米×4.7毫米。
④ 向桃初、吴晓燕：《商周青铜方罍序列及皿方罍的年代问题》，《文物》2016年第2期，第57—72页。
⑤ 朱凤瀚：《中国青铜器综论》，上海古籍出版社，2009年，第230页。

梳理，方壶出现于战国中晚期。[1]足见此器造型方面的不寻常。所可比参者仅合肥市物资回收公司拣选的一件罍（简称合肥方罍），[2]详下。

二、铸造工艺与补铸

方罍K2③：205残缺较多且未修复，遗留和保存了大量且清晰的铸造工艺信息，是讨论其铸造工艺、铸造缺陷及其补铸的难得素材。

盖的四面均不可见铸造披缝，四棱脊上的痕迹已被打磨，铸型应是沿四条棱脊分型，四块范与一块芯组成铸型。芯在顶面和四角均伸出芯头，分别形成盖中央和四角的工艺孔，以便铸接纽和鸟饰。盖纽与盖有间隙，说明盖、纽分铸。残纽长20.4毫米、宽13.2毫米、高14.4毫米，叠压了盖面纹饰（图3.10.1-2）；盖内壁中央有一铸铆块（图3.10.3，长18.3毫米、宽22毫米、高1.4毫米），和纽为一体，铆块是为加强纽与盖结合的措施，类似于铸铆式铸接，[3]其上还有浇道残迹，长6.9毫米、宽3.2毫米、高1.4毫米。很明显，纽属后铸，且从盖内侧浇注。由于纽大部残失，造型不明，铸型难考。

图3.10.1 方罍K2③：205盖纽 　　图3.10.2 方罍K2③：205盖纽 　　图3.10.3 方罍K2③：205盖纽

---

[1] 裴书研：《试谈商周青铜壶发展演变的基本特点》，《考古与文物》2015年第3期，第59页。
[2] 陆勤毅、宫希成：《安徽江淮地区商周青铜器》，文物出版社，2014年，第56—59页。
[3] 苏荣誉：《安阳殷墟青铜技术渊源的商代南方因素——以铸铆结构为案例的初步探讨兼及泉屋博古馆所藏凤柱斝的年代和属性》，日本泉屋博古馆、日本九州博物馆编：《泉屋透赏：泉屋博古馆青铜器透射扫描解析》，科学出版社，2015年，第352—386页。

腹部与圈足沿四角分型，四块范与腹芯、圈足芯组成铸型。盖脊棱上的鸟饰，由于锈蚀遮盖，表面难以察觉出铸接痕迹，但在盖内壁相应位置，可见明显的凸块若铆头（图3.11.1），和纽一样，鸟饰也是后铸于盖上的。与鸟饰相应的"铆块"长12毫米、宽9.9毫米、高1.3—1.9毫米。对角的鸟饰虽不存，但盖面微有狭缝（参见图3.3.4），即是铸接鸟的工艺孔，但内壁的铆块不十分突出（图3.11.2）。鸟饰铸造披缝清晰，纵向对开分型，但在盖内壁的一块范上型腔是凹坑，形状和"铆块"一致。

图3.11.1　方罍 K2③：205盖内　　　　　图3.11.2　方罍 K2③：205盖内角

由于圈足壁厚多为1.4毫米，顾及器物体量，为在底沿设置内浇道，圈足相对两角的侧边进行了加厚，厚度约4毫米（参见图3.9.3）。浇道残迹尚存，一个长28毫米、厚3.1毫米、残高3毫米，另一个长44.9毫米、宽2.6毫米、残高2毫米。浇道对应内壁有长方形凸起块面宽35.5毫米、长55毫米、高0.9毫米，另一内壁长方形块长55毫米、宽38.1毫米、高0.6毫米。圈足顶面透孔的内侧可见边界和披缝，说明透孔内大外小，其泥芯为圈足芯自带。

至于垫片的使用，由于器物变形严重，难以全面考察。从盖面的X光片看，四面在冠饰顶端附件各置一枚垫片（参见图3.3.3）。罍下腹回折处，即可观察到垫片（图3.12.1），也可看到垫片脱落而形成的孔洞（图3.12.2）。

从方罍K2③：205的X光片看（参见图3.3.3、图3.7.3），初铸产生的气孔很少，主要的铸造缺陷是浇不足。在盖脊棱的中段的内侧，有小补块凸起（参见图3.11.1，长12.7毫米、宽5.8毫米、高0.8毫米），但器表几乎没有痕迹，可能是补铸小型未浇足缺陷的孔洞。压在凸弦纹上的两个铸块（图3.13.1-2），尺寸分别为28.8毫米×11.8毫米×0.9毫米和26.8毫米×17.1毫米×0.7毫米。腹部补块宽16毫米、高

0.8毫米（图3.13.3），圈足内壁有一较大补铸块，但在圈足纹带上并不突出，说明补铸时纹饰在范面有较为精确的设计。此外，圈足纹带上还有两个浇不足的孔，一个椭圆形，一个形状不规则，圈足的上部两面也有浇不足孔，一为圆形，一为三角形（图3.14.1），其内壁的较大补块说明曾出现过较大的铸造缺陷（图3.14.2）。腹部也有小的浇不足孔，也都未补铸。从这些缺陷看，此器不能盛装液体。

图3.12.1 方罍K2③:205下腹垫片

图3.12.2 方罍K2③:205下腹孔洞

图3.13.1 方罍K2③:205颈部补块

图3.13.2 方罍K2③:205颈内壁补块

图3.13.3 方罍K2③:205腹壁补块

上述工艺分析表明，方罍盖的工艺特点在于分铸，无论是盖纽还是鸟饰，都采用后铸成形，而且为了强化铸接连接，均采用铸铆式铸接。但罍腹则浑铸，特别是肩部同样的鸟饰采用浑铸，说明浑铸依然可以使鸟饰顺利成形。反观之，盖鸟饰是作为重要附饰处理的。

此器壁厚较薄，不足2毫米，且壁厚均匀，纹饰堪称流畅。但也产生了不少补块，大多是补缀浇不足缺陷的。器表的补块，力求与原铸纹饰续接，补疤在器内壁。说明补铸的范是重新制作的，不排除是从原模翻制的可能。但也有些小的浇不足孔未经补铸，即原器不能用于盛装液体，为重新讨论器物的功能提供了新线索。

图3.14.1　方罍K2③：205圈足透孔　　图3.14.2　方罍K2③：205圈足补内壁补块

三、几个与技术、风格相关问题的讨论

方罍K2③：205无论是风格还是工艺上均有特别之处。此处仅就纽的分铸、盖鸟饰的分铸、圈足局部加厚、纹饰布局与结构等，略陈管见。

（一）盖纽铸接

方罍K2③：205盖纽的铸铆式铸接，被认为是商代南方青铜工艺的发明和因素，约在武丁晚期传到安阳。[1]具体到盖纽，被认为湖南石门出土的卣，盖纽作瓜棱形（图3.15.1-2），盖内壁中央有纽"穿出"成的大凸榫，并叠压着盖壁（图3.15.3），说明纽后铸，但石门卣盖面四扉棱则属先铸铸接，器物年代或可早到中商晚期。[2]赛克勒收藏的一件带盖壶V-323，高174毫米，盖中有伞状纽，盖内侧有

---

[1] 苏荣誉：《安阳殷墟青铜技术渊源的商代南方因素——以铸铆结构为案例的初步探讨兼及泉屋博古馆所藏凤柱斝的年代和属性》，日本泉屋博古馆、日本九州博物馆编：《泉屋透赏：泉屋博古馆青铜器透射扫描解析》，科学出版社，2015年，第352—386页。
[2] 苏荣誉：《读青铜器图录札记：牛首饰四耳簋》，"青铜与金文"研讨会，2016年5月28日—29日：北京。苏荣誉等：《石门卣初探》，《湖南省博物馆馆刊》第十二辑，2016年，第46—59页。

图3.15.1　石门卣　　　　　图3.15.2　石门卣盖　　　　　图3.15.3　石门卣盖内壁

铸铆式铸接的凸块（图3.16.1-2）。①1994年安阳刘家庄北地出土的一件索状提梁卣M637：7，通高300毫米，盖中也是瓜棱形纽，盖内中央的铆头上还铸有涡纹（图3.17.1-3）。有图录指出纽先铸，且铸接时在盖顶垫柿蒂形铜片。②后岳占伟等对这件器物的研究指出纽属后铸，确当。③铆头涡纹突出反映了其铸造工艺与岐山贺家村凤柱斝的联系及其与南方青铜技术的关系。④灵石旌介商代墓出土的同形索状提梁卣M1：33（图3.18.1），有"丙"字铭文，盖纽造型与前述三件相同，盖内中央有同样的"铆块"，铆块素面（图3.18.2），⑤说明纽同样后铸。

---

① Robert Bagley, *Shang Ritual Bronzes in the Arthur M. Sackler Collections*, Washington D. C.: The Arthur M. Sackler Foundation, 1987, pp. 348–350.
② 中国社会科学院考古研究所、安阳市文物考古研究所：《殷墟新出土青铜器》，云南人民出版社，2008年，第286页。
③ 岳占伟、岳洪彬、刘煜：《殷墟青铜器的铸型分范技术研究》，陈建立、刘煜编：《商周青铜器的陶范技术研究》，文物出版社，2011年，第73页。
④ 苏荣誉：《岐山出土商凤柱斝的铸造工艺分析及相关问题探讨》，陕西考古研究院、上海博物馆编：《两周封国论衡——陕西韩城出土芮国文物暨周代封国考古学研究国际学术讨论会论文集》，上海古籍出版社，2014年，第551—563页。
⑤ 山西省考古研究所：《灵石旌介商墓》，科学出版社，2006年，第44—45页，第46页图46上。

图3.16.1　赛克勒藏壶V-323

图3.16.2　赛克勒藏壶V-323盖内铆块

图3.17.1　刘家庄北地卣M637：7

图3.17.2　刘家庄北地卣M637：7盖纽

图3.17.3　刘家庄北地卣M637：7盖内铆块

图3.18.1　灵石旌介卣M1：33　　　图3.18.2　灵石旌介卣M1：33
　　　　　　　　　　　　　　　　　　　　　　盖内壁铆块

（二）鸟饰分铸

方罍K2③：205盖和颈部脊棱上各装饰一片形伏卧鸟饰，盖面四鸟虽只有一只保存，但多种清晰的痕迹表明鸟饰为后铸，盖内的凸块表明后铸属铸铆式，以强化鸟饰与盖的结合，工艺考虑和措施与盖纽相同。而肩部的鸟饰则是浑铸成形的。虽然这类方罍形态稀见，但同样的鸟饰在商代南方风格大口折肩尊的肩部还有13例，分别出土于六安㵲河、岳阳费家河、华容东山、江陵八姑台（两件）、枣阳新店、城固苏村、广汉三星堆（五件）和巫山李家滩，这些鸟饰的造型和此方罍基本一致，和肩部鸟饰一样，都是浑铸成形的。① 但与之同饰肩面的圆雕兽首均是后铸的，如六安㵲河尊。②

商代若干具有勾牙形扉棱的青铜容器，已可认定16件器物的扉棱是先铸铸接的，最早的实例是美国弗利尔艺术馆收藏的长颈带盖壶，盖面和颈部扉棱是先铸的；岐山贺家村出土的凤柱斝，腹部三组扉棱也是先铸的；稍晚的石门卣，盖上四道扉棱和上下腹前后的四道扉棱也是先铸的。扉棱先铸也可认为是商代南方青铜铸工的发明，是极少数工匠所掌握的绝技。后来也传到了殷墟，铸造了若干青铜器，包括牛首饰四耳

---

① 苏荣誉等：《湖南省博物馆藏两件大口折肩青铜圆尊的研究——兼及同类尊的渊源、风格、工艺、产地和时代问题》，湖南商西周青铜器国际学术研讨会论文，2015年8月27日—28日：长沙。
② 苏荣誉、宫希成：《关于六安出土的青铜尊及其他》，待刊。

簋的扉棱。[1]但迄今没有发现扉棱后铸者。很明显，鸟饰和扉棱不同。

上述简单的比较说明，盖面鸟饰属于独立附饰，故后铸；而肩部鸟饰和青铜南方大口折肩尊的鸟饰一样浑铸，它们的圆雕兽首才后铸。附件后铸技术很可能基于补铸而发明于南方，盘龙城二里岗时期青铜器斝清晰地反映了从补铸到后铸的过程。[2]以铆接式后铸钮和鸟饰，技术也源自南方，安阳刘家庄提梁卣M637∶7和灵石旌介提梁卣M1∶33，不能排除是北迁南方铸工或其传人的作品，赛克勒藏壶Ⅴ-323或亦可如此观，而三星堆的方罍K2③∶205，或更接近于石门卣的年代，在中商晚期或中商与晚商的过渡阶段。

（三）圈足局部加厚

方罍K2③∶205圈足较薄，且器的体量较大，为便于在圈足底沿开设内浇道、提高充型能力和速度，对圈足转角处的内壁进行加厚，同时也能起到增加圈足强度的加强效果。

对薄壁圈足，增加浇道处的厚度会便于设置浇道，而对于圈足厚度略大的器物，采用减薄浇道处厚度的措施，可能考虑凝固后浇道的去除，易于打断而不伤及器物。两种措施的目的都着眼于浇道。和方罍圈足局部加厚相类似的处理手法，还可见于三星堆罍K2②∶159（参见图1.15.3）[3]和城固苏村大口尊（图3.19.1-2）[4]。这些都是典型南方风格青铜器，而此类处理不见于他地青铜器，可以认为是商代南方青铜器的一个结构特点。这类泥芯如何制作是一个有待探讨的问题。可与之参比的是，圈足饰高浮雕兽面纹的大口尊，内壁相应下凹，其泥芯是需要芯盒翻制。[5]

---

[1] 苏荣誉：《读青铜器图录札记：牛首饰四耳簋》，北京大学出土文献研究所编：《青铜器与金文》第一辑，上海古籍出版社，2017年，第433—449页。
[2] 苏荣誉、张昌平：《盘龙城青铜器的铸接工艺研究》，盘龙城遗址博物院等编：《盘龙城与长江文明国际学术研讨会论文集》，科学出版社，2016年，第118—137页。
[3] 《三星堆祭祀坑》，第254—255页。苏荣誉、朱亚蓉：《三星堆出土青铜罍K2②∶159初步研究——附论外挂式管状透空牺首饰尊与罍》，《三星堆研究》第五辑，巴蜀书社，2019年，第225—260页。
[4] 曹玮：《汉中出土商代青铜器》卷1，巴蜀书社，2006年，第52—55页。苏荣誉等：《湖南省博物馆藏两件大口折肩青铜圆尊的研究——兼及同类尊的渊源、风格、工艺、产地和时代问题》，湖南商西周青铜器国际学术研讨会论文，2015年8月27日—28日：长沙。
[5] 苏荣誉等：《湖南省博物馆藏两件大口折肩青铜圆尊的研究——兼及同类尊的渊源、风格、工艺、产地和时代问题》，湖南商西周青铜器国际学术研讨会论文，2015年8月27日—28日：长沙。

图3.19.1　城固苏村大口尊　　　图3.19.2　城固苏村大口尊圈足内壁

（四）宽纹带兽面纹

青铜器纹饰出现于二里头晚期，兽面纹也出现于同时期的嵌绿松石牌饰上，至二里岗上层，兽面纹的各要素大致齐备，纹饰的面积逐渐扩大，基本上是横向展开的形式，纹带宽度有限，多数深腹器的纹带也不宽，或者如大方鼎每面纹饰中间留白。二里岗上层的少数器物，如郑州商城向阳回族食品厂窖藏出土的提梁卣（XSH1∶11，图3.20.1）和小口深腹罍（XSH1∶5，图3.20.2），[①]为增加纹饰面积，扩大纹带宽度，兽面纹的布局有较大的变化，表现在冠饰高高耸起，眼上部分占比加重。而后者为解决器腹过深而求满饰的难题，将腹部纹饰分为两段，在肩沿下析出一周窄斜目纹带，和肩部兽面纹带构成三段纹饰。阜南月儿河出土的龙虎尊和兽面纹尊，腹均较深，纹饰几乎满布器表，前者在兽面纹上横设高浮雕虎饰，后者将角和羽刀形冠饰加高，以表现兽面纹。[②]在中商时期，为满装器表，纹带数量还有增加，以至于妇好壶M5∶795和M5∶863从盖纽到圈足出现了七周纹带。[③]

在三足青铜器中，袋足的鬲具有代表性。上海博物馆所藏的一件，颈部饰变形夔纹带，三袋足饰兽面纹（图3.20.3）[④]，因空间较高，兽面的鼻吻均甚长。

---

① 河南所文物考古研究所：《郑州商城：1953—1985年考古发掘报告》，文物出版社，2001年，第821—822、818—819页。
② 《中国青铜器全集》卷1，文物出版社，1996年，图117—119、图115—116。
③ 中国社会科学院考古研究所：《殷墟妇好墓》，文物出版社，1980年，第64、66页。
④ 《中国青铜器全集》卷1，文物出版社，1996年，图59。

图3.20.1 郑州向阳回族食品厂窖藏卣XSH1：11 　　图3.20.2 郑州向阳回族食品厂窖藏罍XSH1：5 　　图3.20.3 上博藏盖面纹鬲

（五）与合肥方罍的比较

此件青铜方罍通高280毫米、口边长131毫米、底边长138毫米，系合肥物资回收公司拣选器，藏于合肥文物处（图3.21.1-3）。[①]从著录看，合肥方罍的截面为正方形，是否有盖不得而知。此方罍有较宽平沿，方唇，颈略束，饰三周凸弦纹；弧肩微下凹，平铺的纹带每面由两只尾尾相对的夔纹组成，每一夔纹与相邻面的一夔纹构成兽面纹，即纹带由四角的兽面纹构成，云雷纹衬地。兽面纹无角，但有一对硕大的叶形耳，有凸出的眼珠，身躯向后长伸而尾上翘，尾梢回勾。除眼、耳为宽线、身体轮廓和足为略宽线外，兽身饰的雷纹均为细线。

腹部四面纹饰相同，均为单幅兽面纹，以中心垂向的窄棱脊为对称展开。兽面纹有高冠饰，两旁的近几字形角显得瘦高单薄，角尖外翘。兽面主要部分是一对大眼，眼珠凸出，向两侧伸展，下接屑细的身躯。几乎无鼻，正下方为三角形蛇头。兽角和身上饰卷云纹，其余满饰细线雷纹和羽刀纹，只有眼和冠饰两侧为宽实线。

底平，圈足较高，四直壁，装饰相同。每面上侧中间有近方形的透孔，一周凸弦纹从中间穿过；下侧饰窄的勾云纹带，卷云口朝上与朝下相间布列。底沿平，但可见

---

① 陆勤毅、宫希成主编：《安徽江淮地区商周青铜器》，文物出版社，2014年，第56—59页。

浇道残迹。同时，在外底上，隐约可见四枚垫片呈方框形布列（图3.21.4）。从图录公布的照片，知道此罍腹部纹饰上有补块，补块上的纹饰与原铸纹衔接较好（参见图3.21.1）。

图3.21.1　合肥藏方罍

图3.21.2　合肥藏方罍纹饰拓片

图3.21.3　合肥藏方罍纹饰拓片

图3.21.4　合肥藏方罍外底

和三星堆方罍K2②：159相较，合肥方罍具有相同的造型，三星堆方罍具有扩张轮廓的鸟饰，更具有商代南方风格因素；二者的纹饰虽有所不同，但属于同一种风格类型，都是平面铺陈，而且兽面器官饰卷云纹，以细线雷纹和羽刀纹为地纹。风格上和三星堆方罍接近，当同属商代南方作坊的产品。当然，合肥方罍的工艺细节还有待深入调查。

广汉三星堆方罍K2②：159是一件由商代南方青铜铸造工艺铸作的青铜器，盖纽和鸟饰采用铸铆式后铸成形，因圈足壁厚较小，为便于设浇道在设浇道处实施了加厚处理，这也可以看作是南方青铜工艺的一个特色。圈足铸圆孔也是其一，虽然功能还不清楚。由工艺可知，此器的造型和风格属商代南方青铜器，那么合肥拣选的方罍，同属商代南方器。而殷墟和山西出土的盖纽以铸铆式后铸的青铜器，很可能是南方工匠北迁的作品或其传人的作品。

三星堆大口折肩尊研究

——兼论商南方风格大口尊的风格、工艺、年代与渊源关系

苏荣誉

中国青铜器的发现和收藏,见诸文献有两千多年的历史,著录和研究有一千多年的历史。金石学在宋代的形成,和当时对青铜器的收藏、著录和研究密不可分,但研究的内容首重文字,次及功用和定名。刘敞总结自己研究古器的志趣:"礼家明其制度,小学正其文字,谱牒次其世谥。"这一概括为历代金石学家所遵从,可以视为金石学的研究纲领,直到20世纪早期,金石学仍尊为圭臬。[1]

19世纪在欧洲形成的考古学和艺术史,在中国学术现代化转型中,随其他学科一道传入中国,并在20世纪20年代末陆续在中国奠基和发展,青铜器研究进入了考古学、古器物学(现在学科中归属艺术史)和艺术史的领域,研究从铭文和礼制扩展到考古、风格和组合等方面。当时形成中的科技史学科,也关注青铜器的材料和制作工艺,与考古学问题明显交叉,将研究范围扩展到制作材料和技术等方面。发展到20世纪60年代,李济总结青铜器的研究,内容包括制造、形制、纹饰、铭文、功能和名称。[2]

20世纪70年代将地球化学理论和技术引入青铜器研究,旨在追踪其矿料来源。而方兴未艾的矿冶考古,揭示了许多青铜材料的产地,推动了古代金属材料贸易等

---

[1] 苏荣誉:《学科范式转换与青铜器图录:信息与青铜技术研究》,纪念古物陈列所100周年学术会议,2014年12月2日:北京。徐中舒讨论氏编钟感概道:"中国学者对于铜器,向来惟重视其文字,至于器物之形制与纹样,则殊为漠然。"西方学者对浑源李峪出土的器物,以为秦器,徐中舒在指出其谬见后,特别强调研究方法和内容,呈他们"指示铜器之研究以一新途径,则极堪注意也"。《氏编钟考释》,《徐中舒历史论文选集》,中华书局,1998年,第219—220页。
[2] 李济:《如何研究中国青铜器》,《故宫季刊》第1卷第1期,1965年,第8页。

研究。①随着以大冶铜绿山古矿冶遗址为代表的矿冶考古的展开，以及80年代开始铅同位素技术的应用，我国的冶金考古开始关注青铜器矿源问题，但可信的结果还很有限。

关于青铜器铸地的研究，在20世纪20年代的安阳考古发掘之初，即已发现铸铜遗物并进而确定为铸铜遗址，不仅纠正了对商代青铜器以失蜡法铸造的谬见，也似乎为安阳青铜器的铸地找到了归宿。此后在山西侯马，河南郑州、新郑、洛阳和偃师，山东临淄，河北易县以及陕西周原等地，陆续发现了铸铜遗址，解决了一部分青铜器的铸地问题，但和巨大数量特别是成百的国族器物相比，又提出许多新的问题。②

青铜器是青铜工艺技术的产品，其造型、装饰乃至铭文等，都是通过具体工艺、由具体工匠实现的。工艺技术既受到传统和时代的影响并同步变化，也体现定制者和制作者的个人志趣和特殊技巧，应是探讨青铜器时代、风格、功能、产地、交流乃至某些个体审美和技术的一个方面。③本文试以三星堆所出土的大口折肩尊为基点，结合一批南方出土的同类器物以及传世器件，分析它们的风格（造型和纹饰）因素和特点，解析其铸造工艺，归纳它们的共性和特点，讨论它们的年代及扩散等问题，以就教于方家。

一、三星堆出土大口折肩尊

1986年在广汉三星堆发现发掘的两个器物坑出土的青铜器中，青铜尊是十分突出的器类，都是大口折肩尊型式，数量有十多件，是一次性出土尊数量最多的一次。一号坑青铜器均被火烧，清理后可辨识的青铜器龙虎尊K1：158已有专论，④不再重

---

① Mark Pollard and Peter Bray, "Chemical and Isotopic Studies of Ancient Metals", In: *Archaeometallurgy in Globle Perspectives*, Benjamin W. Roberts and Christopher P. Thornton eds., New York: Springer Science +Business Media New York, 2014, pp. 217–238; Ernst Pernicka, *Provenance Determination of Archaeological Metal Objects*, ibid, pp. 239–268.
② 苏荣誉：《二十世纪对先秦青铜礼器铸造技术的研究》，日本泉屋博古馆、日本九州国立博物馆编：《泉屋透赏：泉屋博古馆青铜器透射扫描解析》，科学出版社，2015年，第387—445页。
③ 苏荣誉：《青铜工艺与青铜风格、年代和产地——论商末周初的牛首饰青铜四耳簋和出戟饰青铜器》，《艺术史研究》第十六辑，中山大学出版社，2014年，第104页。
④ 苏荣誉、杨夏薇、李钟天：《龙虎尊再探》，《三星堆研究》第五辑，巴蜀书社，2019年，第193—224页。另见本集第二篇。

复；另一件尊K1：163仅存颈、肩和圈足部分，发掘报告认为是火烧致残如许，[1]应还有深究的价值。二号坑出土尊8件，发掘报告将之分为五式，除尊K2②：112在其中较为特殊、尊K2②：109残甚且经过多次补铸，[2]将另做探讨，其中6件构成了本文讨论的主要对象。另外，坑中尚出土有几件尊的残片，特别是一件方尊残片，[3]颇有研究价值，当另行为文讨论。

（一）三星堆尊K2②：151

这是一件典型的高圈足大口折肩尊，通高565毫米、口径490毫米、肩径290毫米、圈足底径260毫米（图4.1.1-2）。[4]器由三部分构成：硕大的口和收束的颈、盆状的腹及与颈衔接的肩，以及筒状的高圈足支持腹底，三者比例关系大约是2：2：3；这类尊口沿和颈部很少有装饰，装饰的重点往往在肩部，而腹部和圈足装饰宽纹带或者纹带上再布扉棱（图4.2.1-2）。此外，这件尊的一些纹饰中尚保存有朱砂，说明纹饰曾经填纹处理以凸显纹饰。[5]

图4.1.1　尊K2②：151　　　　　　　　图4.1.2　尊K2②：151

[1] 《三星堆祭祀坑》，第40页图24。
[2] 《三星堆祭祀坑》，第238页，图版91.1—2。
[3] 《三星堆祭祀坑》，第238—253页。
[4] 《三星堆祭祀坑》，第242、252页，第255页图142，第258页拓片21，图版95。
[5] 苏荣誉：《凸显纹饰：商周青铜器填纹工艺》，北京大学出土文献研究所编：《青铜器与金文》第三辑，上海古籍出版社，2019年，第313—367页。

三星堆 青铜容器研究

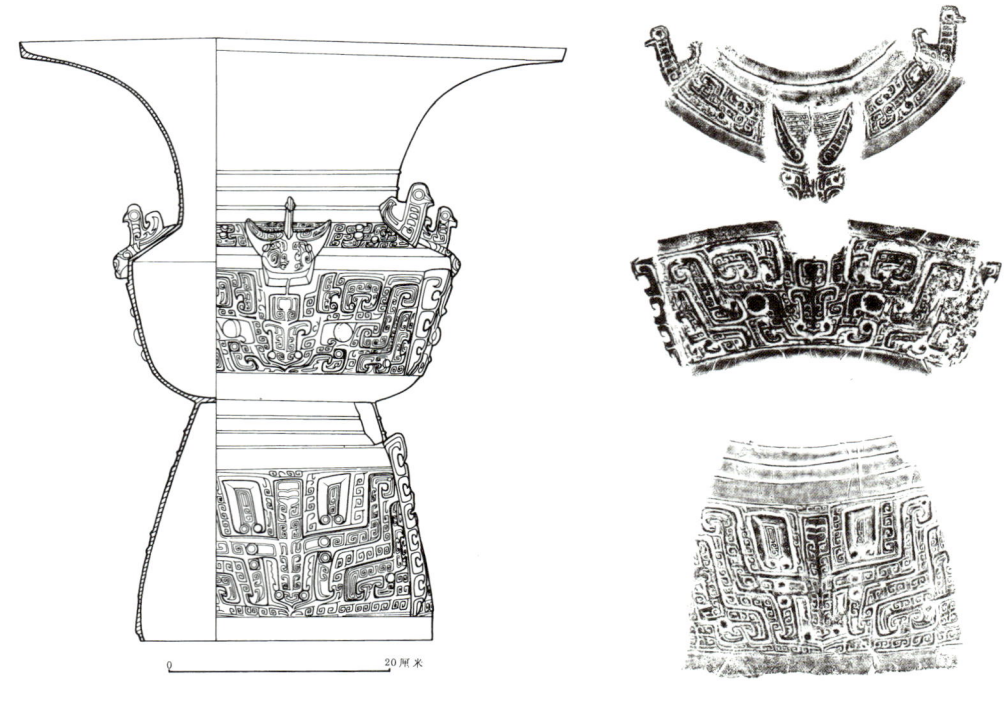

图4.2.1　尊K2②:151线图

图4.2.2　尊K2②:151纹饰拓片

尊口尖沿，且沿口不平齐并略有偏心，颈和圈足截面均不正圆，近于梨形（图4.3）。口和颈仅有的装饰是颈根部三周平行的凸弦纹。三道纹的平行度略有出入，且各自的线条宽度和高度也不尽均一（图4.4.1-2）。

斜肩面微鼓，发掘报告称肩上均布三个圆雕牛头形牺首，宽吻阔鼻，嘴探出肩沿搭在腹壁伸出的支撑之上，螺旋线勾出两侧鼻孔；鼻头中间起棱，棱两侧和兽面勾云纹。两侧大角粗壮并向后弧弯，角若虫蛹，饰鳞纹；不大的一双眼珠向外凸出。两角根之间、额正中饰片状伏卧鸟形冠，鸟头大颈粗，三角形短喙，昂首伏卧，双眼凸出，粗尾向上回卷，颈饰鳞

图4.3　尊K2②:151口

120

图4.4.1 尊K2②：151颈部凸弦纹 　　　　　　　图4.4.2 尊K2②：151颈部凸弦纹

纹而身饰勾云纹（图4.5.1-3）。鸟冠饰之后、两角之间饰两组水平的羽刀纹。肩面的两牺首之间，另外装饰和牺首鸟冠饰相同的片状伏卧鸟饰，三鸟尺寸不尽相同，回卷的鸟尾未能透空，说明沿鸟纵向的披缝较宽，眼珠高低不同是错范之故（图4.6.1-2）。兽头和鸟饰之间肩面纹带为象鼻夔纹，眼睛圆凸，与鸟饰组成兽面纹，以双勾云雷纹衬地。纹饰涂朱鲜艳，当为朱砂（图4.7.1-2）。

图4.5.2 尊K2②：151牺首

图4.5.1 尊K2②：151牺首

图4.5.3 尊K2②：151牺首

图4.6.1　尊K2②：151肩部鸟饰

图4.6.2　尊K2②：151肩部鸟饰

图4.7.1　尊K2②：151肩部纹饰

图4.7.2　尊K2②：151肩部纹饰

与肩部伏卧鸟饰相应，三条长垂的勾云形扉棱将腹部纹带分为三组。三扉棱尺寸不同，均未镂空（图4.8.1-2）。三组纹饰均由浮雕散列式兽面纹及其两侧变体夔纹组成，兽面的角、眉、嘴、鼻和身并夔纹为高浮雕，起端俱有圆凸，其上饰勾云纹。在设计腹部纹饰时预留牺首下颌位置，故兽面纹的冠饰较低，并与兽鼻一体，两侧出鳍以示区分。冠饰两侧竖立的眉，其一凸起4毫米，再外是C形大角，其下为大而眼珠凸出的眼睛，眼外是S形身和尾。鼻头两侧有咧开的嘴角，整个纹带以云雷纹衬地（图4.9.1-2）。

图4.8.1　尊K2②：151腹部扉棱 　　　图4.8.2　尊K2②：151腹部扉棱

图4.9.1　尊K2②：151
腹部兽面纹

图4.9.2　尊K2②：151
腹部兽面纹及其外侧夔纹

尊的圈足甚高，顶一周分布着三个大透孔，位于鸟饰下方，两条凸弦纹穿过透孔，一条切在孔的底边。孔径虽各不相同，下有勾云形扉棱，其中心都有垂直的铸造披缝，宽1—1.4毫米（图4.10.1-2）。扉棱间三组纹饰属于浮雕型，由半散列式无角兽面纹和两侧的变体夔纹组成。兽面宽扁的鼻与高冠饰一体，两侧展开身躯，上有眼小而圆凸的眼珠，冠饰两侧为竖立的近四边形大耳，耳根、嘴角、角端和身躯起端都有圆凸，浮凸部分饰云纹，以云雷纹衬地（图4.11.1-2）。

图4.10.1　尊K2②：151圈足扉棱

图4.10.2　尊K2②：151圈足扉棱

图4.11.1　尊K2②：151圈足兽面纹

图4.11.2　尊K2②：151圈足兽面纹及其外侧夔纹

尊底微圜，内外均平光，但有若干裂纹，可能还有补块，底与圈足折角中尚存些许泥芯（图4.12.1）。高圈足内壁虽平，但不均匀，光滑程度较外底逊色不少（图4.12.2），圈足顶部的三个透孔，明显外小内大（图4.12.3-4）。底沿参差不齐，可见浇道残迹，因浇道所在较厚，打断后无法磋磨平齐。还可看到，口沿内有一道水平线，有若披缝突起，但较披缝宽且高，这应是原始设计的泥芯端面位置，或者是原设计尊底沿位置并在芯上刻画出圈线，其再向外延长部分另做带浇道的芯，或者设计制作了雨淋式浇道而未控制好壁厚，打掉浇道时有过多残留所致（图4.13.1-4）。圈足底沿明显可见两处浇道痕迹，一处长72毫米，最厚处8.9毫米；另一处长143.5毫米，残高11.3毫米。类似的现象在南方风格大口折肩尊（见下文），甚至一些罍和瓿的圈足上均可见到，有一定的普遍性。[1]

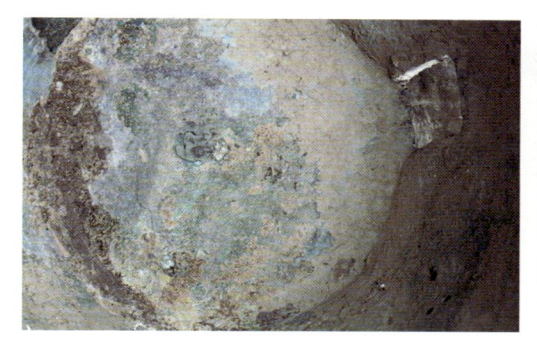

图4.12.1 尊K2②：151外底

图4.12.2 尊K2②：151内底

图4.12.3 尊K2②：151圈足内壁

图4.12.4 尊K2②：151圈足透孔内壁

---

[1] 苏荣誉：《湖南商周青铜器工艺技术研究》，《中国青铜技术与艺术》（丁酉集），上海古籍出版社，2019年，第393—442页。苏荣誉、朱亚蓉：《三星堆出土青铜罍K2②：159初步研究——附论外挂式管状透空牺首饰尊与罍》，《三星堆研究》第五辑，巴蜀书社，2019年，第225—260页。

图4.13.1　尊K2②：151圈足底沿

图4.13.2　尊K2②：151圈足内底沿

图4.13.3　尊K2②：151圈足底沿浇道残迹

图4.13.4　尊K2②：151圈足底沿浇道残迹

　　肩沿牺首和尊的结合处具有明显的分铸痕迹，牺首叠压着尊的肩部和腹部（参见图4.5.1-3），说明牺首全部后铸成形。与牺首相应的腹内壁，各有一对凸起的贴片，有若"铆头"，通过镜子可以获得成像，应是牺首后铸为强化二者结合的"铆块"（图4.14.1-3），在形式上更接近宁乡划船塘出土的大瓿。[①]那件瓿虽牺首全失，但成对的铸铆式铸接痕迹清晰（参见图1.28.1-3），岳阳鲇鱼山罍的管状牺首也采用这一铸接方式（参见图1.24.1-4），[②]更早的器物可能要上溯到月儿河的龙虎尊，虎首采用这一方法后铸。[③]三牺首尺寸不一，说明非出自同一模。牺首的鸟形冠饰正中有明显的铸造披缝，并延伸到下颌，表明牺首对开分型。腹、圈足扉棱和肩部鸟饰在同一垂线上，各自中线上都有垂直的披缝，说明尊的铸型沿鸟饰——扉棱三分，虽不同位置铸型的变形和错位不同，但并不意味着尊的铸型曾在水平面分型，可能是范的不同部位形变不同。

[①] 张筱林、李乔生：《湖南宁乡出土商代大型铜瓿》，《文物》2013年第3期，第74—76页。炭河里遗址管理处等编：《宁乡青铜器》，岳麓书社，2014年，第12—13页。苏荣誉：《湖南商周青铜器铸造工艺初探》，陈建明、许杰编：《三湘四水集萃——湖南出土商、西周青铜器展》，中华书局，2017年，第187—203页。

[②] 苏荣誉：《湖南商周青铜器工艺技术研究》，《中国青铜技术与艺术》（丁酉集），上海古籍出版社，2019年，第393—442页。

[③] 苏荣誉、杨夏薇、李钟天：《龙虎尊再探》，《三星堆研究》第五辑，巴蜀书社，2019年，第193—224页。见本集第二篇。

图4.14.1 尊K2②：151腹内壁"铆块"    图4.14.2 尊K2②：151腹内壁"铆块"    图4.14.3 尊K2②：151腹内壁"铆块"

同样，和腹部高浮雕纹饰相对应，腹内壁也相形下凹（图4.15.1-3），同是模—芯合作纹；可能由于圈足纹饰属浅浮雕，故而内壁基本平光（参见图4.12.3-4），腹部和圈足的不同处理，明显具有工匠群和某工匠个性，值得深究。此外，就腹内壁甚至外底的平光与圈足内壁的不很平光相对比，很能体现工匠对经济性的把握，所作不多于当作。特别是外底与圈足内壁相比，同处于一个泥芯，顶面光滑，而侧面还有刮抹的痕迹。

图4.15.2 尊K2②：151腹内壁下凹

图4.15.1 尊K2②：151腹内壁下凹

图4.15.3 尊K2②：151腹内壁下凹

难波纯子认为此尊与华容东山尊类似，但腹部被压缩而纹带变窄，纹样更加简略，涡纹的卷法显得笨拙，给人退化的感觉。[①]其实未必，下列诸实例可以佐证。

---

① ［日］难波纯子：《华中型青铜彝器的发达》，向桃初译，《南方文物》2000年第3期，第30页。

（二）三星堆尊K2②：129

大口折肩尊K2②：129的结构，口与颈、腹、圈足大体高度均衡（图4.16.1-2）；装饰局部和尊K2②：151相同（图4.17.1-2），通高455毫米、口径426毫米、肩径280毫米、圈足底沿径231毫米。[①]此尊同样的大敞口、尖沿、方唇、束颈，颈饰三道粗细高低不均的凸弦纹（图4.18.1-2）。肩微微向上弧鼓，发掘报告称肩部均匀分布三个圆雕的羊头形牺首。牺首宽吻，以螺旋线勾鼻翼，中间起很矮的鼻梁。面部几乎为一对大眼所占据，眼为所谓的臣字形，圆球形眼珠十分突出，但无耳。额中设板状短扉棱，两侧面勾云纹，未透空。扉棱两侧为一对盘卷的大兽角，角若虫蛹，蜷曲成G形，角梢扁形并向外翘出（图4.19.1-3）。可能是这一对角令人联想到羊头，但嘴的形状、无耳、扉棱饰等都与羊相去甚远。牺首覆压在肩部纹带上，下颌垂接于尊腹。肩面两牺首正中，饰有片状伏卧的鸟，格局和造型与尊K2②：151的鸟饰一致，只是该尊的鸟饰出土时多残失，后经修复。或许鸟身略长，超过了纹带的宽度而与颈壁靠近，所以出现了尾接于颈根的现象（图4.20.1-3）。肩部的纹带由象鼻夔纹构成，眼珠凸出朝向牺首，以云雷纹衬地（图4.21.1-2）。

图4.16.1　尊K2②：129　　　　　　　图4.16.2　尊K2②：129

[①] 《三星堆祭祀坑》，第242页，第254页图141，第257页拓片20，图版94，彩图71。

三星堆大口折肩尊研究

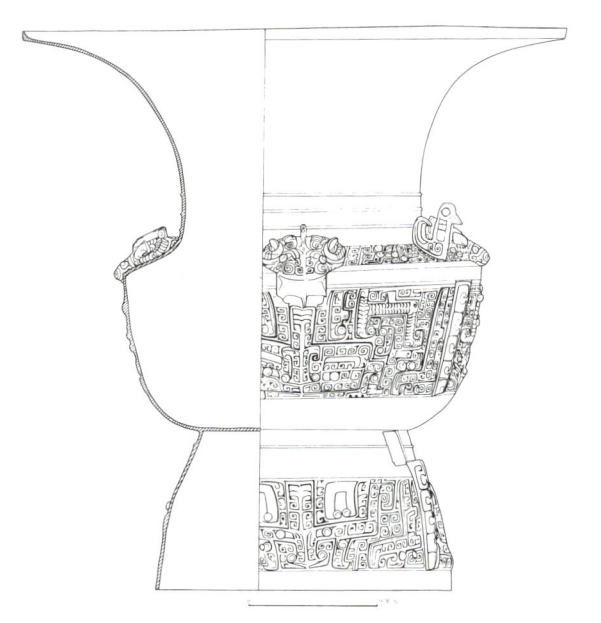

图4.17.1　尊K2②：129线图

图4.17.2　尊K2②：129纹饰拓片

图4.18.1　尊K2②：129颈部凸弦纹

图4.18.2　尊K2②：129颈部凸弦纹

三星堆 青铜容器研究

图4.19.1　尊K2②：129牺首 　　图4.19.2　尊K2②：129牺首 　　图4.19.3　尊K2②：129牺首

图4.20.1　尊K2②：129肩部鸟饰

图4.20.2　尊K2②：129
肩部鸟饰

图4.20.3　尊K2②：129
肩部鸟饰

图4.21.1　尊K2②：129肩部纹带 　　　　　　　图4.21.2　尊K2②：129肩部纹带

　　折肩下三条与肩鸟饰相应的勾云形扉棱长垂，将腹部纹带分三组。三条扉棱长度与厚度互有出入，中线有清晰的披缝（图4.22.1-3），由此知铸型沿扉棱披缝三分。腹部三组纹饰均由浮雕散列式兽面纹和两侧变体夔纹组成。兽面位于肩周牺首之下，矮鼻宽与冠饰一体，冠饰因牺首下颌而略短，两侧有立刀形饰，再外是几字形大角，两端勾起而背有鳍。兽面作蝴蝶形，一对眼睛不凸出，其外竖立的开口向内的C形耳，与兽面分离。宽扁的鼻翼两侧有深呲的嘴角，露出三角形牙齿。兽面的眉、角、耳、鼻，以及侧边的夔纹为高浮雕，凸起2—4毫米不等，上饰卷云纹，整个纹饰以云雷纹衬地（图4.23.1-3）。因腹部纹饰浮雕甚高，内壁相应的纹线下凹更深，其中的泥芯大多数依然留存于其中（图4.24.1-3），说明此器从未如礼书所载和后人通常认为的作为盛酒之器使用。

图4.22.1　尊K2②：129 腹部扉棱 　　　图4.22.2　尊K2②：129 腹部扉棱 　　　图4.22.3　尊K2②：129 腹部扉棱

图4.23.1　尊K2②：129腹部兽面纹

图4.23.2　尊K2②：129腹部

图4.23.3　尊K2②：129腹部

图4.24.1　尊K2②：129腹内壁　　图4.24.2　尊K2②：129腹内壁　　图4.24.3　尊K2②：129腹内壁

三星堆大口折肩尊研究

高圈足顶有均布的三个形状不规则的透孔，尺寸不同但均外大内小，位置与腹部扉棱相应，一凸弦纹串联三孔，透孔下有长垂的勾云形扉棱，其尺寸互不相同，亦未透空（图4.25.1-3）。扉棱将纹饰分为三组，都是浮雕半散列式无角兽面纹两侧置竖立的夔纹，纹饰上饰云纹，以云雷纹衬地（参见图4.25.2、图4.26）。与纹饰的浮雕相应，圈足内壁下凹（图4.27.1-3）。

图4.25.1 尊K2②：129 圈足透孔

图4.25.2 尊K2②：129 圈足透孔

图4.25.3 尊K2②：129 圈足透孔

图4.26 尊K2②：129圈足兽面纹

133

图4.27.1 尊
K2②：129圈足兽面纹

图4.27.2 尊
K2②：129圈足兽面纹

图4.27.3 尊
K2②：129圈足兽面纹

圈足底沿非正圆形，尺寸为233.6毫米×217.2毫米，壁厚约2.5毫米。尊底微圜，可见两个孔洞，一个似未浇足所致，一个似垫片脱落所造成（图4.28）。圈足纹带上也有未浇足的透孔，尊下部气孔多于上部，是倒立浇注成形的旁证（图4.29.1）。底沿可见三个浇道的痕迹，每个大约70度，浇口最厚处5.9毫米（图4.29.2-3）。[1]

图4.28 尊K2②：129底

图4.29.1 尊K2②：129圈足浇不足孔

图4.29.2 尊K2②：129圈足底沿

图4.29.3 尊K2②：129圈足底沿浇道残迹

---

[1] 苏荣誉：《三星堆祭祀坑青铜器铸造工艺的初步考察》，孙华、苏荣誉：《神秘的王国：三星堆青铜器》，巴蜀书社，2003年，第399—447页。

尊身上下内外均遗留有铸造工艺信息。首先是牺首与肩、颈有间隙，且一牺首有铜液渗出叠压着肩、腹，说明牺首后铸（图4.30.1-2）。三牺首各部尺寸多有出入，是各自后铸且各自独立制作铸型的结果。在腹内壁，与牺首相应位置，也有牺首后铸的"铆块"，通过镜子反光可获得其图像（图4.31.1-2），牺首的铸造工艺和三星堆尊K2②：151一致。由牺首冠饰至下颌的披缝，知牺首面部对开分型。与牺首相间，肩部纹带上均布三只片状伏卧鸟饰，纵向铸造披缝明显。颈上可见铜垫片出露，但整个器物的垫片分布不详。腹部和圈足的兽面纹均是高浮雕类型，在相应的内壁都有凹陷，说明纹饰的成形都是模—芯合作纹工艺，腹部和巫山李家滩相一致，圈足较之更严格。

图4.30.1　尊K2②：129牺首后铸痕迹 　　　　图4.30.2　尊K2②：129牺首后铸痕迹

图4.31.1　尊K2②：129腹内壁"铆块" 　　　　图4.31.2　尊K2②：129腹内壁"铆块"

需要指出的是，腹部和圈足都有浇不足孔且未补铸（参见图4.23.3、图4.29.1），说明此器不能盛装液体；腹内壁纹饰下凹中的泥芯大多存留，也是对尊非液体容器功能的佐证。从纹线沟槽中保留的颜料看，器物曾经有过细致且多彩的装饰。可见，无论是其功能还是色相，都在颠覆着固有的认识。

（三）三星堆尊K2②：127

大口折肩尊K2②：127（图4.32.1-2）的造型和装饰与尊K2②：129接近，较之略微横宽（图4.33.1-2），发掘报告将二者同列V式。通高416毫米、口径404毫米、肩径288毫米、圈足底沿径220毫米。①

图4.32.1 尊
K2②：127

图4.32.2 尊
K2②：127

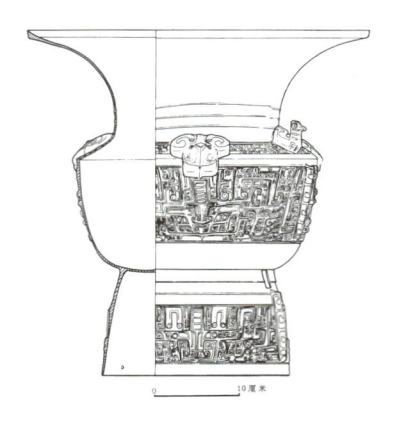

图4.33.1 尊
K2②：127线图

图4.33.2 尊
K2②：127纹饰拓片

---

① 《三星堆祭祀坑》，第241—242页，第253页图140，第256页拓片19，图版93。

此尊同样为敞开的喇叭形大口,尖沿,方唇。自沿下内弧收束形成尊颈,颈根部所饰三道凸弦纹,在相接处上下相错近2毫米(图4.34)。较宽的斜肩所饰纹带,由双勾云雷纹组成的兽面纹平铺而成(图4.35.1-2)。纹带上均布三片状伏卧鸟饰,将之三等分(图4.36.1-3)。与三鸟相间均布三圆雕牺首,发掘报告称其为羊首形,一对有节的大羊角内卷,叠压在肩部纹带上,羊嘴伸出肩沿之外。与尊K2②:129不同的是牺首略小,眼珠不凸出,角梢也不外翘,而且多处残破,露出其中的泥芯(图4.37.1-3)。另外,一件牺首很可能在瘗埋之前已经失去,肩面留下与之结合的茬口(图4.38)。可能是牺首侧面受力,致使其断脱的,而拥有者并未修补。从牺首与肩面的结合点,不难发现布置在牺首两侧的平錾兽面纹组的边界十分清晰,其间的空间留予牺首,既反映了尊的装饰的原本整体设计,也说明牺首后铸于肩面、实现设计的路径。

图4.34 尊K2②:127颈部凸弦纹

图4.35.1 尊K2②:127肩部纹带

图4.35.2 尊K2②:127肩部纹带

三星堆 青铜容器研究

图4.36.1 尊K2②：127
肩部鸟饰

图4.36.2 尊K2②：127
肩部鸟饰

图4.36.3 尊K2②：127
肩部鸟饰

图4.37.1 尊K2②：127
牺首

图4.37.2 尊K2②：127
牺首

图4.37.3 尊K2②：127
牺首

图4.38 尊K2②：127牺首残迹

尊腹纹带被三道垂直的勾云形扉棱分作三组，位置与肩部鸟饰一致，造型为开口向上的C形连续而成，但并未透空；扉棱上端较高，逐渐向下低矮（图4.39.1-3）。腹部三组纹饰相同，均由高浮雕散列式兽面纹及其两侧的变体夔纹组成，顶部中间是牺首的嘴和下颌。兽面位于牺首之下，形近蝴蝶，大头小尾，复翅展开。冠饰和鼻贯通一体，冠饰顶较宽，两侧有立刀形，有人称之为眉，再外为几字形出歧的大角，包括向外的C形小耳。兽面的眼不明显，眼珠亦不甚凸出。兽面的冠饰和鼻、眉、角、耳以及夔纹，均为高浮雕型，上饰勾云纹，以双勾云雷纹衬地（图4.39.2、图4.40）。

图4.39.1 尊 K2②：127腹部扉棱

图4.39.2 尊 K2②：127腹部扉棱

图4.39.3 尊 K2②：127腹部扉棱

图4.40 尊K2②：127腹部兽面纹

尊底微圜，内底较外底光滑。内底可见较大补块，而外底可见两个相近的补块，且均保留着浇道残迹（图4.41.1-2）。圈足较高，顶面均布三个形状不规则透孔，位置与腹部扉棱相应，两道凸弦纹通过透孔，孔下有勾云形扉棱，但多未透空；三条圈足扉棱结构与腹部相同，但上下高度变化不很明显（图4.42.1-3）。圈足的三组纹饰由半散列式连体无角兽面纹与两侧的变体夔纹组成，位置与腹部的一致。高冠与鼻一体，身躯从中间横生，上有小眼和微凸的眼珠。冠两侧有分离的、竖立的叶形耳，鼻两侧有咧开的嘴角，除耳轮外，兽面、兽身和夔纹都饰卷云纹，以云雷纹衬地。在纹带的下阑和纹带之下，有三个近于圆形的透空（参见图4.42.1、图4.43.1-3），功能不明。

图4.41.1 尊
K2②：127内底及其补块

图4.41.2 尊
K2②：127外底及其补块

三星堆大口折肩尊研究

图4.42.1　尊K2②：127圈足扉棱

图4.42.2　尊K2②：127圈足扉棱 　　　　图4.42.3　尊K2②：127圈足扉棱

图4.43.1 尊
K2②：127圈足兽面纹

图4.43.2 尊
K2②：127圈足透孔

图4.43.3 尊
K2②：127圈足透孔

　　该尊牺首明显与肩、腹分离，且叠压在面上（图4.44.1-2）。脱落的牺首，不仅在肩部遗留结合的叠压肩面残片，并在腹部可见预铸工艺孔，说明牺首中空、后铸，所遗留的残片下也有工艺孔，与上腹工艺孔同为后铸牺首的工艺结构，和前揭两件尊一样，铜液流过工艺孔，在腹内壁形成"铆块"。腹内壁浮锈未清除，后铸牺首的"铆块"不十分清楚（图4.45.1），但可见与腹部高浮雕纹饰相应的下凹（图4.45.2），说明腹部纹饰是模—芯合作纹工艺实现的。圈足内壁沿三个透孔下，有垂直的浅凹槽，直达圈足底沿（图4.46.1-2），较薄的槽壁其实是原始设计的圈足壁厚，槽两侧被加厚是为在圈足底沿设置浇道的特殊设计。类似的情况在城固苏村大口尊和广汉三星堆方罍K2③：205、罍K2②：159圈足上有所表现，可以认为是商代南方风格青铜器的一个工艺特点。[①]

　　圈足的薄厚变化，或者还有浇铸系统设计的考虑。圈足底沿不够平齐，较厚的部位残留较多，显然是浇道残迹（图4.47.1-2）。

图4.44.1 尊
K2②：127牺首分铸

图4.44.2 尊
K2②：127牺首分铸

[①] 苏荣誉等：《湖南省博物馆藏两件大口折肩青铜圆尊的研究——兼及同类尊的渊源、风格、工艺、产地和时代问题》，湖南商西周青铜器国际学术研讨会论文，2015年8月27日—28日：长沙。苏荣誉、朱亚蓉：《三星堆出土青铜罍K2②：159初步研究——附论外挂式管状透空牺首饰尊与罍》，《三星堆研究》第五辑，巴蜀书社，2019年，第225—260页，见本集第一篇。余健、苏荣誉、郭汉中：《三星堆青铜方罍K2③：205初探》，见本集第三篇。

图4.45.1 尊K2②：127腹内壁"铆块" 　　　图4.45.2 尊K2②：127腹内壁下凹

图4.46.1 尊
K2②：127圈足内壁孔下凹槽

图4.46.2 尊
K2②：127圈足内壁孔下凹槽

图4.47.1 尊
K2②：127圈足底沿浇道残迹

图4.47.2 尊
K2②：127浇道残迹

三星堆 青铜容器研究

（四）三星堆尊K2②：146

这件尊出土时，器内盛贝和玉器，器表涂朱。造型和前述尊K2②：151基本一致（图4.48.1-2），通高526毫米、口径470毫米、肩径286毫米、圈足底沿径244毫米，[1]后被调拨入藏中国国家博物馆。[2]造型亦是大敞口、尖沿、方唇、束颈，长颈根部饰三道凸弦纹，斜肩面上纹带由象鼻夔纹组成，云雷纹衬地。肩部纹带被三个片状伏卧鸟饰和三圆雕牺首相间六等分，鸟饰造型和巫山李家滩尊相同。此件尊现藏于国家博物馆，很少有深度信息披露。

图4.48.1 尊K2②：146

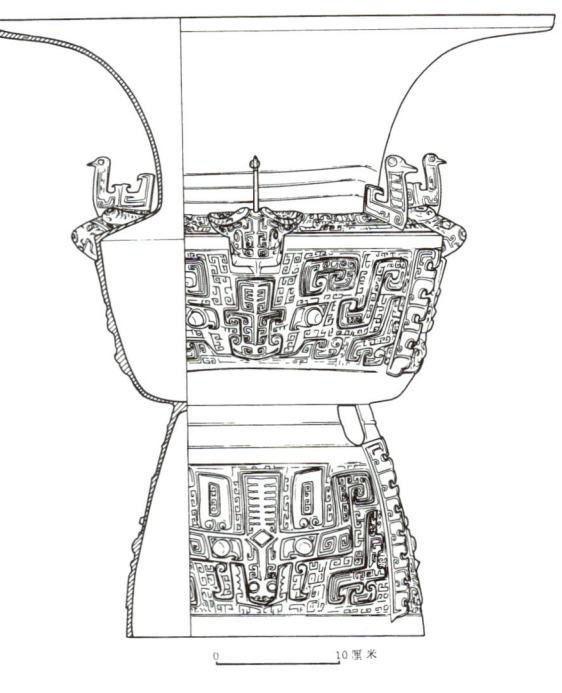

图4.48.2 尊K2②：146线图

三圆雕牺首探出肩（图4.49.1），鸟的造型和纹带上的一致。与肩部鸟饰相应，

---

[1] 《三星堆祭祀坑》，第241页，第252页图139，图版92.2。
[2] 中国国家博物馆编：《中国国家博物馆馆藏文物研究丛书·青铜器卷（商）》，上海古籍出版社，2020年，第125—126页。

图4.49.1　尊K2②：146
腹部纹饰

图4.49.2　尊K2②：146
圈足纹饰

　　腹部均置的三道长垂的勾云形扉棱将纹饰带分为三组，均由高浮雕散列式含体无耳兽面纹及两侧变体夔纹组成。宽而扁的鼻与冠饰一体，两侧中间出歧以示区分。冠饰不高，两侧置C形回勾的角，其下有圆凸的眼珠，眼外为拉长的S形兽身，两头回卷。鼻宽扁，两侧有浮凸的嘴角，露出排牙。夔纹连同兽面鼻、角、身和嘴角均饰以云纹，云雷纹衬地。兽面角根、鼻翼、嘴角和夔纹的角根均有圆凸。

　　高圈足顶均布三个方形透孔，位于腹部扉棱之下，两道凸弦纹通过透孔，孔下垂有同样的勾牙云形扉棱。三道扉棱间纹饰浮凸较浅，由半散列式无角连体兽面纹及其两侧变体夔纹组成，兽面的叶形耳竖立并与兽面分离，有一对凸出眼珠，鼻两侧也有浮凸咧开的嘴角，露出排牙。除耳轮外，均饰以云纹，以云雷纹衬地。耳根、鼻翼和嘴角也有圆凸（图4.49.2）。据其风格推测，该尊的铸造工艺与巫山李家滩尊一致，牺首以铸铆式后铸，腹内壁以模—芯合作纹工艺成形，圈足可能如李家滩尊近与兽面纹鼻相应的内壁下凹，也可能和三星堆尊K2②：151一样内壁平光。

（五）三星堆尊K2②：79

　　尊K2②：79的器形结构近于尊K2②：127，口与颈、腹和肩、腹与圈足的高度大体均衡（图4.50），装饰大同小异（图4.51），通高442毫米、口径415毫米、肩径

三星堆 青铜容器研究

图4.50 尊K2②：79　　　　　　　　图4.51 尊K2②：7纹饰拓片

286毫米、圈足底径240毫米。①

　　侈口，尖沿，方唇，束颈。颈上三周凸弦纹，平行度较好，但宽窄高低不一（图4.52）。宽斜肩饰六组的夔纹组成纹带，纹样不够清楚，但知眼睛小而凸出，头向两两相对；纹线中多处保留着填纹处理的朱砂（图4.53.1-2），但其中一处的纹饰中完全没有朱砂（图4.53.3），是朱砂脱落尽净，抑或填其他物质形成别种色彩，显然是值得探讨的问题。纹带中均布三片状伏鸟，其造型与前述尊的一致，其身两侧的纹线中明显经过填朱砂处理，且眼眶、鸟头和颈上似乎还填或涂其他颜色（图4.54.1-2）。

---

① 《三星堆祭祀坑》，第238、241页，第242页图138，第246页拓片18，图版92.1，彩版70。

图4.52 尊K2②：79颈部凸弦纹

图4.53.1 尊K2②：79肩部纹带

图4.53.2 尊K2②：79肩部纹带

图4.53.3 尊K2②：79肩部纹带

三鸟饰中，两鸟的尾部披缝与颈部相连，另一只的披缝较细弱。与伏鸟饰相间60度饰三个圆雕兽首。兽首叠压着肩部纹带，头伸出肩沿，颈叠压在腹部纹带上。兽首一对巨大的角，外张，上饰鳞纹，角中间竖立片状勾云形冠饰。双眼外凸，但眼睛较小。鼻阔，鼻翼有卷曲纹，其余部分饰卷云纹，一些纹线间所填朱砂依然存留（图4.55.1-3），三牺首中两个微残，它们的尺寸均不相同。[①]

[①] 牺首一，高27毫米、宽5.2毫米；牺首二，残高24毫米、宽6.5毫米；牺首三，残高23毫米、宽5.2毫米。

三星堆 青铜容器研究

图4.54.1　尊K2②：79鸟饰

图4.54.2　尊K2②：79鸟饰

图4.55.1　尊K2②：79牺首

图4.55.2　尊K2②：79牺首

图4.55.3　尊K2②：79牺首

　　尊腹呈盆形，腹壁近斜直，几乎满饰宽纹带。纹带被片状勾云形扉棱分为三组，扉棱位置与肩部伏鸟一致，均未透空，宽度互有出入，[①]上端较下端略宽，但也有上端不完整者（图4.56.1-3），致损原因不明。每组纹饰由兽面纹及两侧的夔纹构成，纹饰为平铺型，兽面纹的一对眼睛十分圆凸。兽面纹有窄而较矮的鱼鳃形扉棱，尺寸互有出入，位于圆雕兽首之下，两侧勾较宽的云纹。阔口微张，牙齿出露，一对"臣"字形眼，内睑很大，眼珠偏外侧并圆凸。眼外横伸躯体并折而上伸，尾再外折并回勾。眼上竖角，向内回勾，或以为翅亦未可知。两侧的夔纹构图较为抽象，但见前伸并回勾的长鼻，长圆形眼睛中的眼珠不凸出。兽面和夔纹纹线略宽，空白处以云

---

① 三扉棱宽度分别为宽3.3毫米、5.8毫米、3.4毫米。

雷纹衬地，腹部纹线中也有朱砂痕迹（图4.57.1-2）。在腹内壁，仅发现与一幅兽面纹的一只凸出的眼睛相应下凹，另一只眼有轻微缩孔，其余几只相应的眼睛并未发现此现象。腹部一条扉棱的上部因受重力而变形并产生裂纹。

图4.56.1　尊K2②：79腹扉棱

图4.56.2　尊K2②：79腹扉棱

图4.56.3　尊K2②：79腹扉棱

图4.57.1　尊K2②：79腹纹饰

图4.57.2　尊K2②：79腹纹饰

图4.57.3　尊K2②：79腹部纹透孔

腹壁可见两个透孔，应属浇不足孔。其中一个靠近扉棱，孔径5.1毫米×3.8毫米（参见图4.57.2），另一个在兽面纹的眼珠旁，尺寸3.4毫米×1.6毫米（图4.57.3），这两个透孔没有补缀，显然此尊不能也并非用之于盛装液体。下腹弧收，底微圜。从底部残留看，底内似有一薄层泥芯存留（图4.58.1），若果，铸造此尊的目的可能不是盛装酒浆或者其他液体，与两个透孔透露的信息一致。同样，肩部的三牺首也分铸成形，后铸于肩上，并采用铸铆式后铸实现。尽管腹内壁修饰严重，借助镜子依然可以获知"铆块"形状不规则（图4.58.2-3）。

图4.58.1 尊K2②：79
腹部纹饰

图4.58.2 尊K2②：79
腹内"铆块"

图4.58.3 尊K2②：79
腹内"铆块"

尊下设高圈足以承器。其中上部素面，均布三个不规则的方形透孔，形状和大小均略有出入。①透孔下有片状的勾云形垂直扉棱，位置与腹部扉棱和肩部的伏鸟一致，均未透空，上高下矮（图4.59.1-3），宽度不一。②圈足扉棱将圈足下部纹饰分为三组，纹带很宽，略浮于圈足表面。每组纹饰由兽面纹和两侧夔纹组成，为平面性纹饰。兽面纹有窄而矮的长条形扉棱为鼻，以扉棱对称展开。兽面有高耸、外伸、再回勾的角。圆眼外凸。眼外平伸兽体，再上折、外伸、回勾，形式与腹部兽面相若。口、鼻翼较为模糊，两侧的夔纹眼睛甚小，且不凸出，与腹部夔纹一致，云雷纹衬地（参见图4.59.2、图4.59.4）。

圈足内壁不似腹内壁平光，甚至可见底沿不平，厚度不均，最厚7毫米、最薄2.1毫米，很明显，最厚处即浇道残迹所在（图4.60.1-3）。

---

① 孔一：25.4毫米×31毫米，孔二：29.3毫米×26毫米，孔三：25.2毫米×27毫米。
② 三扉棱宽度分别为4.5毫米、4.8毫米、3.9毫米。

三星堆大口折肩尊研究

图4.59.1 尊 K2②：79圈足扉棱 
图4.59.2 尊 K2②：79圈足扉棱 
图4.59.3 尊 K2②：79圈足扉棱 
图4.59.4 尊 K2②：79圈足纹饰

图4.60.1 尊K2②：79圈足底沿

图4.60.2 尊K2②：79圈足底沿内浇道残迹
图4.60.3 尊K2②：79圈足底沿内浇道残迹 

151

此尊的铸型由三块相同的泥范与一块腹芯、一块圈足芯组成，垂直披缝痕迹在扉棱上十分明显，因为通过圈足透孔，也在透孔形成明显的孑遗，是透孔不规则的一个成因（图4.61.1-2）。因此，认为圈足透孔是泥芯撑设置而形成工艺孔的说法缺乏根据。至于垫片，因锈蚀严重，仅在尊口有发现（图4.61.3），相信进一步的X光成像调查会发现更多。

图4.61.1　尊K2②：79圈足透孔内与披缝

图4.61.2　尊K2②：79圈足透孔内与泥芯

图4.61.3　尊K2②：79尊口面垫片

（六）三星堆尊K2②：135

这件大口折肩尊严重残缺，颈部以上残去，圈足的一半残失，仅腹部相对完整。发掘报告指出此尊曾经遭砸击而破碎，下腹有受火变形的痕迹，腹部两个熔洞系火烧所致，底与圈足也有火烧痕迹（图4.62.1）。尊残高305毫米、肩径280毫米，[①]其主体结构和装饰，虽与前揭三星堆出土的几件尊有共同之处，但这件尊的自身特点是明显的，主要是肩部纹带的扉棱饰以及腹部的平铺纹带（图4.62.2-3）。

[①]　《三星堆祭祀坑》，第238页，第239页图135，第243页拓片15，图版90。

图4.62.1 尊K2②：135

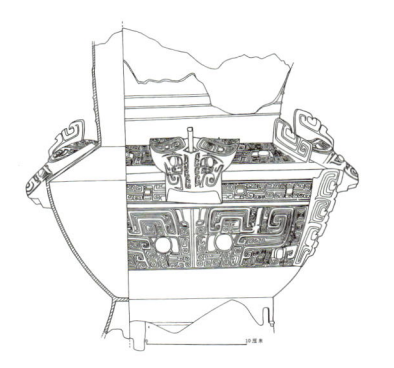

图4.62.2 尊K2②：135 线图

图4.62.3 尊K2②：135 纹饰拓片

  尊的大口已经残失，束颈仍较明显，颈根也饰三道凸弦纹。从残缺的颈部断面看，其壁厚不均匀，最薄处1.6毫米、最厚处3.6毫米。宽斜肩，肩上饰夔纹带，夔纹由云雷纹勾勒而成，有大目，眼珠大而凸出（图4.63.1-2）。夔纹两两成组，中间竖立勾云形宽扉棱，其两侧所勾云纹，结构若开口向上的C形再加一个云头，虽未透空，可能是铸造披缝使然或者范前后错位所致，扉棱与颈部之间均可见明显的铸造披缝，三条扉棱尺寸互有出入，[①]但其整体造型是抽象的鸟或虫（图4.64.1-3），其形式与前揭三星堆其他尊的扉棱不同，而与残甚之尊K2②：109的相同。[②]纹线中残留的土红色物质，很可能也是为凸显纹而作的处理。肩纹带组之间饰硕大兽首，双角巨

[①] 肩部扉棱尺寸分别为长46.5毫米、高26.5—22.3毫米、宽8.2毫米；长44.7毫米、高28.4—22.6毫米、宽8.9毫米；长48.7毫米、高29.6—22.3毫米、宽8.2毫米。
[②] 《三星堆祭祀坑》，第238页，第240页图136。

大，作虫蛹形弧弯上斜，其上勾纹成组，或当意味着以虺为角。两角间饰细线勾勒的兽面纹，兽面眼睛不对称亦不凸出（图4.65.1-3）。额正中有较大的宽扉棱形冠饰，基本透空；其中一牺首的冠饰大半残失，断茬明显（图4.65.4），另二牺首的扉棱分别厚6.9—5.3毫米和8—4.6毫米。牺首的大部在肩沿之外，双目微凸，鼻翼勾卷。面饰勾云纹，兽吻突出。颈部叠压着腹部纹带，三兽明显后铸于肩部，其中一牺首的扉棱可能是打断的。需要附带说明的是，打断厚5毫米以上的扉棱型冠饰，需要很大的撞击或打击力量。此尊曾经遭到致命打击，才残破如许。其击落的残片是否在器物坑中，未见报道，很可能是瘗埋前打碎的。此外，此尊风格与残尊K2②:109相似点很多，二者同遭重击残损，其背景也是不容忽视的问题。

图4.63.1　尊K2②:135肩纹带

图4.63.2　尊K2②:135肩纹带

图4.64.1　尊K2②:135肩扉棱

图4.64.2　尊K2②:135肩扉棱

图4.64.3　尊K2②:135肩扉棱

三星堆大口折肩尊研究

图4.65.1 尊K2②：135牺首 　　　　　　　图4.65.2 尊K2②：135牺首

图4.65.3 尊K2②：135牺首 　　　　　　　图4.65.4 尊K2②：135牺首

　　腹部纹饰由肩下的窄纹带和腹部的宽纹带组成，均由云雷纹细线平铺型勾勒，由勾云形扉棱等分为三组。腹部扉棱与肩部的还不相同，其上端高而下端出尾，前边为开口向外的C排列，两侧勾双线随形纹，后边的尾勾双线L形纹，尾端在腹部纹带下栏，甚低（图4.66.1-3），三扉棱的尺寸不均一。①肩沿下的窄纹带分布对称，两扉

---

① 腹部扉棱：腹部扉棱尺寸分别为长103.5毫米、高27.9—8.8毫米、宽7.6—6.5毫米；长103.4毫米、高26.5—9.6毫米、宽6.4—6.1毫米；长98.4毫米、高32.2—12.3毫米、宽8.5—6.1毫米。

155

图4.66.1 尊K2②：135 腹扉棱　　　图4.66.2 尊K2②：135 腹扉棱　　　图4.66.3 尊K2②：135 腹扉棱

棱间的中央为牺首下颌叠压，两侧各布两组夔纹，夔身以细线勾勒，只是眼珠圆凸。腹部的母题是宽的兽面纹带，与上边的窄夔纹带以窄素面区隔。兽面以正中的鱼鳃骨形鼻棱对称展开，嘴、鼻头均布明显，凸出的是间距过大的"臣"字形眼，内睑大而眼珠朝外，半球形眼珠圆凸。其余均以细线平铺构成，眼外有S形兽身，眼上有几字形角，额上竖起羽刀纹冠饰，兽面两侧填饰树立的夔纹，眼珠圆凸，其余也以细线构成。兽首下的腹部纹带的兽面纹有窄而细的扉棱鼻。腹部的主纹带由大兽面纹及其两侧的夔纹组成，有圆而凸出的眼珠（图4.67.1-2）。

图4.67.1 尊K2②：135腹纹饰 　　　　　图4.67.2 尊K2②：135腹纹饰

因器残破，暴露出肩牺首后铸的结构，和前揭三星堆尊一样，牺首后铸。在铸尊体时在肩相应位置设计了工艺孔，并在肩面分别组合牺首铸型，包括一块在腹内的"铆头"泥范，牺首的型腔通过工艺孔连通上边的牺首和腹内的"铆头"，浇铸冷凝后在腹内形成"铆块"，强化牺首与肩的结合。这件尊的两个牺首的铆块各不相同（图4.68.1-2、图4.69.1-2），当是分别铸造牺首、独立浇铸的证明。

图4.68.1　尊K2②：135腹内壁"铆块" 　　　　图4.68.2　尊K2②：135腹内壁"铆块"

图4.69.1　尊K2②：135腹内壁"铆块" 　　　　图4.69.2　尊K2②：135腹内壁"铆块"

圈足残失大半，可见扉棱之下有方形的透孔。透孔下有三周凸弦纹。颈内壁平滑光洁（图4.70.1），应当是浇铸形成的面，反映了泥范的细腻。腹中火烧形成的孔洞处，有明显的分层痕迹（图4.70.2），说明此尊第一次浇铸时产生了较大的铸造缺陷，后来再经补铸成形。至于火烧如何形成如此孔洞，则是尚待研究的问题。

三星堆器物坑出土的大口折肩尊种类和形式多样，但基本上都属南方风格器物，反映了南方风格青铜器的丰富性。

图4.70.1　尊K2②：135
颈内壁

图4.70.2　尊K2②：135
腹壁烧洞

二、巫山李家滩大口折肩尊[①]

1980年，一件青铜尊在巫山大宁河畔的李家滩被水冲出，[②]原藏巫山县文物管理所，[③]现藏于重庆三峡博物馆（图4.71.1-2），[④]亦有称之为大宁河尊。[⑤]通高436毫米、口径411毫米、肩径286毫米，口高比0.943。

---

① 2002年，巫山李家滩出土的这件尊曾保存在重庆市文物考古研究所，在邹后曦所长支持下，我和方刚先生一道对这件器物进行考察，包括测量和拍照。十多年过去了，重庆文物考古研究所发展成为重庆市文化遗产研究院，手工业考古的诸多领域都有新的发展。在重庆论坛举办之际，特撰文以志祝贺并回报邹后曦、方刚两位先生，见苏荣誉：《巫山李家滩出土大口折肩青铜尊探微——兼据同类尊的风格和关键工艺探讨其年代和扩散》，《南方民族考古》第十四辑，科学出版社，2017年，第131—187页。该文为本文的基础。
② 四川省文物管理委员会等：《巫山境内长江、大宁河领域古遗址调查简报》，《四川考古报告集》，文物出版社，1998年，第9页。
③ 俞伟超主编：《长江三峡文物存真》，重庆出版社，1999年，第48页。
④ 重庆中国三峡博物馆、重庆博物馆编：《重庆中国三峡博物馆·重庆博物馆》，文物出版社，2005年，第19页。
⑤ 张一品主编：《长江三峡出土文物精粹》，中国三峡出版社，1998年，第34页。

图4.71.1 巫山李家滩尊　　　　　　　　　　图4.71.2 巫山李家滩尊

（一）李家滩尊造型与装饰风格

此尊圆口开敞，口径大于肩径；尖沿，方唇。束颈，颈最细处饰三周凸弦纹，纹线不十分规整，高低和宽窄不甚均匀，平行度有差（图4.72.1）。肩宽，肩沿低，肩面斜，饰一周浅浮雕夔纹带，其上均布三片状鸟饰（图4.72.2），其中一鸟残失，后经修复。鸟造型为片状伏卧式，圆头尖喙，双眼圆睁，颈粗壮，其上饰阴线水波形鳞纹，铩羽，尾上翘（图4.72.3）。与之相间均布三圆雕羊头形牺首，双角内卷，角端外翘，额上有勾云形扉棱状冠饰（图4.73.1-3）。

图4.72.1 巫山李家滩尊颈部凸弦纹

图4.72.2　巫山李家滩尊肩鸟饰

图4.72.3　巫山李家滩尊肩鸟饰

图4.73.1　巫山李家滩尊肩牺首

图4.73.2　巫山李家滩尊肩牺首

图4.73.3　巫山李家滩尊肩牺首

　　折肩，腹壁向下弧收。腹部三道垂直勾云形扉棱几乎均未透空，但两侧云形阴线明显，位置与肩面鸟饰相应，将纹带分为相同的三组，均是高浮雕散列式连体兽面纹，即兽面的角、耳、鼻眼和身躯相互离散开来，兽面两侧置变体夔纹。兽面鼻与冠饰一体，位于牺首正下方，鼻头较大，两侧有鼻翼，鼻梁中间两侧出鳍以示鼻与冠不同。冠饰两侧有高浮雕立刀饰，有人以之为竖眉；再外有出歧的几字形角，大角将开口向内的C形耳纳括其中。无兽身，兽面眼大而眼珠不很凸出。鼻下有三角形阔口（图4.74.1）。兽面两侧的变形夔纹有象鼻形嘴，小眼外凸，头上有向后的曲角，头下有足，身斜直向上，尾端几抵扉棱上侧（图4.74.2）。兽面纹的角、鼻—冠、耳、眼眶和立刀饰，以及夔纹的头和身躯上均饰勾云纹，整体纹饰则以云雷纹衬地。兽面的鼻翼、角根、耳根和夔纹的角根、足根均有圆凸。

图4.74.1　巫山李家滩尊腹部纹饰 　　　　　　　　图4.74.2　巫山李家滩尊腹部纹饰

底近平，下接高圈足。圈足顶一周均布三个方形透孔，位置和腹部扉棱一致；透孔下亦有同样的勾云形扉棱，同样分圈足纹带为相同的三组纹饰，为高浮雕半散列式连体无角兽面纹，即兽面的某个部分离散开来。兽面较宽的鼻和冠饰一体，鼻头圆弧，略阔，冠近方形。鼻—冠中间横伸出面部和身躯，面部置眼，眼珠小而圆凸；再延伸即为躯体，尾斜直上翘至纹带上栏再由外向内回勾。面上有树叶形大耳，耳轮宽而光素；鼻头两侧似为上咧的嘴角，但像兽足（图4.75.1）。此兽面无角，或为雌性，与腹部兽面配对。兽面两侧置变体夔纹，造型和腹部的一致（图4.75.2）。兽面纹的鼻、冠饰、身、嘴角（或足）及夔纹的头、身和尾饰勾云纹，整体以云雷纹衬地。兽面鼻翼、耳根、嘴角（或足根）以及夔纹的角根、足根均有圆凸。腹部和圈足纹饰的圆凸，和高浮雕纹饰一道增加纹饰的立体感。①

图4.75.1　巫山李家滩
尊圈足纹饰　　　　　　　　图4.75.2　巫山李家滩
尊圈足纹饰

---

① 苏荣誉等：《湖南省博物馆藏两件大口折肩青铜圆尊的研究——兼及同类尊的渊源、风格、工艺、产地和时代问题》，湖南商西周青铜器国际学术研讨会论文，2015年8月27日—28日：长沙。

（二）李家滩尊铸造工艺

牺首与肩面有间隙且叠压于肩面上，知其系后铸成形。残破的牺首暴露出其中的泥芯，知牺首中空，壁厚在一至二毫米间。尊腹内与牺首相应的位置，均可见片状凸起似贴片，犹若铆块（图4.76.1-3），说明牺首属铸铆式后铸。即在铸造尊腹时，在设置牺首部位的肩沿下预铸工艺孔，后铸牺首时，在工艺孔上组合铸型：兽面沿冠饰对开分型，两块范外加一块腹内壁范（内壁范的型腔即铆块形状），与牺首芯组成牺首铸型，虽然浇道位置不明，但可确定从外部浇铸，铜液通过牺首铸型流过工艺孔，充满腹内壁范的型腔，凝固后形成铆块，强化了牺首与腹壁的结合。这一工艺的渊源在盘龙城李家嘴墓出土的双耳簋，其耳即是以这种方式后铸，且流传有序。它被认为是南方铸工的独特发明，在很小的范围内流传到殷墟时期。[1]

图4.76.1　巫山李家滩尊腹内壁铆块及下凹

图4.76.2　巫山李家滩尊腹内壁铆块及下凹

图4.76.3　巫山李家滩尊腹内壁铆块及下凹

尊体铸型沿扉棱—鸟饰三分，由三块范与一块腹芯、一块圈足芯组成。尊颈部可见垫片使用痕迹，底部的多处孔洞，既有未浇足缺陷，也有垫片脱落所致，当然还有锈蚀所成（图4.77.1-3）。其中垫片的使用尤可注意，用量和分布尚不清楚，肩部和腹壁很可能还有垫片，中商时期较多使用垫片，可被认为是南方青铜器的一个特色。[2]

---

[1] 苏荣誉：《安阳殷墟青铜技术渊源的商代南方因素——以铸铆结构为案例的初步探讨兼及泉屋博古馆所藏凤柱斝的年代和属性》，日本泉屋博古馆、日本九州国立博物馆编：《泉屋透赏：泉屋博古馆青铜器透射扫描解析》，科学出版社，2015年，第352—386页。

[2] 苏荣誉：《关于长江中游出土的两件商代中期青铜尊——兼论垫片的可能起源和滥用》，亚洲铸造史年会，2012年8月31日—9月2日：安阳。苏荣誉：《新干大洋洲商代青铜器群铸造工艺研究》，《磨戛：苏荣誉自选集》，上海人民出版社，2012年，第110—114页。

图4.77.1　巫山李家滩尊外底与圈足

图4.77.2　巫山李家滩尊圈足内壁下凹

图4.77.3　巫山李家滩尊外底孔洞（圈足内壁下凹）

该尊的铸造工艺另一值得注意之处，是和高浮雕纹饰相应内壁下凹，器壁厚度一致，非常符合铸造工艺设计原则。腹饰高浮雕散列式兽面纹，两侧配高浮雕夔纹，腹内壁相应下凹（参见图4.77.3）。圈足兽面纹鼻一冠较突起，下高上矮，内侧相应部位有纵向凹槽，下深上浅，除此外都很光滑（图4.78.1-2，参见图4.77.1-3）。不难想见，铸工试图尽力使器壁厚度均匀，追求臻于极致。从纹饰做法的角度，这类纹饰可称之为模—芯作纹，要求范与芯严格地准确配合定位，其含义是范与芯须来自同一模，范从模翻出，芯也须以芯盒翻制，自然，芯盒也是从同一模翻出的。经初步研究，这类纹饰被认为始于阜南月儿河出土的龙虎尊和兽面纹尊，[1]也是南方青铜器的一个特色，[2]傅聚良进而指出，这样的纹饰结构是湖南商代青铜器的一个特点。[3]

---

[1] 苏荣誉、杨夏薇、李钟天：《龙虎尊再探》，《三星堆研究》第五辑，巴蜀书社，2019年，第193—224页。另见本集第二篇《青铜龙虎尊研究——兼论南方风格商代青铜器的渊源》。

[2] 张昌平：《北美地区所见中国商时期南方或南方特征青铜器》，《方国的青铜与文化：张昌平自选集》，上海人民出版社，2012年，第197页。苏荣誉、宫希成：《六安淠河青铜大口折肩尊的风格与工艺研究——兼及同类器物的时代与产地等问题》，何驽主编：《李下蹊华——庆祝李伯谦先生八十华诞论文集》，科学出版社，2016年，第359—421页。

[3] 傅聚良：《盘龙城、新干和宁乡——商代荆楚青铜文化的三个阶段》，《中原文物》2000年第1期，第44页。

图4.78.1　巫山李家滩尊圈足内壁下凹　　　　　图4.78.2　巫山李家滩尊圈足内壁下凹

圈足底沿两处较厚（参见图4.77.1），应是浇道所置之处；底沿较为平滑，说明铸后浇道被打断后经过磨砺。

该尊有几处铸造缺陷：牺首开裂应是其泥芯退让性较差，凝固时形成的胀裂。鸟饰的残损可能是磕碰或瘗埋击打所致。缺陷较为严重之处在于底部，垫片的脱落有可能是浇铸温度不是太高，也可能是相同的原因，青铜流动性不是太好，以致底部出现了浇不足缺陷。一块大的浇不足出现在底边与圈足结合处，经补缀。但几个小的孔洞并未见补铸（参见图4.77.3），说明此尊不是用于盛放液体的。

无论从风格还是从工艺看，此尊都具有典型的南方特点。[1]

三、他地出土的同类大口折肩尊

和三星堆、李家滩尊造型和工艺类似的尊，确知出土地点的有江汉地区的枣阳、江陵、岳阳以及淮河流域的六安，其中江陵八姑台成对出土。

---

[1] 苏荣誉：《关于长江中游出土的两件商代中期青铜尊——兼论垫片的可能起源和滥用》，亚洲铸造史年会，2012年8月31日—9月2日；安阳。

（一）枣阳新店尊[①]

1986年枣阳新店村民修水坝时发现尊于地表下一米深处，通高530毫米、口径485毫米、肩颈325毫米（图4.79）。[②]大敞口、尖沿、方唇；束颈饰三道凸弦纹。肩略宽，斜肩中饰一周浮雕纹带，由变形夔纹构成。夔纹长鼻，鼻尖向上回勾；未见夔首，眼不清楚但眼珠圆形微凸，前身上方有分离的若缨状的大角，角根也有与眼珠相若的圆凸，下方是分离的、勾形的足，夔身作S形上折并横伸尾端回勾，而翅横伸。身躯与翅宽度相若，均勾云纹，与作为地纹的卷云纹相若。这种纹饰结构，可以认为是三层花形式。

图4.79 枣阳新店尊

在肩部纹带上，相间均布三个圆雕牺首和三只片状伏卧鸟饰。变形夔纹头向牺首而尾对鸟饰（图4.80.1-2、图4.81.1）。鸟长颈昂首，小头大眼，满饰双排鳞纹。鸟眼圆睁，四棱形短喙残断，身宽与颈相若，以径向伏卧在纹带内，饰云纹，尾向上回勾并与颈壁相对，纵贯鸟饰的铸造披缝十分清晰（图4.81.1-2）。牺首若扣在肩沿，嘴伸出沿外，下颔有承托，角抵在或叠压少许颈根。牺首满布纹饰，云纹遍布宽吻和长嘴，两侧以螺旋线勾鼻翼，一对眼睛甚小，但眼珠圆凸。不凸起的鼻梁后设径向的勾云形板状扉棱为牺首冠饰，结构为前一横C形接一大立C形，后者有若上伸的舌头或者鸟喙，两侧勾随形纹，叠在额头的菱形纹上。扉棱两侧向后弧弯一对大角，角根卷螺旋线，其余饰双排鳞纹，角外侧勾云纹，两角之间布细密对生的羽刀纹（图4.82.1-3）。牺首与肩面明显有间隙且叠压着肩，说明牺首后铸。牺首不见圆雕，其装饰纹样也是三层花结构，与鸟饰及三层花型的纹带构成华丽的立体装饰。

[①] 感谢襄阳市文物考古研究所王志刚先生的帮助，拍摄并提供了该尊内壁照片。
[②] 徐正国：《湖北枣阳发现一件铜尊》，《文物》1990年第6期，第57页。

图4.80.1 新店尊肩部纹带　　　　　　　　　　图4.80.2 新店尊肩部夔纹

图4.81.1 新店尊肩纹带与鸟饰　　　　　　　　图4.81.2 新店尊鸟饰

图4.82.1 新店尊牺首　　　图4.82.2 新店尊牺首　　　图4.82.3 新店尊牺首

相对于肩部浮雕纹带配合圆雕牺首的装饰，腹部为满装形式。纹带上的三勾云形扉棱近于条形，上高下矮，两侧勾I形阴线和挖出C形，但均未透空，可见正中的披缝，上与肩部鸟饰的一致，下与圈足透孔相应。腹部纹饰母题是兽面纹，三组高浮雕的散列式无耳含体兽面纹两侧填变体夔纹，宽而扁的鼻与冠饰一体，两侧出鳍区分鼻与冠饰。冠两侧有立刀纹，再外侧的大C形角开口向下，角下的臣字形眼内睑大，外侧的半球形圆眼珠凸出；眼后拉长的S形身和尾。兽唇清晰，嘴角上咧，唇、鼻、角、兽身和冠饰均为高浮雕，且均饰卷云纹，而鼻两侧、眼眶、嘴角以及卷角内外这些腹表处，均以相同的卷云纹为地纹。兽面的鼻翼、嘴角、角和身的端头，以及立刀纹上均有圆凸。兽面的下方两侧，各布一抽象的竖立夔纹，无头无嘴和眉眼，只有分离的C形角，但依然为高浮雕形式，上饰卷云纹，

图4.83.1　新店尊腹扉棱

周边也以卷云纹衬地，角的端头也有圆凸，可见母题与填纹风格完全一致（图4.83.1-2）。腹部纹饰的三层花结构或者是早期形式，地纹与兽面、夔纹上的装饰纹样相同，未做区分。

图4.83.2　新店尊腹纹

值得注意的是，兽面的鼻侧和兽身的端头均有细腻的土红色残留（参见图4.83.2），究竟属于泥范残存抑或彩绘装饰处理，有待进一步研究。若属前者，说明器物铸造后并未精细清理，瘗埋前也不做清理。若为后者，则叠压了地纹，似乎也较厚。与腹部高浮雕纹饰相应，腹内壁有一致的下凹（图4.84.1-2），与兽面及其填饰的夔纹几乎完全对等，也和前述三星堆大多数尊及李家滩尊一致。

图4.84.1 新店尊腹内壁下凹　　　　　图4.84.2 新店尊腹内壁下凹

圈足纹饰和腹部纹饰一致，被同样的扉棱分三组，或者是圈足壁弧形外撇，故而扉棱上端较尾端更高，中心有清晰的铸造披缝，铸型三分。圈足甚高，与肩部鸟饰相应，其顶端均布三个近乎长方形透孔，一周凸弦纹穿过孔的中间，孔下方设置扉棱纹。扉棱长度大于纹饰带宽度，纹带上方的素面窄带较透孔带加厚。圈足纹带的母题也是兽面纹，但属于半散列式，仅仅耳分离开来。兽面虽为高浮雕形式，结构颇为特殊。无口，宽鼻头端部弧形，两侧有圆凸形鼻翼，整体类似蛇头。鼻梁与长方形冠饰相连，饰同样的双行卷云纹。兽面窄，宽度不及鼻梁，布一对大眼，内睑很大，半球形眼珠凸出。眼后延伸着S形兽身，横伸后上折及于纹带上栏后折向后，近于扉棱下折并回勾，兽身饰单排卷云纹。眼上竖一对n形大耳，耳轮甚宽但光素。与耳相对而载身下伸向下栏的器官不很明确，很有可能为兽足。兽面的外侧倒置变体夔纹，身形大但头不明确，身形如窄条，上饰卷云纹，然C形大角分离，C形小足细弱。夔纹与兽面风格一致。圈足纹带兽面的耳根部、鼻翼、足根部和夔纹的足根部均有圆凸（图4.85.1-2）。很明显，圈足兽面纹和腹部兽面纹不同，腹部的有角无耳，圈足的有耳无角，前者原型不明，后者或源自猫科猛兽。

图4.85.1　新店尊圈足纹 　　　　　　　　　图4.85.2　新店尊圈足纹

与圈足高浮雕纹饰相应的，是内壁随表面纹饰的凸起而相应的下凹，不但严格对应，而且凹槽中几乎都有泥芯残留（图4.86.1-2）。外凸内凹的结构，说明铸工欲严格控制壁厚均一，反映了工匠高超的铸型工艺技巧，需要范、芯来自同一模，而芯需要从芯盒翻制，芯盒与范来自同一模，所以这一类型纹饰可称之为模—芯合作纹，而其芯须是同模翻制的，为探讨青铜铸造工艺提出了新环节。

图4.86.1　新店尊圈足内壁下凹 　　　　　　图4.86.2　新店尊圈足内壁下凹

尊颈部有三个形状不规则、轮廓粗糙的孔洞（图4.87.1），它们可能是垫片脱落所致，从其中一个孔洞有折边可以推知孔洞确非浇不足缺陷，[①]与另一侧颈部所可见到的两个垫片（参见图4.81.1）性质相同，且未曾补缀。三孔不在同一高度，说明

---

① 苏荣誉：《见微知著——中国古代青铜器的垫片及相关问题》，吕章申主编：《国博讲堂（2013—2014）》，上海古籍出版社，2016年，第115—166页。

颈部或设置多重垫片，或者是同一重垫片中有些发生了飘移。[1]肩、腹和底部也应使用了垫片，需要X光成像予以揭示。而圈足底沿不平，兼有突出，但分布不明（图4.87.2），应是浇道遗痕。事实上，尊圈足底沿还有一些孔洞（参见图4.85.1-2、图4.86.1-2），究竟是怎样形成的，还有待调查，但无疑增加了器物的粗糙感。

上述风格和工艺特征均表明此尊具有典型的南方风格特征，与前揭和后继诸器具有共同的渊源关系，但其自身还有一些有趣的现象，如器表的土红色块和内壁下凹的泥芯残留，器身和圈足的垫片分布也有待调查，值得深究。

图4.87.1　新店尊颈部透孔　　　　　图4.87.2　新店尊圈足底沿浇道残迹

（二）江陵八姑台尊

1992年农民在江陵八姑台烧砖取土时发现两件大口折肩尊，它们口口相对埋在一椭圆形坑中，坑壁不明显，距地表两米。两件尊形制基本相同，大小有别，大者称尊A，小者称尊B。[2]王从礼认为两件尊具有商中期偏晚特征，具体年代相当于殷墟一期并较之为早，即相当于中商阶段的洹北期。他曾指出，江陵曾发现另一件尊，可称为尊C。[3]《中国出土青铜器全集》收录了这三件尊，指出它们均具有南方青铜器的特点，或者认为是殷墟文化时期长江流域的本地产品。[4]但长江流域极为广袤，不明所

---

[1] 苏荣誉、胡东波：《商周铸吉金中对垫片的使用和滥用》，《饶宗颐国学院院刊》创刊号，2014年，第131—132页。
[2] 王从礼：《记江陵岑河庙八姑台出土商代铜尊》，《文物》1993年第8期，第31、67—68页。
[3] 王从礼：《商代铜尊征集纪实》，荆州博物馆编：《荆州重要考古发现》，文物出版社，2009年，第53页。
[4] 刘彦主编：《中国出土青铜器全集·湖北上》，科学出版社，2018年，第87—89页。

指。所幸有川、渝、鄂、湘、皖诸地所出大口折肩尊对照研究，尽管过去这三件尊发表的资料十分有限，也罕见相关研究，但其学术意义重要，遂在此逐一讨论。

1. 八姑台尊A

此尊身形高大，通高635毫米、口径578毫米、腹径380毫米、圈足底径305毫米，重31.3公斤（图4.88.1-2）。①

图4.88.1　江陵八姑台尊A　　　　　　　　图4.88.2　八姑台尊A线图

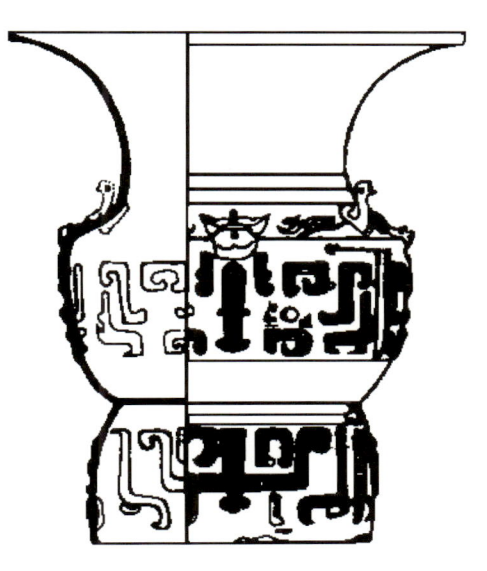

尊口大而敞，尖沿，沿口不够平齐，厚方唇。口沿下呈外弧收束形成较长的颈部，除颈根是三周凸弦纹外别无装饰。相对于大口，肩并不宽，但近平。肩中饰一周由六幅抽象夔纹组成的浮雕纹带，夔纹图像接近枣阳新店尊。与新店尊相同，两夔尾间径向设一片状鸟饰，两夔首之间设一圆雕牺首，鸟饰和牺首的造型、纹饰与新店尊基本相同，尤其是牺首额上的透孔扉棱以及竖起若鸟头的装饰（参见图4.80.1、图4.82.3），说明两件尊肩部装饰相同。并且，鸟饰与尊混铸，牺首也同样后铸在肩

---

① 王从礼：《记江陵岑河庙八姑台出土商代铜尊》，《文物》1993年第8期，第67—68、31页。刘彦主编：《中国出土青铜器全集·湖北上》，科学出版社，2018年，第87页。后者所记尺寸有所出入，通高672毫米，口径570毫米×580毫米，底径305毫米×310毫米，腹深480毫米。

部，相信牺首也是采用铸铆式后铸成形，尊腹内壁应有相应的"铆块"。王从礼以为牺首先铸缺乏根据。[1]

同样，腹部纹饰也与枣阳新店尊的一样，同是三层花型的散列式无耳含体兽面纹，两下角填饰抽象夔纹，而且纹线的类型都相同。微小的构图出入使该尊鼻头过于下垂，以致兽面口之上唇失却，两侧嘴角没有联络，较大的出入在于扉棱，枣阳新店尊腹部扉棱为长条形，较厚，不透空，而此尊的扉棱为勾牙型，有些是透空的，且似乎较薄。此外，这件尊兽面上未曾发现如新店尊那样的范或涂色的残留。

圈足的结构与枣阳新店尊也相同，尤其是纹带上边窄条加厚毕肖，而浮雕兽面纹及其两侧的倒置夔纹，两尊则如出一辙，即使是扉棱也一致。微小的差别是此尊圈足顶部一周的透孔，曾有介绍说是方形透孔（参见图4.88.2），但据照片一个是规则的十字形透孔，另一个为倒凸形透孔（参见图4.88.1）；新店尊是不规则的长方形孔。王从礼认为这些孔为圈足范定位销，不确。[2]此外，此尊底沿也颇为平齐，较新店尊精致。是否因修复改变，也值得调查。

此尊内壁信息未见披露，从荆州博物馆展览所摄照片，知与新店尊一样，腹内有和浮雕纹饰相应的下凹（图4.89），推测圈足内壁亦应如此。纵贯扉棱并贯通鸟饰的披缝均很清楚，说明尊三分范和腹芯、圈足芯组成铸型，三牺首分别后铸在肩头预留的工艺孔上。铸造工艺和新店尊及三

图4.89 八姑台尊A腹内壁下凹

星堆、李家滩尊一致。王从礼指出器"腹内还存有泥芯"，推测是指与浮雕兽面纹相应的下凹中的泥芯依然存在，有待复检，[3]很大可能如同三星堆尊K2②：129内壁下

---

[1] 王从礼：《记江陵岑河庙八姑台出土商代铜尊》，《文物》1993年第8期，第67—68、31页。
[2] 王从礼：《记江陵岑河庙八姑台出土商代铜尊》，《文物》1993年第8期，第67—68、31页。苏荣誉：《二十世纪对先秦青铜礼器铸造技术的研究》，日本泉屋博古馆、日本九州国立博物馆编：《泉屋透赏：泉屋博古馆青铜器透射扫描解析》，科学出版社，2015年，第430—433页。
[3] 苏荣誉等：《湖南省博物馆藏两件大口折肩青铜圆尊的研究——兼及同类尊的渊源、风格、工艺、产地和时代问题》，湖南商西周青铜器国际学术研讨会论文，2015年8月27日—28日：长沙。

凹中存有泥芯，也可能如三星堆尊K2②：79腹内存一层。腹芯的存在说明该尊自然不是盛酒容器，王从礼以为器物铸后没有使用即埋藏，为某种活动而专门制作，可能属祭祀湖泊。[①]按照俞伟超对二里岗长江流域青铜文化的分析，江陵八姑台应属于洞庭湖周围青铜文化区。[②]上文将尊A与枣阳新店尊对照，不难看出两尊是同时由同一铸工铸造的。

2. 八姑台尊B

这件尊相对较小，通高545毫米、口径462毫米、腹径345毫米、圈足底径275毫米，重16.5公斤（图4.90.1-2）。[③]其造型与三星堆尊K2②：127一致，口与颈、腹和圈足三段高度均衡。敞口，尖沿，方唇，束颈，颈根饰三周彼此平行度和宽窄不一的凸弦纹。宽斜肩面是浮雕纹带，因锈蚀遮掩，推测纹带同于八姑台尊A，为抽象夔纹组成。纹带上均布的三伏卧鸟饰，则不似尊A那样引颈昂首，更近乎雏鸟。而与之相间布局的三只牺首，造型也普通平实，没有花哨的装饰。

图4.90.1　江陵八姑台尊B　　　　图4.90.2　八姑台尊B线图

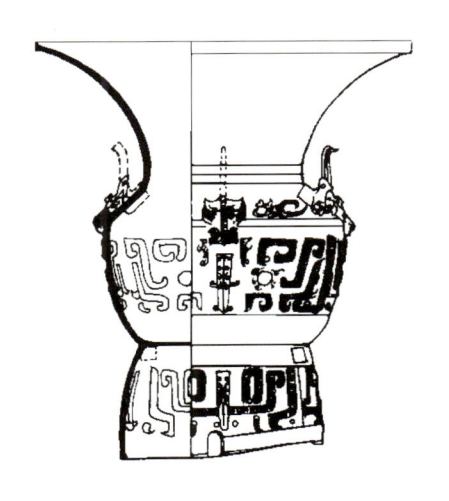

① 王从礼：《记江陵岑河庙八姑台出土商代铜尊》，《文物》1993年第8期，第67—68页。
② 俞伟超：《长江流域青铜文化发展背景的新思考》，高崇文、安田宪司编：《长江流域青铜文化研究》，科学出版社，2002年，第6页。
③ 王从礼：《记江陵岑河庙八姑台出土商代铜尊》，《文物》1993年第8期，第67—68、31页。所记通高为462毫米，于比例不合。刘彦主编：《中国出土青铜器全集·湖北上》，科学出版社，2018年，第87页。后者所记尺寸有所出入，通高545毫米，据以改正。

但尊腹纹饰则与枣阳新店尊和尊A一样，是高浮雕三层花型散列式无耳含兽身兽面纹，两侧下角填高浮雕抽象夔纹，其兽面纹构图更与尊A相同，而扉棱更与新店尊相近。圈足结构则略有出入，顶部一周均布三个大体呈十字形的透孔，孔下设较矮的条形扉棱，两侧是否勾纹不明，圈足纹饰带宽度与扉棱长度相等，即纹带上面不再有加厚的窄带。圈足纹饰虽为浮雕三层花类型，但远不如腹部纹饰突起，其构图则颇为接近尊A，圈足底沿不齐，可以推测浇道残迹突出。

鉴于此尊的造型具有典型的南方风格特点，其牺首也应当后铸，且属于铸铆式后铸。从陈列所拍照片，虽未见腹内壁应有的"铆块"，但可见腹内壁也应随器表高浮雕纹饰而相应下凹，甚至其中部分还保存有泥芯（图4.91.1），至于圈足内壁是否也相应下凹，有待调查。此外，尊大口面有一层灰白物质，较厚且均匀（图4.91.2），与寻常的修饰层不同，可能经过了涂绘装饰，有待深入研究揭示之。

图4.91.1　八姑台尊B腹内壁下凹　　　　图4.91.2　八姑台尊B口面涂层

3. 八姑台尊C

《中国出土青铜器全集》记这件尊与前述二尊均为1992年出自相同地点，通高530毫米、口径400毫米，均需核实。[①]

此尊形与八姑台尊A更接近，而尺寸与尊B相若（图4.92）。造型同样为敞口、尖沿、厚方唇、束颈，但颈根部的三道凸弦纹较为细巧，口亦不平。肩面似乎更向下斜，所以肩沿不够折，其中的纹带也饰浮雕抽象牺首，与尊A和B相同，但鸟饰更近乎尊B，而牺首则同于尊A，额顶有扉棱形冠饰且后端高高竖起，但其中两个牺首的

---

① 刘彦主编：《中国出土青铜器全集·湖北上》，科学出版社，2018年，第89页。

冠饰已经残失。鸟饰的披缝切入肩和颈,与尊混铸成形,而牺首分别后铸在肩部。

腹部扉棱、纹饰与八姑台尊B一样,腹内壁也应与腹壁高浮雕纹饰相应下凹。圈足纹饰虽然浮雕甚矮,甚至局部模糊,纹饰和扉棱与尊B也一致。二者的差别是圈足顶部的三个透孔均呈长方形,横置,也未有凸弦纹穿过其中。另外,这件尊圈足底沿平齐,未见浇道痕迹。其他信息有待调查,但应具备南方风格大口折肩尊的主要特征,而实现和表达这些风格及特征的铸造工艺,也应与其他尊一致。

图4.92 江陵八姑台尊C

(三)岳阳费家河尊

1971年于岳阳费家河一农家屋场距地面深约一米处发现1尊(图4.93.1-2),通高565毫米、口径520毫米,重19.5公斤,现藏湖南省博物馆。熊传新认为此器应属窖藏,据造型和纹饰推断年代为商晚期;另说圈足上有四个对称的方形透孔,[①]可能是三个孔之误。

图4.93.1 岳阳费家河尊   图4.93.2 岳阳费家河尊

① 熊传新:《湖南新发现的青铜器》,《文物资料丛刊》第五辑,文物出版社,1981年,第103页。

图4.94.1　费家河尊颈部凸弦纹

图4.94.2　费家河尊颈部纹带

该尊大敞口，尖沿，方唇，口唇上有许多气孔。长颈上饰三道凸弦纹，其粗细、高低和平行度互有出入，但大体均匀（图4.94.1）。斜肩面中间为宽纹带，由六组浅浮雕双线夔纹构成，以略宽阴线和卷云纹衬地，属两层花形式。夔纹长嘴前伸上勾，嘴根有圆凸，其后有眼及圆凸的眼珠，额上有角，似有冠，头后有翎，身上折后伸再下勾（图4.94.2）。夔纹两两成组，两尾间设径向的片状伏卧鸟饰，形若雏鸟，其一高59毫米、身宽18.6毫米；尖喙较短，截面为四棱形；鸟双眼外鼓圆凸，粗颈上以阴线勾出水波鳞纹，双翅紧贴细小身躯，有长尾上卷回勾，尾厚7.8毫米，两侧以阴线勾勒（图4.95.1-2）。与鸟饰相间，两夔首间设置三圆雕牺首，并叠压在肩部纹带之上，嘴伸出肩沿。牺首宽吻，以螺旋线勾出鼻翼，并从鼻尖中间起扉棱型鼻梁，在额中所勾菱形线上耸起鸟头形高冠饰，鸟喙向外，鸟两侧有细阴线勾勒。说明鼻梁与冠饰是同一设计的装饰，也是片状伏卧鸟，只是鸟首回顾向外而已。完整的一只牺首顶端一侧有大气孔，状若鸟眼，增加了鸟的具象性。一对大角自额向后弧弯，角根粗壮角尖细，角面饰云纹，两角间平面饰细线无目兽面纹，角尖及于颈壁。牺首的一对眼不大但眼珠圆凸，而整个牺首的两侧也饰勾云纹（图4.96.1-3）。

图4.95.1　费家河尊肩部鸟饰

图4.95.2　费家河尊肩部鸟饰

图4.96.1 费家河尊牺首 　　　　图4.96.2 费家河尊牺首 　　　　图4.96.3 费家河尊牺首

尊腹纹饰母题为兽面纹，纹带较宽，被与肩部鸟饰相应的三勾云形扉棱分为三组。扉棱都是上端宽、厚而下端窄、薄，两侧勾相间的I形、L形线，深浅交替，多未透空，纵贯的披缝较宽且间有错范，使之近乎长条形扉棱。其一扉棱长124毫米、厚约8毫米。腹部兽面纹为无耳含体散列式，较宽的冠饰与鼻合为一体，中段两侧出鳍以示区隔。冠和鼻均饰卷云纹，鼻头两侧有回卷线形成的圆凸。冠饰两侧有高浮雕立刀形饰，再外是开口向下的大C形角，角根有圆凸。眼在角下，臣字形，内睑大而圆眼珠不甚凸出。角和眼外是S形兽身和尾，端头也有圆凸。鼻头下无上唇，两侧有深咧的C形嘴角，回折处也有圆凸。兽面两侧下方有变体夔纹，无凸出眼珠。上述各器官均饰卷云纹，整个兽面以相似的卷云纹衬地（图4.97.1-2）。兽面纹构图与江陵八姑台三件尊一致，而与枣阳新店尊微有出入。同样，与腹面高浮雕纹饰相应，腹内壁下凹（图4.98.1），且在其顶端，可见到与牺首位置对应的"铆块"（图4.98.2-3），是牺首以铸铆式后铸成形的证明。

图4.97.1 费家河尊腹部纹饰与扉棱 　　　　图4.97.2 费家河尊腹部纹饰与扉棱

图4.98.1　费家河尊腹内壁下凹

图4.98.2　费家河尊腹内壁下凹及铆块

图4.98.3　费家河尊腹内壁下凹及铆块

　　尊下腹弧收出微圜底，以高圈足承器。圈足顶一周均布3个横置的四边形大透孔，与鸟和扉棱位置相应；大小不一，尺寸分别为37.8毫米×29.5毫米、45.8毫米×30毫米、42.8毫米×29毫米。孔下垂有同样的勾云形扉棱，长与圈足纹饰带相垺，但下端低矮。其一长117毫米、厚8.9毫米，同样未透。两扉棱间纹饰由半散列式连体兽面纹与两侧的变体夔纹组成，位于腹部兽面纹正下方。兽面纹构图与八姑台三件尊的相同，高冠、宽鼻低矮，鼻头尖，两侧有圆凸；无角，冠两侧有树叶形立耳，耳根有圆凸；兽面条状横置，眼睛在其上，眼珠小而圆凸，其后的兽身曲折，尾端下垂回勾，饰云纹。鼻头两侧同样下伸构图不明或者属足之物，其根部有圆凸。整个兽面以云雷纹衬地（图4.99.1-2）。清楚的是，圈足内壁有与发达兽面纹相应的下凹（图4.100.1）。圈足底沿不平齐，凸出的部分是浇道残迹（图4.100.2），因为较厚，没法打磨。在圈足底沿可见三个明显的浇道残迹，长度分别119毫米、112毫米、111毫米，宽6.1毫米、5.9毫米、6毫米，高13毫米、11毫米、11毫米不等。由此造成圈足底沿不平齐，是南方风格圈足器，包括大口折肩尊、罍、瓿器类等的普遍特点，在中原诸器中较为少见，说明南方铸工欠缺浇铸系统的设计能力和技巧，使浇道易于被从根部打掉。

图4.99.1　费家河尊圈足纹饰及扉棱 　　　　　图4.99.2　费家河尊圈足纹饰及扉棱

图4.100.1　费家河尊圈足内壁下凹 　　　　　图4.100.2　费家河尊圈足内壁下凹及浇首残迹

  此尊由泥范块范法铸造成形。肩部的圆雕牺首有明显的分铸痕迹，一兽角下有大飞边，是牺首铸型组合时未能与肩面密合所致，飞边叠压在肩面；其他部位也可见牺首叠压在肩部、肩沿和腹部（参见图4.96.2），说明牺首后铸。在器内壁，与牺首相应部位的肩沿之下，均可见长方形（横置）突块，犹若一贴片（参见图4.98.1-3），四周或有青铜漫溢，其下是与腹部凸起冠饰相应的内壁下凹，表明在铸造器腹时，于牺首位置的肩沿下设计了工艺孔，贴片若"铆块"以强化牺首与腹壁的结合。廉海萍和谭德睿早已注意到牺首的分铸，[①]但未明言铸接方式。牺首冠饰中间有清楚的纵向披缝，延伸向兽角之间，并通过了鼻中心及于下颏，说明牺首是沿冠饰对开分型。一牺首鼻翼破裂，露出其中的泥芯，表明牺首壁厚仅1毫米余（参见图4.96.1）。结合腹内壁的长方形片状突块，知兽首的铸型由两对开范、尊腹内一范（长方形凸块的型腔）与兽首泥芯组成。后铸牺首时，在肩沿组合其铸型，浇铸的青铜通过工艺孔注入

[①] 廉海萍、谭德睿：《湖南出土商周青铜器制作技术初探》，《湖南省博物馆馆刊》第五辑，岳麓书社，2009年，第141页。

长方形凸块型腔。因此，尊肩牺首的铸接形式当属铸铆接。①

尊体铸造披缝明显，沿肩部鸟饰—腹部扉棱—圈足扉棱垂直分型，鸟饰前胸、头和尾有清晰的铸造披缝，以致鸟饰的卷尾未能透空。披缝向颈部延伸及于口沿，在凸弦纹上留下痕迹。肩部扉棱中线有较宽的铸造披缝，其上行可与鸟饰披缝重合，其下延通过圈足透孔中间，与圈足扉棱披缝重合。披缝最宽达2毫米，以致C形勾云形未能透空。口沿下至颈部、圈足纹带下栏以下至透孔均不见披缝痕迹，当经打磨处理之故。扉棱并非严格垂直但披缝连贯，既可能意味着尊未采用水平分型，也说明范在翻制、干燥和组合中有较大变形。其铸型由三块范与一块腹芯、一块圈足芯组成。

需要强调的是尊腹部和圈足的高浮雕兽面纹及夔纹，在腹和圈足内壁有相应的下凹，为镜像无地纹散列式兽面纹，宽度和下凹深度与腹表相应。傅举良早已指出这一特点。②说明尊在艺术设计上追求装饰立体化，而实现其的工艺则是强调壁厚一致。廉海萍和谭德睿在讨论湖南商周青铜器时，特别注意到这一现象，并称之为"随形器"。

在费家河尊颈部的内外侧，均可见若干垫片，大小不一，形状不规则（图4.101.1-2），厚度应与器壁一致。腹部一兽面纹的眼角曾发现一垫片，打破了眼角外的地纹（参见图4.97.1），应当不是铸工的原始设计，而是铸造过程中垫片的"漂移"。③尊腹垫片往往设置在顶部的素带和下腹的素面上，可能由于锈蚀的掩盖而没能发现很多，需要X光成像或CT扫描确定。廉海萍和谭德睿指出垫片"颈部两周"、肩部和底部也有。④不能忽视的是，腹部的三个工艺孔，可设置芯头（撑）以支撑腹芯。

熊健华指出这件尊"圈足之下还有三个很短的支钉般的小足"⑤，张昌平认为它们"大约可以起到支撑圈足的作用"，并进一步引申"圈足下再加足，过去大多见于

---

① 华觉明、冯富根、王振江、白荣金：《妇好墓青铜器群铸造技术的研究》，《考古学集刊》第1集，中国社会科学出版社，1981年，第262—263页。苏荣誉：《安阳殷墟青铜技术渊源的商代南方因素——以铸铆结构为案例的初步探讨兼及泉屋博古馆所藏凤柱斝的年代和属性》，日本泉屋博古馆、日本九州国立博物馆编：《泉屋透赏：泉屋博古馆青铜器透射扫描解析》，科学出版社，2015年，第352—386页。
② 傅举良：《谈湖南出土的商代青铜器》，《考古与文物》2001年第1期，第45页。
③ 苏荣誉、胡东波：《商周铸吉金中对垫片的使用和滥用》，《饶宗颐国学院院刊》创刊号，2014年，第131—132页。
④ 廉海萍、谭德睿：《湖南出土商周青铜器制作技术初探》，《湖南省博物馆馆刊》第五辑，岳麓书社，2008年，第141页。
⑤ 熊健华：《湖南商周青铜器研究》，岳麓书社，2013年，第91页。

图4.101.1　费家河尊颈部垫片　　　　　　　　图4.101.2　费家河尊颈部垫片

周代的簋、盨等器"[1]。事实上如前所述，这些都是浇道残迹。[2]

　　费家河尊的铸造质量可称上乘，但由于口沿包浆蹭掉（参见图4.96.2），暴露出了气孔和皮下气孔，个别尺寸较大，鸟饰上也存在气孔，尊体可能还有补铸浇不足孔和气孔的现象。颈部凸弦纹上的一个孔洞，一边是明显圆弧，说明形成的原因是浇不足，而另一边是补块，说明曾经补铸，但没有能完全封堵孔洞（图4.102.1）。由此说明这件尊也不能盛装液体。事实上，浇不足类缺陷在这件尊上较多，在牺首的高冠饰上表现尤其突出。一只牺首的鸟颈和鸟首是重新铸作的（参见图4.96.3），说明原铸没有成形；另两只的冠饰似乎只成形了一半，其中一个的初次浇铸只使冠饰的左侧部分成形，另一个则是冠饰前半部分未浇足，补铸使其完全，但整体性较差（图4.102.2-3）。此外，在口沿可见较为密集的气孔（图4.102.4），也是明显的缺陷。

　　关于此尊，王恩田也将之归为湖南青铜器的甲群，年代在殷墟三、四期。[3]华容东山尊和岳阳费家河尊，难波纯子认为除角的形状外二者纹饰很相似，将之归入她划分的"华中型"Ⅳ式，和向桃初均认为其年代在殷墟Ⅲ、Ⅳ期。[4]这也是大体而言。由于牺首的不同——费家河尊牺首置于肩面、牺首面向上方、嘴伸出了肩沿、下颌压在腹部纹带上栏，而华容东山尊管状牺首挂在肩沿之外、牺首面对侧向、占据了腹部

---

[1] 张昌平：《论殷墟时期南方的尊和罍》，《考古学集刊》第15集，文物出版社，2004年，第123页。
[2] 苏荣誉等：《湖南省博物馆藏两件大口折肩青铜圆尊的研究——兼及同类尊的渊源、风格、工艺、产地和时代问题》，湖南商西周青铜器国际学术研讨会论文，2015年8月27日—28日：长沙。
[3] 王恩田：《湖南出土商周铜器与殷人南迁》，《中国考古学会第七次年会论文集1989》，文物出版社，1992年，引自熊健华编：《湖南出土殷商西周青铜器》，岳麓书社，2007年，第278、282页。
[4] ［日］难波纯子：《华中型青铜彝器的发达》，向桃初译，《南方文物》2000年第3期，第30、44页。向桃初：《湘江流域商周青铜文化研究》，线装书局，2008年，第271页。

空间、腹部纹带须为之安排交代空间。这样，兽面纹的冠饰变小，角在牺首两侧。①应该说，这件尊可以作为肩部饰鸟的大口折肩尊的代表，除肩部兽首造型不同外，其余的纹饰布局、结构以至器物的铸造工艺甚至工艺细节都完全相同，年代问题将在下文讨论。

图4.102.1　费家河尊颈部垫片及浇不足孔

图4.102.2　费家河尊牺首冠饰补铸

图4.102.3　费家河尊牺首冠饰补铸

图4.102.4　费家河尊口沿气孔

（四）六安泗河尊

1999年，安徽六安城西郊泗河边施工中发现一件大口折肩青铜尊（图4.103.1-2），通高700毫米、口径605毫米、腹径398毫米、圈足底径360毫米、残重24公斤。同出有若干陶片和碎木炭，清理简报认为该尊出自一所墓葬，具有商代晚期风格。②究竟是否出自墓葬尚有疑问，前述各尊皆非，而此尊与它们具有很多共同性、同时性

---

① 苏荣誉、李建毛：《华容大口折肩青铜尊研究——兼及挂饰管形牺首饰诸器》（上），《美术研究》2016年第6期，第42—52页；《华容大口折肩青铜尊研究——兼及挂饰管形牺首饰诸器》（下），《美术研究》2017年第1期，第45—50页。
② 安徽省皖西博物馆：《安徽六安出土一件大型商代铜尊》，《文物》2000年第12期，第65—68页，记腹径420毫米。皖西博物馆：《皖西博物馆文物撷珍》，文物出版社，2013年，第12—13页。

图4.103.1 六安淠河尊 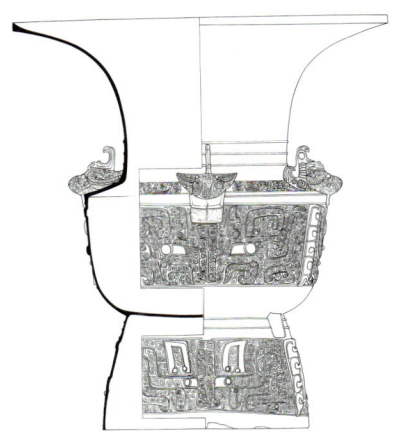　　　　　图4.103.2 淠河尊线图 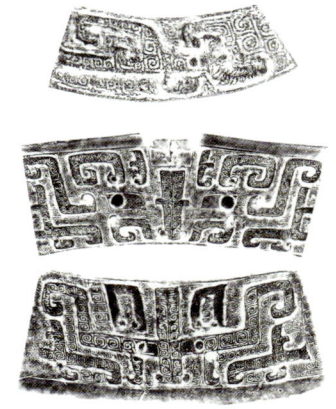　　　　　图4.103.3 淠河尊纹饰拓片

和同源性。[①]

尊大口，尖沿，方唇，宽肩，鼓腹，高圈足，除颈部外，基本满装纹饰（图4.103.3）。长颈上饰三道凸弦纹，弦纹粗细欠匀。斜肩面中间饰宽纹带，由六组浮雕长鼻夔纹构成，鼻根、角两端和足根俱有圆凸，与眼珠圆凸大小相若，卷云纹衬地，两两成组。纹带地纹若在肩面减地形成，夔纹浮凸其上（图4.104.1），形与枣阳新店尊和江陵八姑台三件尊一致，但圆凸多且突出。三片状鸟伏卧在纹带内两夔尾之间，引颈昂首，尖喙平伸，截面近于四棱形。圆首，眼珠凸出。颈部饰阴线勾出的水波鳞纹；鸟尾扬起回卷，鸟身饰勾连云纹，有纵贯鸟饰的披缝（图4.104.2-3）。三圆雕牺首与鸟饰相间分布，位于夔纹两首之间，扣在肩面、跨在肩沿，嘴伸出肩沿之外。一对大角近乎V形后耸，并越过了肩部纹带内栏抵颈根部，两兽角之间满饰分向两角的羽刀纹，而角的造型若虺，角根勾云纹，梢勾随形纹，中段纹双排鳞纹。牺首嘴头近圆弧形，较宽，两侧螺旋线为鼻翼，长嘴满饰云纹，一对臣字眼中眼珠向上圆凸。额中装饰勾云扉棱型片状鸟饰，长颈高昂，鸟首回顾，两侧饰云纹，而牺首侧面也饰云纹（图4.105.1-3）。

---

① 苏荣誉、宫希成：《六安淠河青铜大口折肩尊的风格与工艺研究——兼及同类器物的时代与产地等问题》，何驽主编：《李下蹊华——庆祝李伯谦先生八十华诞论文集》，科学出版社，2017年，第359—421页。

图4.104.1 溉河尊肩纹带夔纹

图4.104.2 溉河尊肩部鸟饰

图4.104.3 溉河尊肩部鸟饰

图4.105.1 溉河尊牺首

图4.105.2 溉河尊牺首

图4.105.3 溉河尊牺首

尊尖沿锐折，腹壁近直，向下内斜。腹顶以窄素面带，正中伸出方形榫头承托牺首。其下布宽纹带，三道与肩部鸟饰位置相应的扉棱分纹带为三组。扉棱为勾牙式，或透空或不透，此外两侧还勾阴线。扉棱长度与纹带等宽，上端略高而下端略低。纹带母题是兽面纹，一大幅高浮雕散列式无耳含体兽面纹布局正中，两侧填高浮雕倒置变体夔纹，属三层花形式，布局、结构与江陵八姑台三件尊及岳阳费家河尊十分相近或相同。微小的差异是此尊兽面鼻头呈三角形。三组纹饰结构相同，大小一致，衬地的云纹和器表平齐，高浮雕部分凸出于器表（图4.106.1-2）。

图4.106.1　湃河尊腹部纹饰与扉棱 　　　　　　　　　图4.106.2　湃河尊腹部纹饰与扉棱

高圈足顶一周均布三个不规则方形透孔，为两道凸弦纹穿过，位置与腹部扉棱一致，孔下设圈足扉棱。圈足扉棱形式与腹部一致，也是勾牙型，或透空或不透，是圈足纹带组界。圈足纹饰的母题也是兽面纹，大浮雕半散列式连体兽面纹两侧填饰变体夔纹，树叶形竖耳与兽面分离，小眼，无角；兽面位于腹部兽面纹之下，和牺首构成上下重叠效应，纹饰的构图、形式与八姑台三件尊及费家河尊相同。高浮雕部分也是凸起于圈足表面，上饰勾云纹，云雷纹衬地，圈足底沿不平齐（图4.107.1-2）。

这件尊保留着很多工艺信息。在鸟饰的前胸、通过喙及于鸟尾，都有纵向铸造披缝，且延及颈部凸弦纹，并和腹部扉棱、肩部扉棱的披缝相一致，在圈足透孔上留下尖突，由于披缝略宽，导致鸟饰卷尾未透空。虽然在肩沿、下腹上不见痕迹，但在颈部的凸弦纹上可见修整痕。由此推断尊的铸型采用沿扉棱和鸟的三分范，至于是否从肩沿将铸型分上下两段，还未找到妥善的取证手段。

图4.107.1　湃河尊圈足纹饰与扉棱 　　　　　　　　　图4.107.2　湃河尊圈足纹饰与扉棱

器内壁的铸造工艺信息更为重要。首先是内壁的下凹（图4.108.1-4），与腹部高浮雕纹饰的凸起相应且一致，是强调器壁厚度均一的体现，是特殊的模—芯合作纹形式，与前述绝大多数尊相同。同样，虽然圈足浮雕纹饰凸起不及腹部，但内壁也有相应的下凹，当然，凹下的深度或略低于腹部（图4.109）。

图4.108.1　溹河尊腹内壁下凹

图4.108.2　溹河尊腹内壁下凹

图4.108.3　溹河尊腹内壁下凹及"铆块"

图4.108.4　溹河尊腹内壁下凹及"铆块"

图4.109　溹河尊圈足内壁下凹

牺首与肩的结合处，不难发现二者的分离以及牺首叠压肩部的情形，说明牺首分别后铸于肩面（参见图4.105.1-3）。但原始设计是整体的，所以才在腹部纹带的布局中，冠饰较圈足低矮，且肩部纹带在兽头处预留了空间。在腹内壁顶层，与牺首相应位置，均有方形的"铆块"（参见图4.108.3-4），是强化后铸牺首与肩联系的结构。先铸的尊体在肩沿下的相应部位设计铸出了工艺孔，腹内壁的"铆块"为方形，工艺孔是否为方形并与牺首下颌的方形座相一致，需要CT扫描确定。牺首冠上有清晰的铸造披缝，并与牺首下颌的披缝在同一垂线上，但此披缝都没有向上下延伸。其中一个牺首在一角与冠饰之间有一未浇足缺陷，暴露出其中的泥芯，说明兽首的铸型由两对开范、一腹内范和一块泥芯在工艺孔内外侧组合。至于牺首内的盲芯如何固定，芯撑如何设置，希望能对这件尊进行CT扫描成像分析以确定。

鉴于此尊器形较为硕大，其范和芯包括了芯头、浇铸系统以及与之定位的结构，尺寸更大。① 铸型组合需要垫片予以支持。因锈蚀缘故，底部垫片分布不明，但在肩沿下素面带上可见到垫片，而颈部的凸弦纹之上可见一周垫片，每周可能六枚，形状不规则，其中一枚垫片可能因在其周边产生了较大气孔或者发生了脱落，后经补铸（图4.110.1-3）。下腹可能还有一周垫片被锈所遮蔽，而底部也应使用了垫片，亦为锈所遮掩，未能观察到。

图4.110.1 溮河尊肩沿下垫片 　　图4.110.2 溮河尊颈部垫片 　　图4.110.3 溮河尊颈部垫片

圈足底沿的高低不齐（参见图4.107.1、图4.109），应意味着此尊的浇道设置在圈足底沿。由于浇道口过宽，其残茬未能打磨与底沿平齐。此外，在口边和唇沿上还可看到一些气孔或者皮下气孔等（图4.111.1-2）。②

---

① 华觉明、冯富根、王振江、白荣金：《妇好墓青铜器群铸造技术的研究》，《考古学集刊》第1集，中国社会科学出版社，1981年，第247页。
② 苏荣誉、宫希成：《六安溮河青铜大口折肩尊的风格与工艺研究——兼及同类器物的时代与产地等问题》，何驽主编：《李下蹊华——庆祝李伯谦先生八十华诞论文集》，科学出版社，2016年，第359—421页。

图4.111.1 淠河尊口沿气孔 　　　　　　　　　　　图4.111.2 淠河尊唇沿气孔

    对于这件青铜尊，李勇进行了专门研究，指出此尊绝非本地铸造，属二次葬品。圆雕牺首的冠饰为简化夔龙，首有竖起的双角，与四川广汉三星堆器物坑出土的四牛首尊都脱胎于湖北枣阳尊。还根据此类尊的地理分布，设想它们随商文化一同南下至长江遇阻后，以江汉平原为中心向周边辐射。[①]安徽皖西博物馆认为淠河尊"极有可能是殷王赏赐给其重要封国——六的重器，六国灭亡时，散落于民间"[②]。通过风格和工艺分析，两方面均具有典型的南方青铜器特色而与殷墟青铜器有别，这件尊是殷墟中期之前南方铸铜作坊的产品，[③]和广汉三星堆、巫山李家滩、枣阳新店、江陵八姑台及岳阳费家河尊具有高度的同质性和紧密的同源性。

四、传世的南方风格大口折肩尊

    传世的青铜器中，也有若干件南方风格的大口折肩尊，或者属与之关联紧密者，见诸著录的有四件，分别藏于北京颐和园、上海博物馆、东京国立博物馆和华盛顿赛克勒艺术馆，分述如下。

[①] 李勇：《对安徽六安市出土商代青铜尊的认识》，《华夏考古》2008年第3期，第101—102、127页。
[②] 皖西博物馆：《皖西博物馆文物撷英》，文物出版社，2013年，第3—4页。
[③] 苏荣誉、宫希成：《六安淠河青铜大口折肩尊的风格与工艺研究——兼及同类器物的时代与产地等问题》，何驽主编：《李下蹊华——庆祝李伯谦先生八十华诞论文集》，科学出版社，2016年，第359—421页。华觉明、冯富根、王振江、白荣金：《妇好墓青铜器群铸造技术的研究》，《考古学集刊》第1集，中国社会科学出版社，1981年，第247页。

（一）北京颐和园尊

北京颐和园收藏有一件大口折肩尊，可能来自清宫旧藏（图4.112）。此尊罕见著录，仅有的著录发表了照片，其尺寸等悉未公布。[①]

其形体修长，大口，尖沿，方唇，束颈，颈根饰三弦纹，其粗细高矮大体匀称，但平行度不高。肩面较斜，中间纹带可能由六幅夔纹组成，两两成组，细线平铺式勾勒，只有眼珠圆凸，有同样线型的地纹，内外以圆圈纹带镶边。两夔首之间各设一勾云形扉棱，其宽度与纹带一致，两侧勾云纹，未透空。勾云形扉棱是否与两侧夔纹构成兽面纹，待考。与三扉棱相间，两夔尾之间设牺首，扣在肩面而嘴伸出肩沿，下颌有自肩沿下伸出的榫头状承托。牺首似嵌入肩面，属于半圆雕，凸起不高。阔鼻，鼻头有螺旋线突出的鼻翼，中间起矮鼻梁，两侧勾云纹。牺首的长面上勾云纹，一对大眼眼珠微凸，无耳。额中设勾云形扉棱冠饰，凸出而较为醒目，两侧勾随形线，其中两牺首的冠饰残断。一对大弯角向两侧横张后耸向颈部，与前述近乎V形有别，但其形依然若虺，面上勾纹。

图4.112　颐和园藏尊

尖沿锐折，沿上下均有一窄素带，再下饰宽纹带。腹部也有三长垂的勾云形扉棱，与肩部扉棱相应，将腹部纹带三等分。扉棱为勾云形，上高下矮，两侧勾纹，但几乎未透空。腹纹带母题是兽面纹，一大幅浮雕型半散列式无耳含体兽面纹，有宽而矮的鼻和冠饰，冠顶平，正在牺首颔下；其两侧有立刀形饰，[②]再外有开口向下的C形大角。一对大眼内睫很大并接于鼻，大眼珠圆凸，眼的周边勾云纹。眼外置长S形兽身，两头均圆卷。牺首鼻头作锚形，下面饰卷云纹而两端回卷，两侧有上咧的嘴角，其上端为卷线并突起。兽面两角填饰浮雕变体夔纹。兽面的冠饰、眉、角、身—尾和

[①] 北京市文物事业管理局编：《北京文物》，北京燕山出版社，1990年，第17页。
[②] 曾经以为这立刀形饰为兽面之眉，可能不确。苏荣誉：《巫山李家滩出土大口折肩青铜尊探微——兼据同类尊的风格和关键工艺探讨其年代和扩散》，《南方民族考古》第十四辑，科学出版社，2017年，第131—187页。

189

嘴角、鼻头及夔纹为浮雕形，饰卷云纹，整体以细线云纹衬地。

高圈足上部均布三个较大的十字形透孔，位置与扉棱相应，两周凸弦纹穿过透孔，大体切过十字横的两边。圈足无扉棱，三组兽面纹平铺，与牺首、腹部兽面纹位置一致，上下均以圆圈纹镶边。兽面的大圆弧鼻头两侧咧出嘴角，鼻正中起窄、矮而直的鼻梁，两侧勾云纹；鼻梁上段为较大的若花蕾的冠饰，冠饰两侧是细线沟边，中间填云纹够长、开口向下的C形角。一对臣字形眼几乎接着鼻，内睑较大，眼珠圆凸。眼后延伸兽身及于单元边界再上折，到上栏，兽身勾云纹，尾梢向内回勾。兽身之下填饰细线勾出的抽象夔纹，构图不清，但见眼珠圆凸。

圈足纹带的三组纹单元界可见缺陷的铸造披缝，向上穿越十字透孔与腹部扉棱中披缝重合一起，再上延与肩部扉棱中间的披缝重合一起，在颈部对三道凸弦纹也有不同程度的打破或干扰。披缝说明该尊的铸造工艺沿扉棱三分，三块相同的范与腹芯和圈足芯形成尊的铸型。虽没有三牺首的分铸信息，但从牺首扉棱型冠饰推知其分别后铸于肩上，而且很大可能是铸铆式后铸。至于"铆块"形状以及铸型中垫片的使用、浇口的设置，需要仔细考察或者X成像分析予以确定。

和前揭诸尊不同，这件的纹饰格局有较大差别，肩部纹带和圈足纹带均为平铺形式，且两侧都有圆圈纹带镶边，具有二里岗时期纹饰风格特点。而腹部纹带明显不同，高浮雕兽面纹填抽象夔纹，皆饰云纹，并以相同的云纹衬地，属于三层花构图。高浮雕纹饰的内壁是否相应下凹，值得检视求证，但存在可能性较大。从扉棱看，肩部和腹部均有，都是勾云形，未透空。牺首造型虽接近较多，特别是扉棱型冠饰，但多沉入肩面，突起不高。这些是时代特征抑或与工匠个性有关，都是值得讨论的方面。

（二）上海博物馆尊

上海博物馆所藏青铜器十分丰富且品质上乘，一大口折肩尊件具有南方风格特征，体较修长，通高647毫米、口径509毫米、圈足底径300毫米，重24.36公斤（图4.113.1—2）。[1] 尖沿，厚方唇，口沿不甚平齐。颈长，根部向外弧撇，收束处饰三凸弦纹，纹线较为平直，平行度高，但却不尽均匀，还有披缝痕迹。斜肩面中心的纹

---

[1] 上海博物馆：《中国青铜器展览图录》，五洲传播出版社，2004年，第32页。陈佩芬：《夏商周青铜器研究——上海博物馆藏品》（夏商篇），上海古籍出版社，2004年，第284—285页。

图4.113.1　上海博物馆尊
（下简称"上博尊"）

图4.113.2　上博尊
纹饰拓片

带由六组纹饰构成，但见臣字形眼中半球状眼珠凸出于细线勾的云纹和云雷纹带上，纹线中填饰灰色物质，内外以圆圈纹带镶边；圆圈纹较圆整且均匀；肩部曾残损并经修复。肩部纹带均布三条形勾云扉棱，但未透空，长度与纹带宽一致（图4.114.1-2）。与三扉棱相间60度，均布三个圆雕牺首。牺首的嘴和面伸出肩沿，下颚搭在腹部纹带上栏的榫头上。宽吻，螺旋线鼻翼圆凸，面中起鼻梁，鼻梁两侧各一立刀纹，鼻头和兽面饰细线云纹；臣字形眼中半球形眼珠圆凸，无耳。额中勾菱形，并在其上竖起窄勾

图4.114.1　上博尊肩部纹带

图4.114.2　上博尊肩部纹带

云形扉棱式冠饰，两侧勾云纹。一对觥形大角高起并向后弧弯，角根饰细螺线，角面饰鳞纹；两角之间的平台饰细线兽面纹（图4.115.1-3）。

图4.115.1　上博尊牺首　　　图4.115.2　上博尊牺首　　　图4.115.3　上博尊牺首

　　尊腹饰宽纹带，兽面纹母题和两侧的夔纹是高浮雕形式，有细密的云雷纹地纹，属于三层花类型。三道勾牙式扉棱与肩部扉棱相应，长度与纹带宽相等，上高下矮，两侧勾云纹，未透空（图4.116.1-2），将纹带分三组。每组中间的兽面嘴的轮廓不明，阔鼻几乎抵在纹带下栏，两侧有螺线突出的鼻翼，中间有窄纰低矮的鼻梁，其两侧勾云纹。鼻向上高耸为冠饰，因牺首下颏占据位置，冠饰较矮，但两侧羽刀纹不仅深峻，而且高及上栏，将牺首下颏夹在中间，再外的Γ形是角或冠饰难辨，很可能是冠饰的一部分，视觉接近鹿角。兽面一对大眼紧贴鼻，眼角上斜，内睑白甚大，眼珠靠外，颇为圆凸。眼外有S形兽身和尾，起头螺线圆凸，身饰云纹，斜上近上栏外折，尾向下回勾。鼻头两侧、眼珠向下伸者，是嘴角抑或足莫辨，均不具象。兽面下边两角填饰变形夔纹，十分抽象的L形造型，器官莫辨。兽面的眉、角、身、鼻头、嘴角（或足）以及夔体均高浮雕并饰以云纹，身头的圆凸和鼻翼接近（图4.117.1-2）。

图4.116.1　上博尊腹部扉棱

图4.116.2　上博尊腹部扉棱

图4.117.1　上博尊腹部纹饰

图4.117.2　上博尊腹部纹饰

高圈足约占尊高度的三分之一，壁弧形，圈足上细下粗。顶部的三分之一，一周对设三个大十字形透孔，位置与肩、腹扉棱一致，两周凸弦纹分别在横的两侧将之串起。孔下圈足壁厚增加一线，隔一窄素带，下布局细线兽面纹带。沿三透孔分纹带三组，以细密线平铺，构图接近于腹部兽面，一对眼珠圆凸，其中间有侧棱纵贯纹带，兽面纹以之对称展开（图4.118.1）。兽面纹两侧的填空，也以细线勾抽象的夔纹，但夔眼珠凸出（图4.118.2）。圈足底沿平整。

尊肩部和腹部扉棱中间披缝清晰，均表明是三分铸型；但圈足上的披缝较为模糊而难以确定。肩上三个牺首均叠压肩部纹带，且都有分铸迹象（参见图4.115.1-3），后铸成形。而其中的关键工艺，承上海博物馆周亚先生赐告，"凸起的牛头和器壁凸起的纹饰，内部均有相应的凹下"[①]。器壁凸起的纹饰部分，应是兽面的鼻—冠饰和眼睛，在内壁

图4.118.1　上博尊圈足纹饰

图4.118.2　上博尊圈足纹饰

---

① 苏荣誉：《巫山李家滩出土大口折肩青铜尊探微——兼据同类尊的风格和关键工艺探讨其年代和扩散》，《南方民族考古》第十四辑，科学出版社，2017年，第131—187页。此文误用了尊纹饰拓片（第164页图31.2），向读者致歉，今更正为图4.113.2。原文据周亚先生所言牺首内壁下凹推断牺首可能浑铸，并指出"十分特别，值得深究"（第164—165页）。2021年3月22日，上海博物馆青铜部惠允作者再次考察此尊，确定牺首铸铆式后铸，今一并更正。并感谢马今洪、冯泽州等诸先生。

相应下凹（图4.119.1-2），使壁厚均一。而在肩沿下的腹内壁，纹饰下凹的上面，可以见到"大铆头"，从束颈内壁折到肩下面并伸到腹部上部（图4.120），确定此尊牺首铸铆式后铸。在尊腹的铸型中，设置有很多大垫片，其中口面和颈部的尤其明显（图4.121.1-2），不仅多重（口面和颈即三重），且分布密集，最外一重的分布可能相间15度左右，大约二十四枚之谱。至于肩、腹和底部垫片的使用，必定更多，有待X光成像检查。此尊无疑是垫片滥用的典型，[1]较之1989年盘龙城城址的西城垣南段墓葬中出土的罍CYM1：7（被划为第七期），[2]夸张很多。

图4.119.1　上博尊腹内壁下凹 　　　　　图4.119.2　上博尊腹内壁下凹

图4.120　上博尊腹内壁"铆块"

---

[1] 苏荣誉、胡东波：《商周铸吉金中垫片的使用和滥用》，《饶宗颐国学院院刊》创刊号，2014年，第101—134页。
[2] 胡家喜、李桃元、李秀辉、李京华：《盘龙城遗址青铜器铸造工艺探讨》，湖北省文物考古研究所：《盘龙城：1963—1994年考古发掘报告》附录七，文物出版社，2001年，第576—598页。

图4.121.1　上博尊口垫片　　　　　　　图4.121.2　上博尊颈垫片

这件尊的流传还有很多不清楚之处。从器身看，身上有若干修补，有后期修补（参见图4.114.2），还有初铸时出现铸造缺陷而修补的，如一个牺首两角之间即可见到高质量补块，纹饰基本可以对合（图4.122）。两个牺首的扉棱冠饰残缺，大概是流传过程的破坏。

有意思的是，陈佩芬一方面定此器为商晚期，另一方面认为和藁城台西墓地出土的一件瓿纹样接近，具有殷墟早期以前纹饰特征。她认为此尊以及相类的尊不是殷墟的器物，"而是商代另一都邑的产物"，具体地点尚未发现。[1]贝格立（Robert Bagley）曾指出此尊被认为出自安徽，想有所本，他认为这件尊和东京尊年代均早于华容东山尊，也都早于殷墟。[2]下文将讨论它们的年代关系。

图4.122　上博尊牺首双角间补块

---

[1] 陈佩芬:《夏商周青铜器研究——上海博物馆藏品》（夏商篇），上海古籍出版社，2004年，第284—285页。
[2] Robert W. Bagley, *Shang Ritual Bronzes in the Arthur M. Sackler Collections*, Washington D.C.: The Arthur M. Sackler Foundation, 1987, pp. 271, 274 note 7.

（三）东京国立博物馆尊

东京国立博物馆收藏的一件青铜尊，与上海博物馆所藏这件十分接近，都属修长型，敞口、尖沿、厚方唇，长颈、鼓腹、高圈足，通高655毫米（图4.123.1-2）。束颈饰三凸弦纹，宽窄粗细略有出入，平行度较好，其上也有披缝打破痕迹（图4.124.1）。较斜的肩面上平铺三足兽面纹组成的纹带，纹线较宽，比较均匀，内、外两侧以圆圈纹带镶边，其纹线较细但不匀，圆圈排列不尽规整。肩部兽面纹较为抽象，以透空的勾云形扉棱为对称展开，扉棱长度与纹带宽度相同，两侧勾云纹，既可视为兽面鼻梁，也可作为冠饰，叠压在兽面鼻和冠饰上，兽面在其两侧勾立刀纹和云纹。兽面的嘴不明，一对臣字形大眼，内眦甚大而眼珠呈半球形凸出，眼外两排云纹含义不明，或者是兽身。眼上的T形卷云纹及其外侧连续的云纹，很可能是鹿角式巨型冠饰的组成部分（图4.124.2）。兽面的角、口不明显或没有，无耳，具有早期特点。与扉棱相间60度均布三个圆雕牺首，嘴和脸伸出肩沿，下颌肥硕，压在腹部纹带上面（图4.125.1）。牺首阔鼻，有角突出的螺线型鼻翼，中间有带状不突起的鼻梁，

图4.123.1　东京国立博物馆尊（下简称东京尊）　　　图4.123.2　东京尊

图4.124.1　东京尊颈部凸弦纹 　　　　　　　　图4.124.2　东京尊肩部纹带

图4.125.1　东京尊牺首 　　　　图4.125.2　东京尊牺首 　　　　图4.125.3　东京尊牺首

两侧勾羽刀纹，而兽面饰横羽刀纹。半球形凸出的眼珠填满臣字形大眼，眼外勾云纹。额中勾菱形纹，并在其上竖起勾云形扉棱冠饰，两侧勾云纹，为透空。其厚度小于纹带的扉棱，但顶面起伏、尾端翘起，颇为华丽，叠压在方形冠上，与之组成立体冠饰。其两侧向后弧弯一对虺形大角，角根勾雷纹，角面饰鳞纹，角尖勾随形线（图4.125.2-3）。两角之间肩面弧鼓，饰对称的细线横置羽刀纹。

该尊尖沿锐折，肩面外周和上腹顶端均是角窄素面带，其下布局高浮雕纹带，甚宽，为装饰纹样的母题。三道勾牙式扉棱，上高下矮，两侧勾云纹，未透空，与腹部扉棱相应，将纹带分为相同的三组。每组纹饰构图和前揭上海博物馆尊高度相似，微小的差别在于此尊眼略宽，眼上有开口向下的C形角而已（图4.126.1-2）。两相对比，有若同一工匠的先后作品。

图4.126.1　东京尊腹部纹饰 　　　　　　　　图4.126.2　东京尊腹部纹饰

此尊圈足造型和纹饰同上海博物馆尊也基本一样，差别微小，主要表现在：壁微弧，顶部的三个十字形透孔修长，造型更规矩；纹带上、下均有圆圈纹带镶边，不似上海博物馆尊纹带上下的留白较宽，所填夔纹凸出的眼珠不似上海博物馆尊的圆（图4.127.1－2）。于此，可见两件尊高度的一致性。

图4.127.1　东京尊圈足纹带 　　　　　　　　图4.127.2　东京尊圈足纹带

不独如此，该尊一个牺首双角之间，也经补铸（图4.128），和上海博物馆尊如出一辙。器身外面可见的铸造工艺信息，肩部和腹部扉棱中心的披缝、牺首的后铸、牺首冠饰扉棱中心的披缝也都一样。既然这两件尊高度相同，虽然未获得东京尊器内信息，足可据上海博物馆尊推测其腹内壁一定与浮雕纹饰相应下凹。所幸的是，此尊圈足纹带上下有圆圈纹带镶边，且锈蚀程度很轻，可以清楚地看到纹饰组界的披缝，打破圆圈纹带，从纹带的下栏贯到上栏，说明圈足沿三透孔分型，与肩、腹扉棱分型面一致。与之相对照，兽面纹的脊棱鼻没有披缝，圆圈纹带完整。说明此尊的铸型三分，推测上海博物馆尊与之一致。

198

难波纯子通过尊内壁残留着的铜疣，认为牺首后铸，[①]和上海博物馆尊一致，铸疣即是铸铆式铸接铆头，符合南方风格大口折肩尊通例。可惜未见图像，不知是否如上海博物馆尊那样特别，从颈下漫至腹上？贝格立认为这件尊纹饰和藁城台西所出瓿接近，尊兽面纹卷线凸起的鼻孔、下颌和身躯，年代上可将之置于华容东山尊和赛克勒尊V286之间。[②]有其见地，下文将予讨论。

图4.128 东京尊牺首顶补铸

（四）赛克勒艺术馆尊

华盛顿赛克勒艺术馆（Arthur M. Sackler Gallery of Art, Smithsonian）收藏有一件大口折肩尊，编号V286，同样是敞口、尖沿、方唇，但口不齐，器经多处修复，通高438毫米、口径417毫米，口高比0.952。束颈饰三周凸弦纹，纹线宽窄高低互有出入，平行度也不尽规整（图4.129.1-2）。

图4.129.1 赛克勒尊V286　　图4.129.2 赛克勒尊V286

---

① ［日］难波纯子：《华中型青铜彝器的发达》，向桃初译，《南方文物》2000年第3期，第31—32页。
② Robert W. Bagley, *Shang Ritual Bronzes in the Arthur M. Sackler Collections*, Washington D.C.: The Arthur M. Sackler Foundation, 1987, pp. 272, 274 note 9.

肩部是装饰的重点。斜平肩面纹带由六组高浮雕的抽象夔纹组成，构图简约若犁，上勾随形阴线，并以细密云雷纹衬地，纹带内外侧以凸弦纹为边，整个纹带浮凸在肩面，属于三层花形式。其中一处为细密夔纹，横排的羽刀和云纹上凸出圆眼珠（参见图4.129.2），纹饰规整，未见明显的补缀痕迹，成因待考。六夔纹两两成组，两夔纹之间设窄矮扉棱，形若鱼鳃骨，长与纹带宽度一致，前高后低，很窄，两侧似勾纹线。与之相间60度，即夔首之间，均布三个圆雕牺首，牺首嘴脸均伸出肩沿，下颏搭在腹部纹带上栏。牺首头大，有凸起的螺线鼻翼，但鼻与鼻梁不显，中间似饰立刀纹。一对眼间距颇大，位于兽面两侧，其中的眼珠凸出，周围勾云纹。额中有鱼鳃骨形扉棱为冠饰，窄小低矮，应当是残缺所致，其两侧的虺形大角，后耸但只及纹带内栏。角根饰卷云纹，中间饰鳞纹，梢勾随形线。两角之间略平，对称布局一组横置的立刀纹。角下面勾云纹。牺首明显后铸于肩面，其冠饰上纵向披缝明显（图4.130.1），牺首内泥芯可在腹内壁看到。此外，牺首处相对突出两个凸榫（图4.130.2），[1]却没有铸"铆块"。

图4.130.1　赛克勒尊V286牺首　　图4.130.2　赛克勒尊V286牺首局部

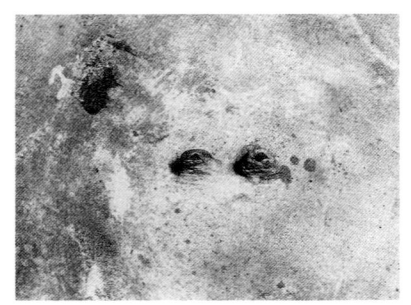

　　尊腹设三条勾牙形扉棱，略窄，上端略高、略厚而下端略低、略薄，两侧勾云纹，轮廓有高低起伏，将腹部宽纹带分成相同的三组，每组都由散列式含体无耳兽面纹和两侧的变体夔纹组成，兽面和夔面勾细云纹和随形线，细云雷纹为地纹，也属三层花类型。兽面各部分彼此不交联，无唇，但两侧深咧的嘴角明显，嘴角折转处有小圆乳凸。鼻较窄，鼻头两侧也有同样的圆乳凸为鼻翼；而中间两侧出鳍，示意鼻与其

---

[1] Robert W. Bagley, *Shang Ritual Bronzes in the Arthur M. Sackler Collections*, Washington D.C.: The Arthur M. Sackler Foundation, 1987, pp.267, 274 note 2.

上且连在一起的冠饰分开；上面的冠饰为长板形，低浮雕，但两侧的羽刀纹则为高浮雕。一对臣字形眼间距较大，内眦大而半球形眼珠靠外凸出，眼周围勾云纹。眼外未见耳，S形兽身曲向上栏再外折，尾向下回勾，而端头也有圆乳凸。眼上方为开口向下的C形角，其根有和冠饰的羽刀纹根相同的小圆凸。兽面身下填饰抽象的夔纹，构图类似于肩面纹带的犁形夔纹。纹带中兽面的鼻—冠、眉、角、身—尾、嘴角与夔纹均高浮雕（图4.131.1）。与腹壁的高浮雕纹饰相应，腹内壁下凹（图4.131.2），使尊的壁厚保持一致。

图4.131.1　赛克勒尊V286腹部　　图4.131.2　赛克勒尊V286腹内壁下凹

高圈足微向下弧撇，顶部均布三个方形透孔，位置与肩、腹扉棱一致，孔下垂与腹部相同的勾牙式扉棱，将圈足的宽纹带相应分三组，均由浮雕的半散列式兽面纹和两侧填饰的浮雕夔纹构成。纹带上栏齐整清楚，下栏却较为模糊，且离底沿很近。兽面的构图与前揭三星堆尊K2②：129、枣阳新店尊以及江陵八姑台尊的圈足接近，口不明晰，鼻宽而直并与冠饰一体，鼻头两侧有小圆凸。从鼻中两侧向外伸出S形兽身，但面上无眼，身下分离的垂体似足，身上设分离的叶形耳；兽面两侧各置一抽象的夔纹，角、目俱无。兽面、身和夔体均浮雕，其上勾细线云纹；只是宽大的叶形耳轮素面或者彩绘，空白填以细线云雷纹，所以圈足纹带也是三层花的形式，且耳根、鼻翼和嘴角有小圆凸。外底有两个长约10毫米凸棱，贝格立认为可能是在圈足芯内开设的排气孔遗迹（参见图4.129.1-2），所以此尊是倒立浇铸的。[1]鉴于贝格立没有提到圈足内壁的下凹，可以认为圈足内壁平光，类似于前揭三星堆尊K2②：151。

---

[1] Robert W. Bagley, *Shang Ritual Bronzes in the Arthur M. Sackler Collections*, Washington D.C.: The Arthur M. Sackler Foundation, 1987, pp.267, 274 note 2.

难波纯子认为赛克勒尊的纹饰沿袭华容东山尊和岳阳费家河尊的传统，但凸出的主纹变窄，图像也散漫，立体表现严重退化。圈足兽面纹的眼睛也省却了。她认为可以找到"华中型浮雕饕餮纹"的发展谱系。[①]张昌平则从纹饰和工艺两方面说明此尊属南方系。[②]事实上，对照三星堆尊，此器的纹饰与K2②：109十分接近，与两片罍残片K2②：103和K2②：39-1更一致，[③]具有典型的商代南方青铜器风格。

上文罗列的大口折肩尊，广汉三星堆6件，江陵八姑台3件，是同地成批出土者，其余各地如巫山李家滩、枣阳新店、岳阳费家河和六安渒河各出土1件，共计13件，基本上属窖藏出土，甚至无任何相伴的出土物，是南方窖藏的一个特点，当然也就谈不上器物的组合关系。对它们的研究，也就只能依赖器物本身所能提供的信息。4件传世品来历不明，但无论是造型、装饰风格还是铸造工艺，都具有高度的一致性，属典型的商代南方类型。如此特殊的组群，所关涉和所提出的问题很多，以下仅就其风格、年代、谱系和产地略作申论。

五、南方风格大口折肩尊的风格、年代、谱系与产地

中原青铜器在北宋时期作为新兴的金石学的关注对象，与对先秦两汉经学的反思、文人雅士的个人爱好，以及徽宗的个人禀赋都有很大关系。[④]刘敞（1019—1068）总结的金石学纲领"礼家明其制度，小学正其文字，谱牒次其世谥"[⑤]，直到千年后的20世纪，依然是很多青铜器研究者的圭臬，其中所蕴含的，当然是宗经、史的旨意，青铜器是资料，无疑也有玩好因素。然而，鸦片战争后"师夷长技以制夷"的潮流，现代自然科学、工程技术、人文科学和社会科学逐步东渐，中国青铜器成为

---

① ［日］难波纯子：《华中型青铜彝器的发达》，向桃初译，《南方文物》2000年第3期，第30页。
② 张昌平：《北美地区所见中国商时期南方或南方特征青铜器》，《方国的青铜与文化：张昌平自选集》，上海人民出版社，2012年，第204—205页。
③ 《三星堆祭祀坑》，第255、262页，图版101.1、101.3。
④ 苏荣誉：《复古艺术的纠结：宋代铜礼器研究》，待刊。
⑤ 刘敞：《先秦古器记》，《公是集》卷三十六，影印文渊阁四库全书，台湾商务印书馆，1986年，第1095册，第715页。

西方博物馆的收藏对象和西方艺术史家的研究对象，关乎风格的造型和纹饰、制作的工艺技术，乃至历代文献均有不同程度的涉猎。20世纪上半叶多地青铜器的重要发现和考古发掘，青铜器与其同时代的其他质地遗物一同出土，成为青铜时代主要的物质文化材料，关涉的各个方面被考古学家所探索。[1]随即，科学技术史、文物修复保护、博物馆展陈，以及宗教、中外交流也给予不同的关注，使之成为跨诸多学科的研究对象，内容很多，范式各异，但真伪和年代仍是首要问题。

本文所及的大口折肩尊，13件出土自不同地域，它们的真实性没有问题；传世的4件，其真实性业已取得了学术界的公认。但关于它们的年代，歧见较多，绝大多数都将它们置于商代晚期甚至安阳晚期，认为是商或殷商文化辐射、影响或流出之品。

青铜器年代问题虽然重要，但探索和解决十分困难。绝对年代来自载记器物铸造时间的铭文；相对年代较为复杂，或者来自出土墓葬或同出器物的年代（绝大多数也是相对年代，所参照的基本是陶器），或者来自与同类器物所比附推测年代。对于绝对年代，载记铸年的器物数量很少，20世纪30年代初，徐中舒考释氏编钟时，附带讨论铜器的断代方法，指出当时见诸各种著录的两千多青铜器，仅有十多件可据铭文断代。[2]而本文所及大口折肩尊均无铭文，据铭求其年代之途不通。而相对年代的推定，对这批器物而言，多数是孤立出土的，无伴出物。三星堆器物坑所出者，伴出器物多怪异，属于初见，几乎不能提供断代信息；有限的陶器，是否有足够信息科学断定其自身年代尚且存疑，对可长期流传的青铜器，能起到怎样的作用更值得怀疑。对此，岳洪彬有深刻分析，结论是"应以层位关系和陶器分期为前提，以青铜器的自身形制和整体风格的演化为中心，并辅助以青铜器纹饰的演变、铭文的多少和字体的变化、铸造技术的更新、青铜器合金成分的早晚变化以及甲骨文分期等进行综合考察，不可过多地偏重"[3]。这一认识是全面的，但如何权衡各因素、特别是在考古背景资料匮乏甚至阙如的情况下，如何根据器物本身信息进行断代，需要更多实例研究，本文即是一个尝试。

事实上，和断代密切相关的问题是铸地。每个工匠各有其寿，作坊也是如此，且

---

[1] 苏荣誉：《二十世纪对先秦青铜礼器铸造技术的研究》，日本泉屋博古馆、日本九州国立博物馆编：《泉屋透赏：泉屋博古馆青铜器透射扫描解析》，科学出版社，2015年，第387—445页。
[2] 徐中舒：《氏编钟考释》（1932），《庆祝蔡元培先生六十五岁论文集》（"中研院"历史语言研究所集刊外编第一种），1933年，第569页。徐中舒：《古代狩猎图像考》，《徐中舒历史论文选集》，中华书局，1998年，第225页。
[3] 岳洪彬：《殷墟青铜礼器研究》，中国社会科学出版社，2006年，第128—136页。

有一个从建立到健全、毁弃的过程。考察作坊或工匠的风格或技术特征，对产地判定和断代都有重要价值。

（一）大口折肩尊的风格

风格是艺术史最常用的词汇，但恰如贝格立所指出，其含义很少被界定。[①]我国考古学、文物和青铜器学者，常用形制和纹饰的类型表述器物，同样鲜有概念的清晰界定和共识，所以言人人殊。对于商代青铜器风格的海外研究历史，贝格立有系统的梳理，也有相同之处，[②]可见达成风格共识并非易事。

在中国青铜器风格研究方面，艺术史家罗越（Max Loehr，1903—1988）的理论最为著名。[③]他将安阳的青铜器划分为五个型式，简要表述即是：I式，细线纹带；II式，宽线纹带；III式，近乎满器宽线纹带；IV式，有地纹；V式，浮雕三重纹。需要强调的是，这仅仅是其风格分类，目的在于建立一套描述和比较的方法和语汇，进而讨论风格演变序列。罗越的类型中没有包括素面或局部纹饰（如仅饰弦纹器），而且有些器物同时包括两类纹饰。在他组织的中国古代青铜器展览中，四十一件商代青铜器中六件没法归类、两件跨两个类型。[④]据此构建的类型演变，顾及了历时性却忽略了共时性。在其V式中，器表高浮雕纹饰内壁平光和内壁相应下凹就没有关注到，而这一点是本文所论诸器的一个重要特征。

此外，青铜器风格的变化不是单线的由简朴到繁复。就安阳殷墟的情形论，中期即出现纹饰简化趋向。譬如安阳郭家庄M160出土的筒形尊M160：118，大口束颈，无肩，腹微鼓矮圈足，除颈部两周、圈足一周凸弦纹外，素面无纹（图4.132.1），圈足内壁铸阴铭"亞址"，通高250毫米、口径229毫米，出土时内置小竹篓。考古发掘

[①] Robert Bagley, "Styles, Periods, and the Life Cycle of the Goblin", In: *Gombrich among the Egyptians and other Essays in the History of Art*, Seattle: Marquand Books, Inc., 2015, pp. 23–28.

[②] Robert Bagley, *Max Loehr and the Study of Chinese Bronzes, Style and Classification in History of Art*, New York: Ithaca, 2008, pp. 98–129.

[③] Max Loehr, "The Bronze Styles of the Anyang Period (1300–1028 B.C.)", *Archives of the Chinese Art Society of America*, 1953, Vol. 7, pp. 42–53.

[④] Max Loehr, *Ritual Vessels of Bronze Age China*, New York: The Asian Society INC., 1968, p. 13, No1, No.6, No.10, No.11, No.16, No.21, No.24, No.33. 关于罗越中国青铜器风格理论的评述见注3（Bagley 2008, pp. 64–97）。

报告认为墓主大概是址族之首领或址族的上层人物,时代为安阳中期偏晚。[①]这件尊几乎素面,罗越的风格划分中不包括此类。晚期很多器纹饰远较早期简单,殷墟西区第七墓区出土的筒形亚共尊M93:1,大口束颈,深腹高圈足,腹微鼓,饰四瓣目纹带,四瓣均宽大却未饰纹(或者原有彩绘),纹带则以细密云雷纹衬地,可以认为是两层花类型(图4.132.2)。通高345毫米、口径230毫米,年代属殷墟晚期。[②]罗越所划分的安阳风格中,没有这一类型。

图4.132.1 亚址尊M160:118　　　　图4.132.2 亚共尊M93:1

大口折肩尊以大敞口、宽肩并与鼓腹形成锐折的肩沿为结构特征,通常口径大于肩颈,知其本无盖,不能封闭,也就不能作为盛装酒浆的容器,最多只能盛献。还有一类截面方形的方尊,以及介于二者之间口圆体方的尊,本文不予包含,另有文章讨

---

① 中国社会科学院考古研究所:《安阳殷墟郭家庄商代墓葬:1982—1992年考古发掘报告》,中国大百科全书出版社,1998年,第89页,第85页图63.2,第80页图58.15,图版38.2。《中国青铜器全集》卷3,文物出版社,1997年,图100。
② 中国社会科学院考古研究所安阳工作队:《1969—1977年殷墟西区墓葬发掘报告》,《考古学报》1979年第1期,第27—146页,图63.6、58.20,图版14.2。中国社会科学院考古研究所:《殷墟青铜器》,文物出版社,1985年,图78.3,图版215。《中国青铜器全集》卷3,文物出版社,1997年,图101。

论。[①]至于另一类大口弧肩尊，数量不多，也不纳入本文，可另文讨论。

大口折肩尊大约创制于二里岗上层前段或二里岗上、下层过渡阶段，形制渊源很可能是南方传入的原始瓷。[②]1996年郑州商城南顺城街窖藏中，出土的两件原始瓷尊（H1下：228、229），均是大敞口，束颈，折肩，圜底，小圈足。肩部压印三周双行或单行S纹，腹部排印小方格纹，通高均为276毫米、口径分别为216毫米和208毫米、肩颈分别为252毫米和258毫米、圈足径分别为100毫米和158毫米。[③]根据岳洪彬的研究，沿用到殷墟中期早段，[④]延续大约四五百年，在殷墟中期，渐为筒形尊所取代。

大口折肩尊风格的变化，关键在于三点，器形比例、纹饰和附饰。器型比例在口高比、口径与肩径比及圈足高矮上各有其值，似乎有口高比逐渐变大、器趋敦矮的趋向，但并不严格，有无规律还待深探。纹饰类型既有母题平铺、浅浮雕和高浮雕之别，也存在有无地纹，即平铺、双层和三层花的差异，而颈、肩、腹和圈足的纹饰类型，一件器物并不一律，纹饰内容和布局也有差别，这些究属时代差异，还是地方特点，抑或订做者或工匠的偏好，也需要对比梳理。以颈部纹饰论，早期的尊只有凸弦纹，到安阳殷墟时期，颈部饰三角纹或蕉叶纹等，时代特征明显，但这样的划分似乎过于粗放，二者缺乏衔接和关联，演变的机制也需要索解。类似的问题，都值得讨论。

尊的附饰虽然不多，普通的是与纹饰关系密切的扉棱，在腹部纹带最为突出；次为圈足，肩部的扉棱或有或无，或者似乎以鸟饰与之替换；显要的是肩沿或肩面的牺首，其有无、造型和变化较多，内涵较为丰富，不仅有圆雕和高浮雕、浅浮雕之别，还存在有无冠饰以及何种冠饰的差异。这些差异既有区域风格性和地域性，也有时代性，还可反映铸工的个性，不同的类型可能采取了不同的成形技术，其共性可能反映时代性和地域性，也可能会打上工匠个性的烙印。

[①] 苏荣誉、吴小燕、袁鑫：《湖南出土青铜四羊方尊与常宁方尊研究——再论商代青铜器南北关系》，浙江文物考古研究所编：《中国南方先秦考古学术研讨会论文集》，文物出版社，2019年，第205—226页。苏荣誉、童凌鹭：《藤田美术馆藏四件商代青铜器研究》，苏荣誉：《中国青铜技术与艺术》（丁酉集），上海古籍出版社，2019年，第80—106页。

[②] 范子岚：《盘龙城：从出土青铜器论二里岗期至殷墟一期长江流域青铜文化之发展与演变》，台南艺术大学硕士论文，2009年。苏荣誉等：《湖南省博物馆藏两件大口折肩青铜圆尊的研究——兼及同类尊的渊源、风格、工艺、产地和时代问题》，湖南商西周青铜器国际学术研讨会论文，2015年8月27日—28日：长沙。

[③] 河南省文物考古研究所、郑州市文物考古研究所：《郑州商代铜器窖藏》，科学出版社，1999年，第50—51页，第50页图36.1、3，图版18.1—2。

[④] 岳洪彬：《殷墟青铜礼器研究》，中国社会科学出版社，2006年，第66—68页。

综合上述因素，围绕本文实例，可根据肩部牺首和扉棱等装饰，可将大口折肩尊进行分类如下：[①]

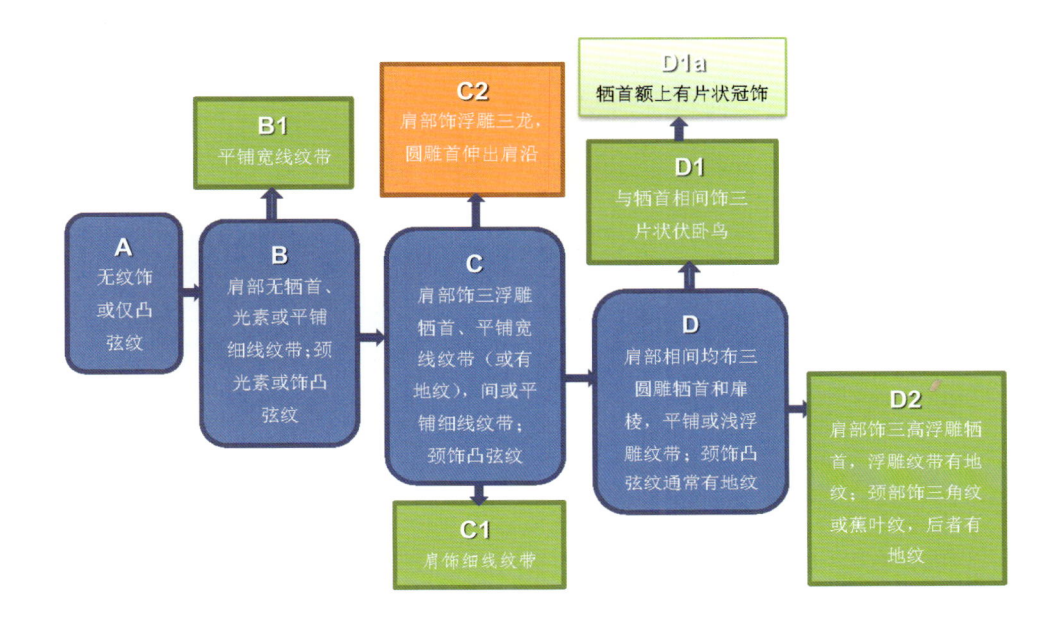

```
A: 无纹饰或仅凸弦纹
B: 肩部无牺首、光素或平铺细线纹带；颈光素或饰凸弦纹
  B1: 平铺宽线纹带
C: 肩部饰三浮雕牺首、平铺宽线纹带（或有地纹），间或平铺细线纹带；颈饰凸弦纹
  C1: 肩饰细线纹带
  C2: 肩部饰浮雕三龙，圆雕首伸出肩沿
D: 肩部相间均布三圆雕牺首和扉棱，平铺或浅浮雕纹带；颈饰凸弦纹通常有地纹
  D1: 与牺首相间饰三片状伏卧鸟
    D1a: 牺首额上有片状冠饰
  D2: 肩部饰三高浮雕牺首，浮雕纹带有地纹；颈部饰三角纹或蕉叶纹，后者有地纹
```

风格划分是分析器物间关系的方法，各人对风格要素的理解不同，会有不同的分类。所以，严格地说，风格分类和时代不能混同。但是，时间是风格变迁的一个重要因素，不同时代可能会形成不同的固定风格。但决定风格的要素还包括不同经济因素及器物的不同用途、订做者的个人志趣和工匠的技术特点及其个人喜好。

上述分类中A型是最简朴的，但考古材料通常被认为较晚。1964年洋县汉水之南的张村发现一尊，通高245毫米、口径266毫米。除颈和圈足各饰两周凸弦纹外别无装饰。宽肩微弧鼓，折肩不锐。圈足弧撇底沿甚大，一周均布三个形状不规则的透孔（图4.133），曹玮将其年代推定为商代晚期。[②]望城高砂脊尊AM1：28出自墓葬，形小，通高112毫米、口径120毫米（图4.134）。发掘简报根据同出青铜器和陶器，推定墓M1年代为西周早期后段至西周中期前段，属外来因素为主体的融合性文

[①] 曾按照肩部装饰划分为无饰（A）或纹带（A1）、牺首（B）及龙虎（B1）、牺首加扉棱（C）——包括带冠牺首加扉棱（C1）和牺首加鸟饰（C2）。苏荣誉等：《湖南省博物馆藏两件大口折肩青铜圆尊的研究——兼及同类尊的渊源、风格、工艺、产地和时代问题》，湖南商西周青铜器国际学术研讨会论文，2015年8月27日—28日：长沙。
[②] 曹玮主编：《汉中出土商代青铜器》，巴蜀书社，2006年，第16—17、64—65页。

图4.133　洋县张村尊　　　　　　　　图4.134　望城高砂脊尊

化。①向桃初认为其形制"显然继承了"岳阳费家河尊的传统，不过也显露出"行将消亡的迹象"，断其年代为西周早期或稍后。②所论过于简洁堂奥。施劲松指出高砂脊铜器"主要是相当于商末的商式铜器"，"可能直接来自中原"，墓主"可能是商人"③。很明显，其年代分歧较大，普遍的看法均以为这是一件退化的晚期作品，但和洋县张村尊一样，都缺乏可信的断代依据。

从商代考古资料看，上述风格划分中的B型应当较早，二里岗下层或已出现，并可能延续到二里岗上层。盘龙城李家嘴二号墓尊LZM2:75是一件大口折肩尊，口径略小于肩颈，通高280毫米、口径208毫米，重2730克，排定为盘龙城第四期。④敞口，弧肩，鼓腹，圈足。颈部饰三周凸弦纹，圈足顶均布三个略呈十字形透孔，两周凸弦纹穿过，下边加厚。腹部饰三组抽象兽面纹两侧填抽象夔纹的宽线纹带，典型的罗越II式纹带，肩部光素（图4.135）。同样肩部光素的还有盘龙城杨家湾尊YWM4:1，口小而敞，束颈饰三周凸弦纹，折肩，圈足上均布三个十字透孔，为

---

① 湖南省文物考古研究所等:《湖南望城县高砂脊商周遗址的发掘》,《考古》2001年第4期，第39、41—43页。
② 向桃初:《湘江流域商周青铜文化研究》，线装书局，2008年，第271页。
③ 施劲松:《对湖南望城高砂脊出土青铜器的再认识》,《考古》2002年第2期，第58—61页。
④ 湖北省文物考古研究所:《盘龙城:1963-1994年考古发掘报告》，文物出版社，2001年，第168—169页，第169页图110，图版47.4，彩版13.2。

图4.135 盘龙城李家嘴尊
LZM2：75

图4.136 盘龙城杨家湾尊
YWM4：1

一周凸弦纹穿过，下段加厚，上腹饰窄纹带，由三组抽象兽面纹组成（图4.136），属典型罗越II式，通高254毫米、口径136毫米，重1300克，被划分为盘龙城第六期。[①]2014年，武汉大学在盘龙城杨家嘴发掘一座墓，出土一件青铜尊YZM26：5，出土时碎裂成十三块，当属碎器葬。复原后通高275毫米、口径140毫米、肩径190毫米、足径125毫米（图4.137.1-2）。发掘简报认为该墓年代与YWM4接近，属于二里岗上层较晚阶段。[②]尊敞口，颈收束在中部，上饰三周凸弦纹，颈下部张开形成肩面，光素。肩沿锐折，腹深，上腹饰宽线平铺的三组兽面纹构成的纹带，兽面长圆形眼珠略凸。圈足壁直略外斜，上段局部三个不规则十字透孔，为两周凸弦纹穿系，下段壁厚增加。上述三件尊都出土自盘龙城遗址的墓葬，差别在于敞口的大小，分期则分别为四至六期，似不应跨度如此之大。需要特别指出的是，这三件肩部光素的尊颇

---

① 湖北省文物考古研究所：《盘龙城：1963—1994年考古发掘报告》，文物出版社，2001年，第252页，第256页图186.1-2，图版76.1，彩版31.1。这类青铜器因口径小于肩颈，常常被指为罍。因其敞口，应划为尊类，而敛口和直口者为罍，可以盖封口或以布帛覆盖从颈部捆扎封口。
② 武汉大学历史学院等：《2014年盘龙城杨家嘴遗址M26、H14发掘简报》，《江汉考古》2016年第2期，第23—35页，第30页图8，图版8。

为特殊，能否构成盘龙城青铜器的一个特色有待新材料的发现，它们工艺一致，[1]年代也应一致，均属于尊较早的形式，即二里岗上层一期或略早。

图4.137.1　盘龙城杨家嘴尊YZM26：5

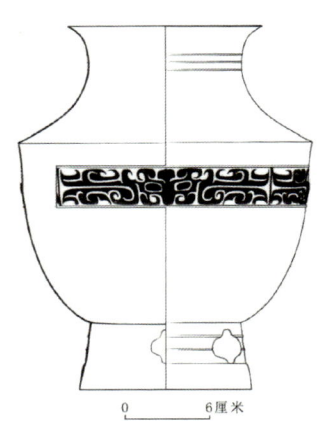

图4.137.2　盘龙城杨家嘴尊YZM26：5线图

　　B型中的另一类是细线纹饰，即罗越I式纹带。1974年偃师塔庄出土一件尊，颈部饰两周凸弦纹，肩面为云雷纹带，内外以圆圈纹镶边。腹部纹带由三兽面纹组成，兽面正中有窄矮的凸棱形鼻，纹带上下镶圆圈纹。圈足顶均布三个十字形透孔，位置在兽面纹之下，为一道凸弦纹穿过。通高250毫米、口径200毫米（图4.138），年代被定为商代早期。[2]这件尊无牺首，肩部和腹部纹带均为细线，与之接近的几件器物出土自黄陂盘龙城。杨家湾YWH6很可能属于一座墓葬，[3]出土了成批青铜器。其中大口折肩尊YWH6：20（图4.139），造型较塔庄尊略宽，但纹饰高度一致，通高236毫米、口径208毫米、肩径213毫米，重2000克。被划分在盘龙城第七期。[4]该尊敞口、圆唇沿，束颈饰两周凸弦纹，宽斜肩折沿，深鼓腹，肩和腹均饰细线纹带。肩部

---

[1] 苏荣誉、张昌平：《盘龙城青铜容器铸造工艺研究》，待刊。
[2] 秦文生、张锴生编：《中原文化大典·文物典·青铜器》，中州古籍出版社，2008年，第127页。另有图录著录河南偃师尸乡沟商城遗址出土一件，见王绣主编：《洛阳文物精粹》，河南美术出版社，2001年，第12—13页。核对造型和纹饰、尺寸，实为同一件。《中国青铜器全集》卷1，文物出版社，1996年，图137。
[3] 张昌平、孙卓：《盘龙城聚落布局研究》，《考古学报》2017年第4期，第439—460页。
[4] 湖北省文物考古研究所：《盘龙城：1963—1994年考古发掘报告》，文物出版社，2001年，第281页，第288页图211，图版91.4，彩版37.2。

图4.138 偃师塔庄尊　　　　　　　　图4.139 盘龙城杨家湾尊YWH6∶20

纹带由六幅三组夔纹构成，内外以细凸弦纹为边；腹部纹带由三组兽面纹两侧填夔纹构成，上下均以圆圈纹带镶边。圈足上均布三个不规则圆孔，位置与纹饰组界相应，一周凸弦纹穿过其中。与塔庄尊相较，肩部纹带不同且少镶边的圆圈纹，足亦不如其外撇，似乎更具原始性。杨家湾出土的另一件大口折肩尊YWM7∶6，发掘报告将其排在盘龙城第六期，通高250毫米、口径208毫米、足底径148毫米，重2000克。① 这件尊敞口，内沿边起折加厚，尖沿方唇，束颈是两周凸弦纹，宽斜肩，尖沿锐折（图4.140）。肩面和上腹各饰一周细线平铺的纹带，肩纹带由六幅无目夔纹带构成，内外以凸弦纹为边。腹部纹带较宽，由组构成，每组均是角抽象的兽面纹两侧填抽象的夔纹，但眼珠均圆凸，且上下都有圆圈纹带镶边，顶部均布三十字透孔，位置与腹纹饰组界一致。和塔庄尊相较，口沿折，纹线似乎略粗，构图规矩严谨，圈足开始出现裙，但肩部纹带无圆圈纹镶边。和肩部光素情形相似，盘龙城这两件尊，纹带为细线平铺，腹部纹带有圆圈纹带镶边，肩部纹带则没有，与塔庄尊不同，这样的纹饰构

---

① 湖北省文物考古研究所：《盘龙城：1963—1994年考古发掘报告》，文物出版社，2001年，第252页，第256页图186.3—5，图版76.2，彩版322.。

图4.140 盘龙城杨家湾尊YWM7：6

成，究竟是盘龙城自身特点，抑或同期某组工匠的个人手法，期待新的材料进行对比。就盘龙城两件尊来比较，发掘报告认为杨家湾尊YWM7：6较YWH6：20早一个时段，但都属盘龙城晚期。从器物本身看，前者的内折沿或许较早，二里头文化的爵和斝往往如此，但其圈足外撇并出裙，通常是被认为较晚的特点，洋县张村尊和望城高砂脊尊即是如此，且其纹线较宽，构图更规整，都表现出较后者晚的因素。很明显，究竟哪些因素具有时代性，需要深入研究。

三件肩部无纹的李家嘴尊LZM2：75、杨家湾尊YWM4：1和杨家嘴尊YZM26：5，腹部饰罗越II式宽纹带，年代应属二里岗上层一期，而杨家湾尊YWH6：20和YWM7：6均饰细线纹带，属于罗越I式，分别被划分为盘龙城六、七期。从二里头与二里岗早期青铜器对比看，细线纹带年代略早，盘龙城是否出现了倒置或错乱现象，抑或分期的依据不够，需要反思，或者上述五件尊的年代跨度很小，加之青铜器使用或保存时间可较长，制作时间与埋葬时间出现参差，也很正常。

盘龙城李家嘴一号墓被划在盘龙城第五期，出土一尊一罍，尊LZM1：7属大口折肩尊。口虽敞，但口不大，远小于肩径，与杨家湾尊YWM4：1和同墓出土的罍LZM1：8颇为接近。尊LZM1：7通高269毫米、口径158毫米、足径124毫米，重2000克（图4.141）。[①]其颈至肩收束，上饰三周凸弦纹，然后向下弧形外撇再出宽肩，尖沿锐折，腹深，下接高圈足，肩面和上腹饰平铺宽线纹带，前者由六幅夔纹组成，后者由三组抽象兽面纹和两侧填抽象夔纹组成，眼珠圆凸，而纹带浮凸在器表，有凸弦纹边，而腹纹带上、下，各有一周凸弦纹。圈足上部均布三个十字形大透孔，两周凸弦纹穿过它们，孔下的足壁加厚。所饰纹带是典型的罗越II式，与多伦多皇家安大略博物馆（Royal Ontario Museum）收藏的一件尊的纹饰相似，但器形有较大差

[①] 湖北省文物考古研究所：《盘龙城：1963—1994年考古发掘报告》，文物出版社，2001年，第194页，第196—197页图132—133，图版58.3—4，彩版23.1—2。

图4.141　盘龙城李家嘴尊LZM1：7　　　　图4.142　安大略尊

别。安大略尊体修长，通高349毫米，大敞口，内沿折起加厚，圆唇，颈饰三周凸弦纹，颈与肩和腹均锐折。较宽的弧肩面饰六组宽线夔纹带，以凸弦纹为边，纹带浮凸于肩面。上腹纹带更宽，由三组抽象宽线兽面纹组成，纹线规矩流畅，是典型的罗越II式。高圈足顶均布三圆形透孔，一周凸弦纹穿过其中（图4.142），其下的圈足壁加厚。关于这件尊的年代，有殷墟时期和商中期两种意见。[1]其肩和腹部纹饰显然属于宽线纹带，和盘龙城李家嘴尊LZM1：7相同，[2]且颈部都饰三周凸弦纹，与平陆前庄罍和盘龙城杨家湾罍YWH6：21的纹饰颇为接近，年代应相差不远。

C型在郑州商城早有发现。1961年郑州人民公园一座墓中出土一件C7：Y0861，通高337毫米、口径280毫米。[3]大敞口，尖沿方唇，束颈饰三周凸弦纹，颈与肩锐折，

---

[1] 殷墟时期如 *Chinese Art in the Royal Ontario Museum*, Toronto: Royal Ontario Museum, 1972, p. 83；商中期如《中国青铜器全集》卷1，文物出版社，1996年，图108。

[2] 苏荣誉、张昌平：《盘龙城青铜器的铸接工艺研究》，盘龙城遗址博物院、武汉大学青铜文明研究中心编：《盘龙城与长江文明国际学术研讨会论文集》，科学出版社，2016年，第118—137页。卫斯：《平陆县前庄商代遗址出土文物》，《文物季刊》1992年第1期，第18—19页。

[3] 河南省文物考古研究所：《郑州商城：1953—1985年考古发掘报告》，文物出版社，2001年，第815页，图版226.2，彩版31.2。报告中器物编号为C7：豫0861，本文以"Y"代"豫"，下同。

宽而微弧鼓肩面饰宽线夔纹带；锐折肩沿下腹壁饰同样纹线的宽线抽象兽面纹两侧填抽象夔纹带，纹饰平铺，只有兽面眼珠凸出，属罗越II式。与盘龙城兽面纹有所不同的是，兽面中间有较明显的纵贯脊棱，下段是兽面鼻梁，上段是冠饰中心。圈足壁斜直并外撇，上部一周均设三个不规则透孔，一周凸弦纹贯穿之，下段壁加厚。重要的不同是与三透孔相应，在肩面和尖沿有浮雕牺首，其头略厚，伸出并耷拉在尖沿，后边部分浮起很低（参见图1.51.1）。朱凤瀚认为其年代属二里岗上层二期偏晚。[1]

1982年在郑州商城东南角外施工中，发现一大型窖藏坑，出土一大批青铜器，其中包括两件大口折肩尊XSH1：3和XSH1：4，两件尊的造型大同小异。[2]前者通高370毫米、口径320毫米，大敞口，尖沿，厚方唇，束颈饰三周凸弦纹，颈根与肩面成小圆角过渡，宽斜平肩上饰细线夔纹构成的纹带，眼睛凸出，纹带外以圆圈纹镶边，内边为凸弦纹。三个大圆雕牺首扣在肩面，嘴伸出尖沿，以细螺线勾鼻翼，中间有窄而矮的脊棱表示鼻梁，两侧勾细云纹，一对大眼中眼珠凸出，眼外有向两侧斜的浮雕式双耳，这是前述各尊都没有的。额中勾菱形纹，其上有冠饰，两侧成V形向后耸一对虺形大角。肩沿锐折，深腹弧鼓，饰细线平铺的较宽纹带，由三组兽面纹组成，兽面眼珠圆凸，身下填云纹，而纹带上下均以圆圈纹带镶边。圈足分上下两段，上段径小壁略外斜，一周均布三个十字形透孔，位置与三牺首相应，与兽面相错60度，三周凸弦纹串联之；下段增厚更外撇，内壁相应更外斜。此外值得重视的是圆雕牺首中空，但其内壁打开，与尊腹贯通（图4.143），说明尊的牺首与尊体一次浑铸成形，而分型面在透孔位置，也即沿着牺首中间分型。后者尊XSH1：4造型相同，纹饰结构一致，微小的差别在于颈饰两道凸弦纹，肩面饰细线夔纹带的夔眼珠更凸出，圈足壁向外斜撇，内壁近平，上部以两周凸弦纹串三透孔，下部略加厚。通高305毫米、口径280毫米（图4.144）。[3]

C型大口折肩尊中，特例是龙虎尊（C2型），迄今仅发现两件，而且有模仿关系，具体可参考本集第二篇《青铜龙虎尊研究——兼论南方风格商代青铜器的渊

---

[1] 朱凤瀚：《中国青铜器综论》，上海古籍出版社，2009年，第178页。
[2] 河南省文物考古研究所、郑州市文物考古研究所：《郑州商代铜器窖藏》，科学出版社，1999年，第86页，第89—90页图64、65.1—2，彩版14，图版30。河南省文物考古研究所：《郑州商城：1953—1985年考古发掘报告》，文物出版社，2001年，第815页，第816—817页图548—549，图版225.2、226.2，彩版31.1。对照发掘简报（河南省文物研究所、郑州市博物馆：《郑州新发现商代窖藏青铜器》，《文物》1983年第3期，第49—59页），发掘报告将两件尊的图误易。
[3] 田凯主编：《中国出土青铜器全集》（河南上），科学出版社，2018年，第45页。

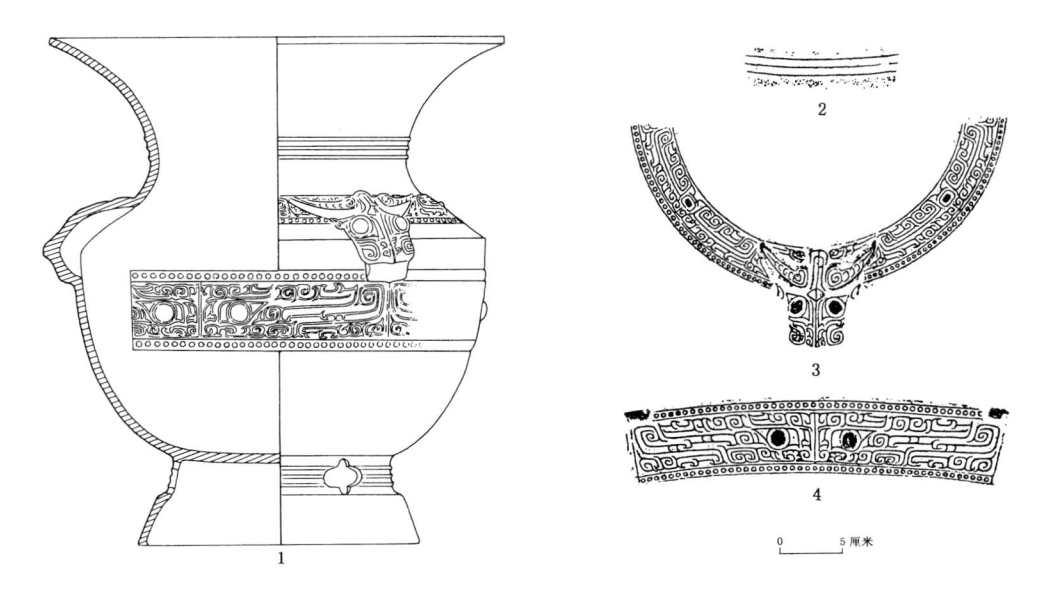

图4.143　郑州商城尊XSH1：3线图和纹饰拓片

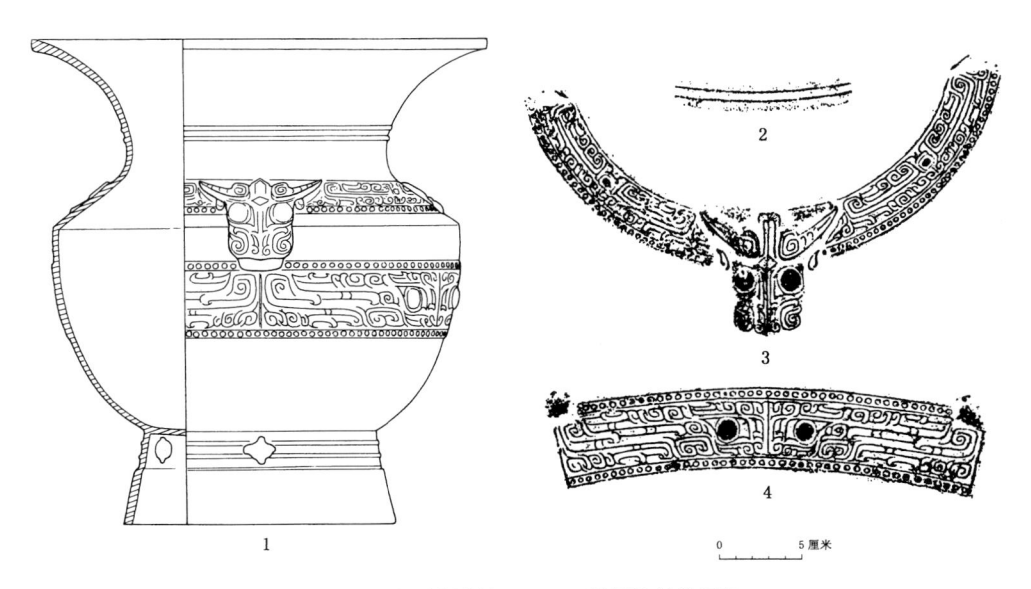

图4.144　郑州商城尊XSH1：4线图和纹饰拓片

源》。阜南月儿河龙虎尊颈饰三道凸弦纹，肩纹带由三组半浮雕龙纹和浅浮雕夔纹组成，以云雷纹衬地；龙身呈半浮雕状顺时针方向蜿蜒，尾部回勾，饰阴线勾连三角纹，尾后置一夔纹，圆雕龙首伸出肩沿前探；腹饰宽纹带，被从龙首下颌而起的高勾云形扉棱分为三组，为圆雕虎和高浮雕人、兽面构成（参见图2.10.1），腹内壁虽表面凸起而相应凹陷。施劲松认为尊纹饰流行于二里岗时期，年代为商中期，指出其纹饰的南方性，[1]其铸造工艺也具有南方特征，三星堆龙虎尊（参见图2.1.1）是其模仿，自然晚于前者。[2]

D型尊在郑州二里岗晚期业已发现，如郑州人民公园墓葬区出土尊C7：Y0890（参见图1.51.2），通高249毫米、口径227毫米。肩部纹带由夔纹构成，两侧以圆圈纹带镶边，纹带上均布三个勾云形扉棱，似由两个C形连接而成，与之相间均布三个浮雕兽首。腹部有与肩部相应的同样扉棱，将腹部纹带分三组，都由宽线兽面纹及其两侧的夔纹组成，上、下以圆圈纹镶边。圈足上部均布的三椭圆形透孔，下饰三组兽面纹。[3]此尊的扉棱位于纹饰组界，其上有纵向披缝，尊沿扉棱分型，和无扉棱尊的铸型一致。阜南月儿河出土的兽面纹尊，肩部饰浮雕目云纹，牺首较小，相间有透空短扉棱，腹部饰高浮雕兽面纹，无地纹（参见图1.52.1），肩部有扉棱而腹部无扉棱，当属特例，或许年代较早。贝格立认为此尊年代疑应属二里岗时期。[4]而另外的两个亚型，肩部片状鸟饰的D1和牺首有片形冠饰的D1a，均是本文所论的对象，下文将集中讨论。

大口折肩尊在殷墟早期为之一变，繁复纹饰不仅施行于大口尊的腹、圈足和肩部，还延伸到颈部取代了凸弦纹而饰以三角纹或蕉叶纹，后者往往有地纹，成为武丁殷墟二期（武丁时期）的主流，即D2型。妇好墓出土的一对司母尊M5：867和M5：793具有典型的三重花纹、颈部饰浅浮雕蕉叶纹和夔纹，肩部饰三圆雕牺首、三长条形扉棱和浅浮雕夔纹；腹部饰略高浮雕兽面纹两侧配夔纹，六道长条形扉棱分别是纹饰组界和兽面纹鼻；圈足上部三个十字透孔，下部同样六道长条形扉棱和浅浮雕兽面

---

[1] 施劲松：《论带虎食人母题的商周青铜器》，《考古》1998年第3期，第57—58页。
[2] 苏荣誉：《青铜龙虎尊发微》，《青铜文化研究》第八辑，黄山书社，2013年，第13—22页。苏荣誉、杨夏薇、李钟天：《龙虎尊再探》，《三星堆研究》第五辑，巴蜀书社，2019年，第193—224页。
[3] 河南省文物考古研究所：《郑州商城：1953—1985年考古发掘报告》，文物出版社，2001年，第818页，图版226.3，彩版32。
[4] Robert W. Bagley, *Shang Ritual Bronzes in the Arthur M. Sackler Collections*, Washington D.C.: The Arthur M. Sackler Foundation, 1987, p. 274 note 10.

纹两侧配夔纹；均以云雷纹衬地。内壁铸铭"司母"，M5：867通高467毫米、口径416毫米、圈足径257毫米，重23公斤（图4.145）。同出的子束泉尊M5：320，纹饰的结构和司母尊相若，但浮起更浅近于平铺，圈足上部均布三方形透空（图4.146）。①殷墟出土的子渔尊M18：13的纹饰结构也和司母尊相同，纹饰基本属平铺，但肩部三道扉棱、腹和足六道扉棱，形式虽为长条形，但透空（图4.147），②或是勾牙形向长条形过渡形态。

图4.145 妇好墓司母尊M5：867

图4.146 子束泉尊M5：320

图4.147 子渔尊M18：13

---

① 中国社会科学院考古研究所：《殷墟妇好墓》，文物出版社，1980年，第56页，图版21.2、22.1。《中国青铜器全集》卷3，文物出版社，1997年，图95。
② 中国社会科学院考古研究所：《殷墟青铜器》，文物出版社，1985年，图版59。《中国青铜器全集》卷3，文物出版社，1997年，图97。

D2型是晚商早期（殷墟四期分期中的II期）的标准形态，具有断代意义。但持续的时间不长，在此期晚即出现了筒形尊，殷墟III期大口折肩尊迅即式微以至消失，筒形尊兴起。筒形尊装饰趋简，殷墟出土的亚共尊M93：1（参见图4.132.2）被划为IV期，堪为代表。

很明显，D型的时代跨度大，内涵亦丰富。那么具有南方风格、南方工艺特色的D1，即本文讨论的对象，在D型中的年代位置若何？和D2的关系是怎样的？下文分别选取工艺上有代表性的两点：牺首铸铆式铸接和器表高浮雕内壁下凹的纹饰进行讨论。

（二）铸铆式后铸牺首

根据现有资料推测，牺首可能是二里岗时期在尊和罍上创制的装饰，在中原地区的二里岗阶段甚至殷墟时期，牺首基本是浑铸成形的。

无论牺首凸起高低，考古报告和器物图录很少涉及牺首背面即器腹内壁的情况。郑州向阳回族食品厂出土尊XSH1：4的线图不仅表现出牺首中空，而且腹内壁不封闭（参见图4.144）；[①] 小屯罍R2061"肩部饰突起之兽面三具，器内表的对应位置稍稍凹入"[②]，说明腹芯的牺首部分随形凸起形成牺首芯，目的是将凸起的牺首铸得中空，而这恰是青铜凝固所需要的，否则铸件容易在牺首与肩、腹结合处形成裂纹以至报废，工艺思路和下述高浮雕纹饰的内壁相应凹下一致。因器壁厚度在2毫米左右，泥芯的制作和定位难度极大，芯很可能也是从模翻制的。月儿河兽面纹尊的牺首（参见图1.52.1-2），未见分铸痕迹，很可能也是浑铸而成。

但月儿河龙虎尊肩部的龙首和虎头都是分铸，前者属于榫接式后铸，而后者属于铸铆式后铸，与虎头相应的器内壁有清晰的"铆块"（参见图2.16），这一作法成为D1及D1a型尊、华容东山尊和岳阳鲂鱼山、平江套口、宁乡划船塘与三星堆罍的牺首成形工艺的定制。[③]

[①] 河南省文物考古研究所：《郑州商城：1953—1985年考古发掘报告》，文物出版社，2001年，第817页图549.1。

[②] 李济、万家保：《殷墟出土伍拾叁件青铜容器之研究》（《古器物研究专刊》第五本），"中研院"历史语言研究所，1972年，图版23。

[③] 苏荣誉等：《湖南省博物馆藏两件大口折肩青铜圆尊的研究——兼及同类尊的渊源与风格、工艺、产地和时代问题》，湖南商与西周青铜器国际研讨会，2015年8月26日—27日：长沙。苏荣誉、朱亚蓉：《三星堆出土青铜罍K2②：159研究——附论外挂形管状牺首饰罍与尊》，纪念三星堆祭祀坑发掘三十周年学术研讨会，2016年7月18日—19日：四川广汉三星堆。苏荣誉：《湖南商周青铜器工艺技术研究》，待刊。

尊从牺首浑铸发展到后铸，目前最早可上溯到月儿河龙虎尊，随后迅即在南方风格青铜尊中成为标准工艺。工艺同源，说明南方风格青铜尊出自同一作坊，且它们的铸造时间相当接近。

这一工艺的渊源可上溯到盘龙城李家嘴出土的簋LZM1：5（参见图2.38.1），双耳铆接式后铸（参见图2.38.2-3）；城固龙头村窖藏双耳簋铸造工艺与之完全相同。大约在一两代人之后，铆头以涡纹美化，转而铸造凤鸟斝的鋬，岐山贺家村所出者（参见图2.39.1-3）、弗利尔艺术馆（Freer Gallery of Art, Smithsonian Institution）和泉屋博古馆所藏者均如此（参见图2.40.1-3），铸作若上海博物馆收藏的兽面纹罍可能已进入殷墟时期，此后，在殷墟早期分别铸造了青铜方斝、鬲、偶方彝和盂等，但未见用于安阳尊的铸作。[①]

以盘龙城李家嘴青铜簋为代表的，在二里岗晚期成熟的铸铆式铸接工艺，属于商代南方青铜技术体系，[②] 具有同源性，是南方青铜作坊的独特技艺之一。后来分化为蘑菇头形铸铆式铸接和贴片形铸铆式铸接两个分支，[③] 前者还掌握着凸棱式扉棱的先铸铸接，D1和D1a型尊均属后者，有单片和双片之别，当是不同铸工的个人手法，数位铸工在不长的时间内铸造上述类型尊和相关的罍。

属于中商晚期的安阳小屯M331出土两件大口折肩尊R2070和R2071，造型颇一致，颈都饰三周凸弦纹，斜肩饰三圆雕牛头形牺首（李济称之为水牛头[④]），与之相间均布三条勾云形扉棱，细线夔纹可与扉棱构成兽面纹。腹部饰三道与肩部相应的勾云形长扉棱，三组纹饰的主纹上方有一周窄纹带，尊R2070为目雷纹（参见图2.29.1-2），而R2071为兽面纹（参见图2.30.1-2）。主纹结构都是连体兽面纹两侧配竖立夔纹，但前者为ℾ形角、有爪，而后者为C形角，有竖羽刀纹；R2070圈足与

---

① 苏荣誉：《安阳殷墟青铜技术渊源的商代南方因素——以铸铆结构为案例的初步探讨兼及泉屋博古馆所藏凤柱斝的年代和属性》，日本泉屋博古馆、日本九州国立博物馆编：《泉屋透赏：泉屋博古馆青铜器透射扫描解析》，科学出版社，2015年，第353—386页。新近发现安阳西北冈M1022出土觯R1075盖纽采用铸铆式后铸，铆头上有涡纹。李济、万家保：《殷墟出土伍拾叁件青铜容器之研究》（《古器物研究专刊》第五本），"中研院"历史语言研究所，1972年，图版38、38附图B。
② 苏荣誉：《岐山出土商凤柱斝的铸造工艺分析及相关问题探讨》，陕西考古研究院、上海博物馆编：《两周封国论衡——陕西韩城出土芮国文物暨周代封国考古学研究国际学术讨论会论文集》，上海古籍出版社，2014年，第551—563页。
③ 苏荣誉：《读青铜器图录札记：牛首饰四耳簋》，北京大学出土文献研究所编：《青铜器与金文》第一辑，上海古籍出版社，2017年，第433—449页。
④ 李济称之为"水牛头"。见李济：《记小屯出土之青铜器》，《中国考古学报》第3册，1948年，第10页。

顶部均布三个不规则透孔，而R2071则为十字形透孔。R2070通高341毫米、口径370毫米，R2071通高475毫米、口径408毫米，后者显然瘦高。陈芳妹指出"小屯五座墓的青铜器带有深厚的二里岗风格因素"，所出青铜器"或许有些是从郑州带来的'古董'"，但却"罕见于妇好墓青铜器"，墓葬年代属殷墟早期。[1]唐际根从铜器和陶器两方面进行研究并和考古遗存进行对比，认为M331属殷墟一期早段，他将之划为中商曹寅庄类型晚期。[2]二器的铸造工艺相同，扉棱上有清晰铸造披缝，R2071的牺首有分铸痕迹，万家保推测牺首先铸，但从分铸痕迹看，牺首叠压着肩和腹，应后铸，但非铸铆式后铸，是否榫接式后铸，有待考察。尊的铸型是三范与腹芯和圈足芯组成。纹饰为浮雕模纹和堆雕模纹方法表现。[3]

殷墟时期，安阳西北冈M1400被朱凤瀚划为殷墟第二期II段，[4]所出大口尊R1073口沿至颈部残缺，肩、腹和圈足是浮雕模纹式"满装花纹"，肩部均布三圆雕牺首，与牺首相间均布三长条形扉棱，两侧有T、I形阴线勾勒，夔纹分布其间。腹部和圈足均有六道垂直的长条形扉棱，三条与肩部扉棱相应，另三条和牺首相应，并以之为对称构成三连体兽面纹，但纹带上栏有云雷纹带镶边。圈足顶均布三个形状不规则透孔，底部有一字铭文（参见图2.41.1），属于本文的D2型。万家保根据牺首与肩部的分铸痕迹（参见图2.41.2）认定牺首先铸，所复原的铸型据此而定（参见图2.41.3）。但根据痕迹并结合上述诸尊工艺，牺首应是后铸的，很可能也属榫接式后铸，妇好墓所出尊、罍肩部牺首均如此，[5]说明殷墟大口尊牺首后铸，源于中商晚期，不采用铸铆式铸接，和南方风格大口折肩尊判然有别。

可见，安阳殷墟的牺首的主流D2型铸法不同于南方风格的D1型，D1牺首铸铆式铸接而D2为榫接式铸接，后者牺首铸接不很牢靠，易脱，已为考古实践所证实。但如上所述，南方传入的铸铆式铸接工艺，应用于方罍、斧、偶方彝、甗、盂和卣等器的纽和耳的铸接。

---

[1] 陈芳妹：《小屯五座墓的青铜容器——从二里岗到典型殷墟风格的转变》，《考古与历史文化》（上），正中书局，1991年，第181—232页。
[2] 唐际根：《殷墟一期文化及其相关问题》，《考古》1993年第10期，第925—935页。唐际根：《中商文化研究》，《考古与文化遗产论集》，科学出版社，2009年，第135—138页。
[3] 李济、万家保：《殷墟出土伍拾叁件青铜容器之研究》（《古器物研究专刊》第五本），"中研院"历史语言研究所，1972年，图版34。
[4] 朱凤瀚：《中国青铜器综论》，上海古籍出版社，2009年，第963页。
[5] 华觉明、冯富根、王振江、白荣金：《妇好墓青铜器群铸造技术的研究》，《考古学集刊》第1集，中国社会科学出版社，1981年，第261—266页。

根据这些事实，可以推断铸铆式铸接牺首是二里岗晚期在南方发明的一种工艺，月儿河龙虎尊是其中的特殊形式，也是目前所知最早的器物。这一工艺在中商时期在南方广泛被用于铸造青铜尊、罍和瓿，它们都具有南方风格特点。铸铆式铸接牺首和鋬创生于南方作坊，与诸多中商时期器关系密切，这一工艺在殷墟不用于铸接牺首而表现在鋬和纽的铸造中，说明D1型尊年代早于殷墟，也早于属于中商晚期小屯M331出土的尊，和王从礼从纹饰角度分析江陵八姑台两件尊年代早于殷墟一期（即中商晚期）的结论一致。①

（三）高浮雕纹

青铜器纹饰出现在二里头晚期，二里岗下层的材料不多，应发展出带状纹饰。就二里岗上层早段青铜器看，纹饰带多浮凸于器表，犹若镂空的纹饰片贴在器表，纹带高度基本一致。大约在二里岗上层晚期，有纹带表面局部突出，出现局部高浮雕纹饰，郑州商城和黄陂盘龙城都出土了实物。郑州白家庄罍C8M2：1，口侈、尖沿、方唇，束颈上均布三个若在器表雕出的"龟纹"，肩部饰勾云纹带；折肩，腹饰宽兽面纹带，上下以云雷纹带镶边；兽面浮雕但紧凑，高冠，一对C形兽角朝下，一对甚小的臣字眼，眼珠如豆但凸出，鼻翼为阳线螺旋形凸出，兽足浮凸。宽线勾云纹向兽面两侧铺展，而兽面的角、足、鼻、冠等勾勒卷云纹。圈足上部两周凸弦纹通过三个十字形透孔（参见图2.21）。②

盘龙城王家嘴罍WZM1：2，造型和上罍一致，但束颈饰三周凸弦纹，肩面饰宽线目云纹带。③腹饰宽线兽面纹带，构图同样拘谨，宽鼻高冠，一对角硕大，斜向外耸出后下折回勾，上饰鳞纹；眼角尖而眼珠凸，鼻翼、角根、嘴角同样为外凸的螺旋线，兽面纹两侧各半幅宽线兽面，与相邻的一半构成倒置兽面纹。主兽面纹突出，形成浅浮雕，其余纹线平铺。圈足上部也是两周凸弦纹穿过三个均布的十字透孔。纹饰流畅，是典型的模作纹（参见图2.22.1-2）。④新干大洋洲出土壶XD：45，兽面形近

---

① 王从礼：《记江陵岑河庙八姑台出土商代铜尊》，《文物》1993年第8期，第68页。
② 河南省文物研究所：《郑州商城：1953—1985年发掘报告》，文物出版社，2001年，第821页。《中国青铜器全集》卷1，文物出版社，1996年，图128。
③ 湖北省文物考古研究所：《盘龙城：1963—1994年考古发掘报告》，文物出版社，2001年，第138页。报告称此器为尊。
④ 苏荣誉、张昌平：《盘龙城青铜器的铸接工艺研究》，盘龙城遗址博物院、武汉大学青铜文明研究中心编：《盘龙城与长江文明国际学术研讨会论文集》，科学出版社，2016年，第118—137页。

此罍而且浮凸，①二者关系如何尚难推测。

城固苏村窖藏中一件罍CH71-2，造型与上述二罍相同但纹饰有差，颈饰三周凸弦纹，肩饰宽线夔纹带，腹饰宽线兽面纹带，布局接近王家嘴罍，但兽面布局舒展，高冠两侧竖叉形角，眼角后隐有兽身；两侧兽面无目，圈足结构同上（参见图2.23.1-2）。对比这三件罍，大同小异，从纹饰结构看，白家庄罍腹部纹带为两重，可能略晚，而另外两件，或许盘龙城王家嘴罍较城固苏村罍略早。城固苏村罍内壁相应下凹（参见图2.23.3），②或者说明二里岗晚期或略晚，高浮雕纹饰的出现在工艺上出现了分野。

中商晚期的安阳小屯M333出土一件罍R2060，造型与上述三罍相若，颈饰三道凸弦纹，肩饰宽线夔纹，云雷纹衬地；腹饰结构颇近王家嘴罍的兽面纹带，兽面的"角、鼻、眼及獠牙部分凸出器面很高，而器身内部之对应部位则凹入"。此外，兽面纹两侧的半幅兽面有所不同，有凸出的眼珠；云雷纹衬地。圈足上部一周凸弦纹穿过三个均布的十字形透孔（参见图2.24.1-2）。③这是较早认定的内壁随器表纹饰浮凸而凹陷的实例，④自然是中商晚期南方风格器，后在安阳小屯出土。

年代同属中商晚期的藁城台西商代墓地出土一件瓿M112:4，直口、弧肩、方唇、沿外侈，短颈饰两道凸弦纹，宽肩饰三组细线目雷纹带，两侧以圆圈纹镶边；腹部饰宽兽面纹带，长目多素白、尖眼角、眼珠圆凸；鼻梁凸起，下有大鼻头，两端内卷并突出为鼻翼；阔口中獠牙出露；额上有宽冠饰，两侧各有三竖立的羽刀纹，一对不大的几字形角在其外，眼外为分离的S形兽身，前端螺丝卷形外突，尾端向下折勾；眼珠下有分离的兽足，其外填补无目变体夔纹。兽面的鼻、角、身、眼、足及夔纹均浮雕，器内壁相应凹下。圈足矮，饰目雷纹带（参见图2.26.1-2）。⑤纹饰类型属模—芯合作纹，也具有南方风格。

---

① 江西省文物考古研究所等：《新干商代大墓》，文物出版社，1996年，第62页，第65页图35a、彩版16.1。
② 苏荣誉：《晋西两件商代南方风格青铜器研究》，《中国国家博物馆馆刊》2020年第11期，第37—49页。
③ 李济、万家保：《殷墟出土伍拾叁件青铜容器之研究》（《古器物研究专刊》第五本），"中研院"历史语言研究所，1972年，图版22、44。小屯M331与M333年代相若，同属中商晚期，所出下腹圆口卣R2066，肩部四角的圆雕龙首和前后扉面中间的圆雕虎头形牺首系分铸铸接成形，腹部四角的浮雕兽面有高浮雕大角，根据绘图腹内壁没有随高浮雕兽角而凹陷，情形类于安阳殷墟时期器物。作者指出肩部的四龙首和两牺首先铸（图版44、57.4a），颇有疑问，本文所及器物的肩部牺首和附耳均后铸，相关问题值得注意。
④ 张昌平：《论殷墟时期南方的尊和罍》，《考古学集刊》第15集，文物出版社，2004年，第122页。
⑤ 河北省文物研究所：《藁城台西商代遗址》，文物出版社，1985年，第129页。

殷墟早期出现的高浮雕纹饰，是南方风格器物影响的结果。但在殷墟早期，以妇好墓出土的青铜器为代表，"主纹多为复层花"，"浮于地纹之上"，"辅助花纹多为单层花，少量则为复层花"，[1]浮雕纹饰流行，高浮雕多见，但内壁相应凹陷的器物极少，偶见于1935年殷墟M1004墓道出土的牛方鼎R1750和鹿方鼎R1751，腹面高浮雕牛首和鹿首，内壁相应下凹但十分微小（图4.148.1-2、图4.149.1-2）。[2]大多如妇好墓司㚸母青铜方壶M5：794，器表满布纹饰且多圆雕附饰、高浮雕兽面纹和龙纹，通高达644毫米、重逾35公斤，[3]腹内壁却是平光的，和D1类型尊判然有别。这一现象成分表现了殷墟作坊中本土铸工与从南方迁移来的铸工的冲突。[4]

图4.148.1　牛方鼎R1750 　　　　图4.148.2　牛方鼎R1750

图4.149.1　鹿方鼎R1751 　　　　图4.149.2　鹿方鼎R1751

---

[1] 郑振香、陈志达：《殷墟青铜器的分期与年代》，《殷墟青铜器》，文物出版社，1985年，第49页。
[2] 《中国青铜器全集》卷2，文物出版社，1997年，图41、42。李济、万家保：《殷墟出土鼎形器之研究》（《古器物研究专刊》第四本），"中研院"历史语言研究所，1970年，图版29.1、31.1。
[3] 中国社会科学院考古研究所：《殷墟妇好墓》，文物出版社，1980年，第64页。
[4] 苏荣誉：《妇好墓青铜器与南方影响——殷墟青铜艺术与技术的南方来源与技术选择新探》，河南省文物考古研究院、香港承真楼编：《商周青铜器铸造工艺研究》，科学出版社，2019年，第1—68页。

贝格立关注到殷墟D2型纹饰，指出原先所认为这类纹饰源于殷墟（如妇好墓）的说法不确，而新干大洋洲四羊罍的高浮雕散列式兽面纹和藁城台西瓿M112：4纹饰一样，说明其出现在二里岗与殷墟之间。[①]暗含着D2的源头在中商，但并未清楚论证。上文梳理的事实很明显，殷墟时期青铜器最具特点的"三重花"纹饰，布局和工艺与兴起于二里岗、发展于中商的高浮雕范—芯合作纹不同，其演变逻辑需要重新讨论。

与月儿河龙虎尊同时出土的兽面纹尊（参见图1.52.1-2），以密集、曲折、流畅宽纹线为特征，有向满花纹发展的强烈取向。尊腹饰高浮雕兽面纹，不仅凹凸有致一丝不苟，且纹饰没有上下分段。贝格立认为月儿河龙虎尊纹饰是和缓地隆起形成浮雕状，兽面、人纹和虎纹造型圆润，似要融入底面一般；其阴线均匀地漫延在主纹和底面，和殷墟时期高浮雕的两层花明显不同，足部具有标准的二里岗期纹饰，[②]年代无疑应属二里岗时期。[③]

月儿河青铜器中，如果龙虎尊属于特例的话，和兽面纹尊结合起来就不能认为出于偶然。二者具有特殊风格且完全一致，即高浮雕纹饰且器内壁凹下，壁厚划一，形成它们的工艺是模—芯合作纹，要求泥芯从翻范的模中翻出芯盒才能再翻制，只有这样范与芯的组合才能妥帖，为了减少组合中的舛误，采用了垫片保证范、芯空间。垫片发明的过程在盘龙城青铜器中表现清晰，[④]很可能是南方铸工的发明。而龙虎尊虎头的铸铆式铸接，和盘龙城李家嘴双耳簋的铸铆式铸接，工艺思想完全相同，工艺手法同源同宗，如前文所论，可以认为是南方铸工的发明。

南方青铜器无论是器形、纹饰还是工艺都源自中原，具体是二里头抑或始于二里岗下层还缺乏资料，前者的可能性较大，早期可能不断对南方产生着影响。而南方青铜器风格的形成，该是南方作坊铸铜实践的产物，目前认为月儿河两件尊为早期的代表，以其完整而成熟的面貌，有理由追踪其更早形态。就腹壁壁厚一致性看，中商时期藁城台西瓿M112：4，纹饰具有南方特点，很大可能是南方铸件北传的结果，而安

---

① 贝格立:《南方青铜器纹饰与新干大洋洲墓的时代》，马承源编:《吴越地区青铜器研究论文集》，两木出版社，1998年，第125页。
② 贝格立:《南方青铜器纹饰与新干大洋洲墓的时代》，马承源编:《吴越地区青铜器研究论文集》，两木出版社，1998年，第125页。
③ Robert W. Bagley, *Shang Ritual Bronzes in the Arthur M. Sackler Collections*, Washington D.C.: The Arthur M. Sackler Foundation, 1987, p. 274 note 10.
④ 苏荣誉、张昌平:《关于盘龙城楼子湾青铜鬲LWM4-3的铸造工艺及相关问题》，纪念二里头遗址发现55周年学术研讨会，2014年10月25日—26日：北京。

阳小屯M333罍R2060的装饰或许较月儿河尊为早，是南方作坊铸造此类纹饰略早的产品，也可能较之为晚，是南方作坊某新铸工的习作。

但以巫山李家滩大口折肩尊为代表的D1和D1.1型尊，虽然和月儿河尊有些距离，如更高挺挺拔，口变大、腹变小、圈足高，除上博尊工艺不明外，牺首一律以铸铆式后铸，腹部纹饰模—芯合作，圈足纹饰或模—芯合作，或依然模作，工艺上具有同源性，或较月儿河尊晚一个时段，兴起于中商中期而沿用到中商晚期，也就两三代人的时间，出于同一作坊三五个工匠之手。它们的惊人相似，于此不难理解。

（四）铸地与扩散

青铜器的铸地问题十分复杂。就笔者孔见，泥范块范法铸造青铜器是十分复杂的规模性工业生产，难度大、资源配置不易、铸工难得，加之青铜礼器地位尊崇，王者和霸者都想垄断，青铜容器的铸地是十分有限的，难以想象各氏族、各封国和方国自铸青铜器。[①]

探讨青铜器铸地，铸铜遗址是最重要的材料，器物居次。但有商一代，目前所发现的铸铜遗址十分有限，可确定的皆在都城：二里岗时期的郑州南关外和紫荆山两处，商晚期安阳殷墟大邑商，发现小屯、苗圃北地、孝民屯和薛家庄等多处铸铜遗址；[②]至于中商，无论是郑州小双桥、济南大辛庄，还是清江吴城，虽然发现有铸铜遗物，或许可以铸造兵工器具，规模都很小，或者是尝试性的，未必有能力铸造青铜礼器。西安老牛坡有铸铜遗址，破坏得十分严重，发掘报告竟无一张照片，对遗迹、遗物的认识难以判断。黄陂盘龙城原先所言的铸铜遗物并不可靠，据说新近有所发现，值得期待。退一步，即是发现铸铜遗址，如何与器物切合起来也非易事。

考古学家往往将地方特点与出土地关联起来，将铸地和出土地混同，以出土地为铸造地，类似实例很多，此处不一一铺陈。对于南方风格的商代青铜器，由于量大且分散，早期多出自湖南，湘北甚至宁乡成为讨论铸地的焦点。和本文相关的，熊传新把华容东山和岳阳费家河两件尊归为湖南的混合型青铜器，风格与中原青铜器有相同之处，但又有不同程度的地方特点。认为在商前期中原商文化已抵达湖南，把中原冶

---

① 苏荣誉：《二里头文化与中国早期青铜器生产的国家性初探——兼论泥范块范法铸造青铜器的有关问题》，《夏商都邑与文化》（一），中国社会科学出版社，2014年，第342—372页。
② 2016年9月12日—14日笔者去安阳学习，在中国社会科学院考古研究所安阳工作站听闻最近在洹北商城遗址、漳河边的辛庄、安阳南郊都发现了铸铜遗址，范围远较往日扩大，期待有关资料早日公布。

铸技术带来，不断吸收当地文化并就地铸造了混合型青铜器。造型、纹饰与中原地区有一定的差异。①

向桃初的看法相近但提出铸地不同，推测"商人从进入湖南至到达沩水流域期间，沿途留下了从原居地带来的大量青铜器，如华容出土的铜尊，岳阳的尊、罍……似可以证明商末周初进入湖南的商人确系原居留在鄂东南、赣北及皖西一代的商人，其中有一部分继续溯长江而到达了川西"②。后来宁乡炭河里遗址的发掘以及美国和日本学者的研究，使他重新思考湖南青铜器，重新划分五组，两件尊所在的B组"产于江汉平原东部地区的可能性大于其他任何地区"③。

就现有考古资料看，二里头文化的扩张和人口迁徙相关，虽然动因不明，但那时便有人群从伊洛南迁至长江中游地区。商早期便发现了当地的铜矿，较之于二里头文化区内的中条山铜矿（目前无证据表明二里头至商曾经开采）易于开采，易于选矿富集，而且植被极好且恢复快，无支护材料与燃料供给之虞，可长期开发冶炼，采铜炼铜工业于是在那里发展起来。业已发现的瑞昌铜岭、阳新大港铜采冶遗址代表了早期阶段，大冶铜绿山和皖南代表了晚期阶段。还有，中原无锡资源，辽西—内蒙古东的锡矿资源多铜锡共生矿，冶炼可得到低锡青铜，但难以获得金属锡以铸造高锡青铜器。自二里岗时期，高锡高铅的三元青铜是主流，反映出当时不缺乏锡。④二里头文化和二里岗向南方的扩展，是否与锡资源有关，有待考古发现判定。

南方长期炼铜铸锭解往中原的结果，导致了在当地铸造铜器，建造了南方铸铜作坊。其地点既不会在矿山，但也不会离炼铜地太远，可能在皖、鄂、赣交界地区。⑤虽然证据链不全，但可以推想，铸接工艺特别是铸铆式铸接、扉棱分铸、壁厚一致的浮雕纹饰的模—芯合作纹工艺、垫片等一系列发明是在南方作坊完成的，独特的技术形成了独特的风格。

南方风格的青铜器，在南方几乎不出于墓葬而往往是山坳河滨，不少学者认为是

---

① 熊传新：《湖南商周青铜器的发现与研究》，《湖南省博物馆开馆三十周年暨马王堆汉墓发掘十五周年纪念文集》，湖南省博物馆，1986年，第97页。
② 向桃初：《湖南商代铜器新探》，《四川大学考古专业创建三十五周年纪念文集》，四川大学出版社，1998年，第168、174—175页。
③ 向桃初：《湘江流域商周青铜文明研究的重要突破》，《南方文物》2006年第2期，第74页。
④ 苏荣誉、华觉明、李克敏、卢本珊：《中国上古金属技术》，山东科学技术出版社，1995年，第197、288—292页。
⑤ Su Rongyu, *The Zun Vessels from Chenggu, A Reconstruction of Bronzes in Southern Shang*, The Workshop with an Exhibition of Ancient Sichuan: Treasures from a Lost Civilization at Seattle Art Museum, August 2001, Seattle.

山水祭祀的孑遗，表现出大不相同的器物功能。同时，南方作坊的器物也不断输向各地，如本文涉及的岐山贺家村凤柱斝、安阳小屯墓R2060和藁城台西瓿M112：4，还有淳化黑豆嘴出土的壶，[①]扉棱分铸，可以认为是铸自南方作坊；[②]石楼桃花庄倒饰兽面纹壶，[③]张昌平指出非安阳铸造，[④]经笔者考察，应是南方作坊产品。此类为数尚且不少，需要一一甄别。

前文提及，高浮雕纹饰的大口折肩尊是中商中、晚期两三代铸工在南方作坊铸造的器物，分布在皖、鄂、湘、渝、川多地，自然是从铸地扩散出去的。其实，还有一批平纹尊（C型和C2型）及一批南方风格的青铜罍，也铸自那个作坊，分布地点还包括江苏、江西和陕西地区。[⑤]

最后，再简略讨论一下南方青铜器风格和铸铜工艺对殷墟的影响。

长期以来，学者们站在中原立场，从郑州、安阳的器物出发看包括南方的四夷青铜器，多认为是从中原传出，或赏赐或掳掠。若器物有点区域特点，则认为是中原与地方结合的产品。这些器物的年代自然要晚。南方风格青铜器，多被标识为安阳晚期或笼统地说商晚期。现在，我们知道高浮雕纹饰，即罗越的V型，本文的D1型（包括D1a，下同），发端于二里岗时期，风行于中商时期南方风格尊、罍上。它们和D2型是怎样的关系？

安阳殷墟大邑商是商晚期大都会。早期的都市不仅是王都，是政权和政治中心，也是经济中心，政权赖经济力量支撑。都市经济的核心是手工业和商业经济。殷墟所发现的铸铜、治骨、攻玉、陶埏作坊不少，其产品中应不乏商品，以货买或交换。作为手工业和商业中心，自然也是时尚中心，是多元文化混杂之所，以满足不同对象的需求。以铜器论，既有很多中原器，也有不少南方风格器和北方草原风格器。北方草原风格器物另论，对于安阳出土的南方风格的器物，虽尚未见研究指认出某器铸自南方，但具有南方风格和南方工艺特点的器物，已经可以辨识出若干。

出自安阳、具有铸铆式后铸附饰这一南方工艺特色的器物，包括一件斧、上博

---

① 姚生民：《陕西淳化县出土的商周青铜器》，《考古与文物》1986年第5期，第18、20页。
② 苏荣誉：《扉棱先铸青铜容器初论》，宝鸡戴家湾、石鼓山与安阳出土青铜器及陶范学术研讨会，2015年11月30日—12月4日：北京、宝鸡。
③ 《中国青铜器全集》卷4，文物出版社，1998年，图139。
④ 张昌平：《北美地区所见中国商时期南方或南方特征青铜器》，《方国的青铜与文化：张昌平自选集》，上海人民出版社，2012年，第207页。
⑤ 苏荣誉等：《湖南省博物馆藏两件大口折肩青铜圆尊的研究——兼及同类尊的渊源与风格、工艺、产地和时代问题》，湖南商与西周青铜器国际研讨会，2015年8月26日—27日：长沙。

藏罍、弗利尔藏方罍、妇好墓偶方彝和分体甗、花园庄M54盂、西北冈觯、刘家庄M637卣等，但均是蘑菇形铆头的铸铆式后铸，基本集中在殷墟早段；没有发现D1（包括D1a，下同）型尊的贴片形铸铆式后铸器物。殷墟尊的附饰采取榫接式后铸，可能在南方工匠迁安阳之前已经定型，说明铸铆式后铸牺首于尊，早于榫接式。同样，腹部高浮雕纹饰内壁下凹的D1型，在殷墟就发现了牛方鼎和鹿方鼎，而D2型尊中一件也不曾发现。说明D1型尊虽然早，但无论是工艺还是风格类型都未被移植到殷墟尊上。

就商代青铜器而论，和殷墟青铜器快速崛起以至达到鼎盛局面相对照，南方铜器铸造似乎处于萎缩状态并迅即趋于式微的情形。对这一彼消此长现象的解释，可修改前论并作如下推测：

武丁有为且长寿，武力征服四方的同时，要垄断青铜器生产，禁绝地方铸造青铜礼器，便毁弃了南方的铸铜作坊并迁铸工到殷墟，这些铸工掌握着南方铸铜作坊的特殊工艺，将钉盖形铸铆式铸接工艺带到了安阳，历经三四代或四五代人，铸造了现在所见的十件左右的器物。因高浮雕纹饰早传入殷墟，殷墟工匠采用模作纹的方式，铸造出了精美的三重花纹器物（降低凝固缺陷发生率的一条途径可能是将器壁加厚，使高浮雕纹饰厚度梯度减小，这或为殷墟器壁较厚的一个工艺解释），迁来的南方铸工所掌握的模—芯合作纹工艺，已不具备多少优势，没有推行开来，仅偶尔一用，推想牛、鹿方鼎等是这样的产品。这一过程包含着技术选择，既有的工艺总是排斥或压制新工艺的使用，当然，实质上是老工匠总是排斥和压制外来的工匠。

南方风格青铜铙，数量很大，据统计多达145件，其中55件属兽面纹铙，体形硕大，动辄数十公斤至一二百公斤，用料很多，纹饰怪异，无疑是商代南方青铜作坊的产品。其年代问题相当含混，向桃初有详细讨论。他重新划分类型，排比年代，提出南方铙以新干大洋洲器群中的三件为早，将该群断为殷墟三期或更晚，其铙是受到殷墟小型铙的影响而发展起来的，最早为殷墟三期，并经殷墟四期、西周早期而延续到西周中期。[①]按，殷墟铙在正鼓部有明显的突台供敲击，在南方铙上几乎没有这一设计，且往往满铺纹饰，纹饰上也没有敲击痕迹。若说这些铙是乐器，设计时未考虑敲击，也未见到敲击痕迹，功能不无怀疑；是否以殷墟铙为原形，需要更多证据，新干大洋洲铜器群断为殷墟三期也缺乏说服力。

---

① 向桃初：《湘江流域商周青铜文化研究》，线装书局，2008年，第309—348页。

若照上文推论，武丁时期毁却了南方铸铜作坊，迁铸工于安阳而南方作坊几乎中止铸造青铜礼乐器，这批南方兽面纹铙则不晚于武丁晚期。若其中确有晚者，说明武丁没有完全毁弃南方铸铜作坊，而是禁止它们铸造青铜礼器，至于南方型铙，中原不感兴趣而南方热衷，网开一面可继续铸造。那么，迁走的铸工是铸礼器者而不包括铸铙者。是否年代略晚的南方有枚铙也在那作坊生产，则无从考，或者铸造南方铙别有作坊。如此等等，希冀考古发掘提供新资料，也有待青铜器研究方法和手段的不断突破。

作者附识：感谢上海博物馆青铜部诸位同人，在2020年3月22日周一闭馆期间，让作者考察他们所藏的南方风格大口尊并允为拍照。

三星堆青铜尊K2②：79纹饰填朱复原试探

董逸岩　苏荣誉

对三星堆青铜器的探究表明，它们基本上属高锡高铅三元铜合金，都以泥范块范法铸造成形，但这批青铜器的呈色仍缺乏研究。本文基于考古材料，以大口折肩尊K2②：79为对象，通过对其纹饰填朱的复原探讨色相，进而就某些相关问题略作申论。

一、大口折肩尊K2②：79造型与纹饰

1986年发掘的三星堆器物坑，所出土青铜人头像、眼形器和面具等，多可见清晰彩绘。青铜容器上也残存不同色料块，多填在纹线中，以红色或黑色较为普遍，大口折肩尊K2②：79即是其中一例。

尊K2②：79侈口折肩、鼓腹高足，通高442毫米、口径415毫米（图5.1.1-2）。[①]颈根部饰三周凸弦纹，肩部饰六夔纹组成的纹带，纹线平铺，夔形抽象，仅眼珠凸出（图5.2.1）。夔纹两两成组，对头之间各设片状鸟饰，伏卧在纹带上。鸟饰昂首向外，粗短喙，两眼大且眼珠圆凸，颈粗且长，两侧饰鳞纹。鸟腹两侧勾云纹，翘尾、尾梢前卷。因纵向披缝略宽，喙与尾均不够清晰，尾与颈根交连（图5.2.2）。与三鸟饰相间60度，肩纹带的两夔尾间各设一圆雕牺首，扣在肩面，大嘴伸出肩沿并搭在腹部纹带上边。牺首阔鼻，勾卷曲鼻翼但嘴短，双眼位置已出肩沿，球形眼珠圆

---

① 《三星堆祭祀坑》，第238、241页，第242页图138，第246页拓片18、图版92.1、彩版70。

凸，鼻梁布刀纹。牺首额中高竖扉棱形冠饰，其两侧是一对虺形大角斜弯向脑后至尊颈根，上饰云纹和鳞纹。两角之间的平面，平铺横置的刀纹。三个牺首仅一个冠饰完整，另两个残缺（图5.2.3-4）。

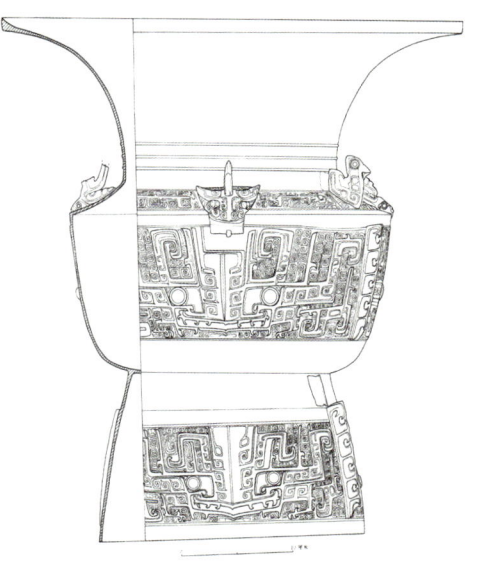

图5.1.1　尊K2②：79　　　　　　　　图5.1.2　尊K2②：79线图

图5.2.2　尊K2②：79　图5.2.3　尊K2②：79
肩鸟饰　　　　　　　　肩部牺首

图5.2.1　尊K2②：79　　　　图5.2.4　尊K2②：79
肩部纹带　　　　　　　　　牺首

231

图5.3.1 尊K2②：79腹部纹带

图5.3.2 尊K2②：79腹部纹带及补铸痕迹

腹壁斜直，宽纹带由三组构成，组间设不透空的勾牙式扉棱，与肩部鸟饰相应。每组纹饰均由相同的平铺兽面纹与其两侧下边所填平铺的夔纹构成。兽面纹阔口微张露出牙齿，尖吻上起脊棱式窄鼻梁，鼻梁两侧勾宽线云纹，云纹自额中向上耸起为冠饰，因上方有牺首下颏，冠饰较矮。一对臣字形大眼中眼珠圆凸（图5.3.1），其外侧横伸着窄的兽身。兽身勾宽线云纹，上折后并向外出尾，尾梢向下回勾。兽面眼与身上面的部分功能不详，或者为翅。身下出足，足后填抽象夔纹。夔纹有向前长伸并勾卷的鼻，眼大但眼珠不凸。整个纹饰空白处填细线云雷纹（图5.3.2），与兽身、角之宽线云纹不同，虽然纹饰平铺，但各自功能明确，或可视为三层花的雏形。

细线云雷纹粗细均一、走线流畅，宽线云雷纹粗细不定、不够流畅。此现象与模范的形成有关，但迄今发现的铸铜遗址及遗物，尚不足以彻析其中机理。

圈足高，其壁微弧，顶部均布三个形状近乎长方形透孔，孔下置不透空的勾牙式扉棱，透孔、圈足扉棱、肩部鸟饰以及腹部扉棱各相对应。扉棱将圈足的宽纹带分三组，纹饰带结构与腹部纹饰完全一致但形象不同，使用几字形角，冠饰略高，眼珠略小且凸出略低（图5.4.1-2）。整器布满绿锈，局部区域有褐、黑、黄和蓝等色锈块，分布无规律。

图5.4.1　尊K2②：79圈足纹带　　　　　　　图5.4.2　尊K2②：79圈足纹带及浇道

二、大口折肩尊K2②：79的铸造工艺、填纹处理及复原

尊K2②：79器身留有明确的铸造和加工工艺信息，可据以复原其基本的和关键的工艺。

首先，肩部牺首与肩面有接缝（参见图5.2.3-4），且扣在肩面和肩沿，表明牺首后铸。与牺首相应的腹内壁，通过镜子可以看到有不规则形状的铸铆头（图5.5.1），证明牺首以铸铆式后铸成形。牺首冠饰中间的披缝与两角间平面上的披缝一致，说明牺首左右对开分型。[①]这种工艺在南方风格大口尊中具有典型性。[②]

在尊肩鸟饰、腹部扉棱和圈足扉棱的中心，都有纵贯的披缝。三道披缝重合（图5.5.2）并通过圈足透孔，构成尊体的分型面，说明铸型是由三块相同的范与腹芯和圈足芯构成。在腹部和圈足兽面纹的口中，都有与脊棱形鼻梁贯通的披缝（参见图5.3.1-2、图5.4.1-2），但披缝并未上下贯通，说明腹和圈足每组兽面纹都是由左右两块范拼合的，即尊的每块范都在相应位置嵌着两块腹部兽面纹和两块圈足兽面纹范块。

该尊初铸明显不够精美，缺陷较多。首先，圈足底沿不够平齐（参见图5.4.2），有残存的浇道。这是南方风格青铜器的共同特点，在三星堆青铜容器中也十分普遍。

[①] 苏荣誉：《三星堆大口折肩尊研究——兼论商南方风格大口尊的风格、工艺、年代与渊源关系》，见本集第四篇。
[②] 苏荣誉、宫希成：《六安洭河青铜大口折肩尊的风格与工艺研究——兼及同类器物的时代与产地等问题》，何驽主编：《李下蹊华——庆祝李伯谦先生八十华诞论文集》，科学出版社，2017年，第359—421页。

此现象说明南方铸铜作坊的很多铸工设计浇道不够精当，浇铸凝固后会留下浇道的残迹。① 其次，其表面较为毛糙，花费了很多时间进行打磨，腹部纹带上有清晰磨痕（图5.5.3）。但颈部、下腹等无纹饰的部位见不到披缝痕迹，包括颈根凸弦纹上也未有披缝的痕迹，说明这些地方的披缝曾被精心处理过。最后，初铸的浇不足和大气孔不少，铸工对其中的较大缺陷进行了补铸（参见图5.3.2），而未对小缺陷多加处理（图5.5.4-5）。这表明此尊不能作通常所说的盛装酒浆之用。

图5.5.1　尊K2②：79
内壁铸铆头

图5.5.2　尊K2②：79
扉棱与鸟饰披缝

图5.5.3　尊K2②：79
腹部纹饰打磨痕

图5.5.4　尊K2②：79
腹壁孔洞

图5.5.5　尊K2②：79
扉棱下孔洞

---

① 苏荣誉：《湖南商周青铜器铸造工艺初探》，《中国青铜技术与艺术》（丁酉集），上海古籍出版社，2019年，第393—442页。苏荣誉、朱亚蓉：《三星堆出土青铜罍K2②：159初步研究——附论外挂式管状透空牺首饰尊与罍》，《三星堆研究》第五辑，巴蜀书社，2019年，第225—260页。

这件器物的重要，还在于器表和纹饰中的颜料痕迹。发掘报告虽已指出，但不够具体。红色颜料存在于肩部纹饰（参见图5.2.1）、鸟饰（参见图5.2.2）、牺首（参见图5.2.3-4）、腹部纹饰（参见图5.3.1）和圈足纹饰及扉棱纹线（参见图5.4.1-2）上。肩部的色泽鲜亮若朱砂，腹部和圈足的色泽较沉暗如铁锈。此外，在肩部的鸟饰、牺首上还残存有白色和褐色，腹部兽面冠饰顶与牺首嘴下残存有粉白色覆盖物，究竟是颜料还是锈蚀有待进一步研究。这里仅对红色填充物进行讨论和复原。

根据对商周青铜器材质的研究，选取14K黄金色为铜器本色，颜色近乎16进制值#E9BF61，而据尊填色照片的红，颜色为16进制值#FD4E50，据此可复原尊K2②：79的填朱（图5.6）。至于颜料的组成、色值以及牺首、鸟饰和腹部纹带的其他颜色，有待测定后全面复原。此外，兽面纹凸出的眼珠上暂未发现颜料，本复原权作本色处理（图5.7）。较为特别的是肩部纹带，大多数都可见填朱痕迹，但一处完全无色，底色灰白，夔眼珠青灰，纹线中似乎未填充颜料（图5.8），其原因还待深入研究，不排除尊的不同部位有不同颜色的可能。

图5.6　尊K2②：79填朱复原

图5.7　尊K2②：79腹部纹饰填色复原　　　　　图5.8　尊K2②：79肩部纹带特别颜色

初步的填朱复原，仅再现了尊K2②：79的金黄基底和朱红纹带，颜色对比强烈而和谐，附饰和纹样均突出、醒目。相信全部颜色复原后，该尊的呈色是瑰丽多彩的。

三星堆存在多件填纹处理的青铜尊，发掘简报曾指出还有尊K2②：127和K2②：146经填纹处理，[①]发掘报告中还涉及尊K2②：112，但不包括尊K2②：79和K2②：151。[②]在与之同出土的人头像、面具和动物形器上，则可见到多种涂色。三星堆器物坑的青铜容器具有南方风格特征，年代早于殷墟而属中商，[③]填色处理是否是南方风格青铜器的一个特征抑或一种例外，值得深探。更进一步，这些填色处理的南方风格青铜器，是铸铜作坊的原作，抑或流入天府之后再对其进行的填色处理，也是饶有趣味的问题。

三、商周青铜器的呈色

高锡高铅三元青铜合金因元素含量的不同，颜色属纯铜的淡桃红和锡铅的灰银白

[①] 四川省文物管理委员会等：《广汉三星堆遗址二号祭祀坑发掘简报》，《文物》1989年第5期，第1—20、97—103页。
[②] 《三星堆祭祀坑》，第238页。
[③] 苏荣誉：《巫山李家滩出土大口折肩青铜尊探微——兼据同类尊的风格和关键工艺探讨其年代和扩散》，《南方民族考古》第十四辑，科学出版社，2017年，第131—187页。

之间。① 商周青铜器中多数含6%-20%的锡和低于8%的铅，② 为橙黄色（图5.9）。复原铸造的青铜鼎和簋即是如此，仅受光洁度或表面氧化层等影响，色泽橙黄发暗（图5.10.1-2），可认为商周青铜器本色如此。

前文已述，三星堆出土的青铜容器纹饰繁复华丽，需要借填纹工艺以凸显纹饰。因为这样的色相，在一定距离下会模糊器表纹饰和凸起的附饰，使这些穷其技艺制作模范、旨在使器物华丽繁复的图案与附件晦暗不清。

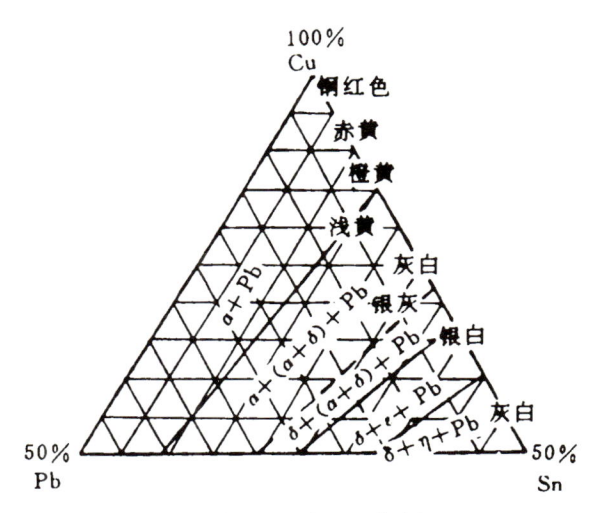

图5.9　铜—锡—铅三元合金色图

图5.10.1　新铸青铜鼎原色
（铜陵新九鼎铜文化产业公司提供）

图5.10.2　新铸青铜簋原色
（山西宇达青铜文化艺术公司提供）

---

① W. T. Chase, "Comparative Analysis of Archaeological Bronze", In: *Archaeological Chemistry* (*Advances in Chemistry Series 138*), C. W. Beck ed., Washington D. C.: American Chemical Society, 1974, pp. 148–185.
② 苏荣誉、华觉明、李克敏、卢本珊：《中国上古金属技术》，山东科学技术出版社，1995年，第243、271—274页。

当然，整器金黄虽逻辑欠通，但亦有考古发现的实例。1983年光山宝相寺出土的黄夫人鼎，锈蚀程度很低甚至没有锈蚀，年代在春秋早期（图5.11.1）；上海博物馆收藏的亚夨鼎，颈部、腹部和圈足纹带及双耳基本为金色（图5.11.2）。但后者的颈部、下腹、圈足下沿、颈部纹带、腹部纹带之间的窄素带，以及腹部菱格纹中的圆乳丁的表面，都有一层较为致密的"锈蚀层"，[①]两相对照，很可能原本为彩绘，经三千多年蜕变，已经残缺和变色，原色如何有待研究。

图5.11.1 黄夫人鼎

图5.11.2 亚夨鼎

[①]《中国青铜器全集》，文物出版社，1998年，卷7，图79；卷4，图41。

古代青铜器彩绘或纹饰中填色一直被学界漠视。北宋至20世纪的金石学家未有提及，19世纪之后的艺术史家罕有几句提示，20世纪前半叶开始的考古学，只有少数考古学家注意到所发掘器物有漆绘。①真正将这一现象作为问题研究的，是文物保护和科学研究学者。首先是大英博物馆的科学家普林德雷斯（Harold J. Plenderleith, 1898—1997），在20世纪30年代率先研究其馆藏中国青铜器，他首次在实验室辨识出纹饰中的黑色残留物是一种"镶嵌"（Inlay），包括碳、硅酸盐和磷酸盐，可能属某种原始形式的漆。②此后，直到60年代，盖滕斯（Rutherford J. Gettens, 1900—1974）在考察弗利尔艺术馆（Freer Gallery of Art, Smithsonian Institution）藏青铜器时，关注到了填色物质，并对之进行了研究。弗利尔艺术馆收藏的一件商代青铜盘（编号56.26），盘内龙身纹线较为突出，大部分呈黑色。经分析，为黑色赤铜矿且部分覆盖于灰绿色锈下，可认为是制作盘时，为使之呈黑色，将赤铜矿与炭研粉调和为纹饰填充物（图5.12.1-3）。③弗利尔收藏的一件残觚（SC529，图5.13.1），腹部有细密纹饰。经取样并切片分析，确定纹线中明显有黑色填充物（图5.13.2）。这些填充物在放大视场泛白，纹饰沟槽中填充物相当致

图5.12.1　蟠龙纹盘

图5.12.2　蟠龙纹盘内

图5.12.3　蟠龙纹盘内填纹

---

① 苏荣誉：《凸显纹饰：商周青铜器填纹工艺》，北京大学出土文献研究所编：《青铜器与金文》第三辑，上海古籍出版社，2019年，第313—367页。
② H. J. Plenderleith, "Technical Notes on Chinese Bronzes with Special Reference to Patina and Incrustation", *Transactions of The Oriental Ceramic Society*, 1938–1939, Vol. 16, p. 38.
③ John Alexander Pope, Rutherford John Gettens, James Cahill, and Noel Barnard, *The Freer Chinese Bronzes, Volume I, Catalogue*, Washington D.C.: Smithsonian Institution, 1967, pp. 34–39.

图5.13.1　弗利尔残觚SC529

图5.13.2　残觚纹饰

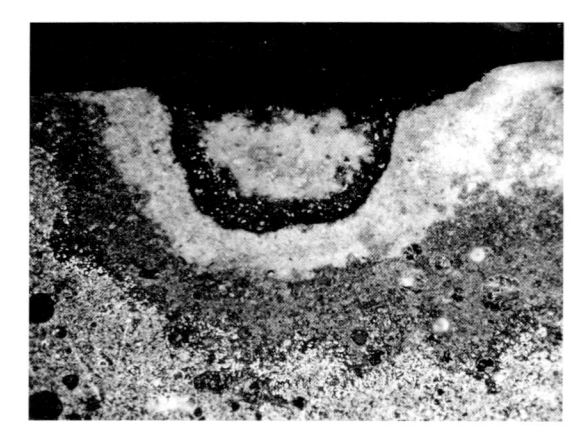

图5.13.3　残觚样品断面

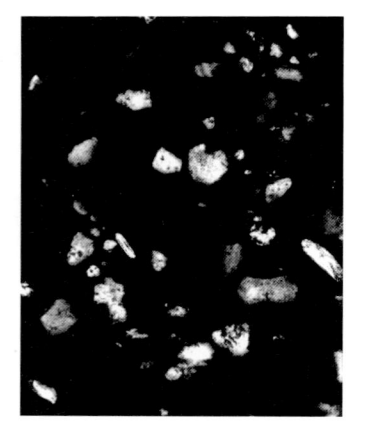

图5.13.4　残觚样品显微视场

密（图5.13.3）。显微镜下，石英颗粒细小、多角而白亮，散布在黑色碳素体中（图5.13.4）。很明显，填充物不是黄土，而是有意加工的细石英。颜色既有黑色，也有发白的，黏结剂似乎是漆。即以漆调和多角、匀细石英粉并将之填入纹饰的沟槽或坑点之中。虽然某些铜器曾作炊器，底部和器表残留烟炱，易与填纹混淆，但在显微镜下，二者还是易于区分的。[1]

---

[1] Rutherford J. Gettens, *The Freer Chinese Bronzes, Volume II, Technical Studies*, Washington D.C.: Smithsonian Institution, 1969, pp. 197–208.

中原出土青铜器中，不少属填纹处理之器，殷墟妇好墓出土的妇好封顶盉M5：859（图5.14），颈部纹带和腹部兽面纹纹线中，即残留不少淡黄色颜料，发掘报告未予留意，[①]后人也缺乏研究。

事实上，古代青铜器的彩绘和填纹处理是相当普遍的现象，[②]三星堆器物坑所出土的青铜器即是如此。[③]值得注意的是，历经劫掠或长期瘗埋的古代青铜器，表面残存的些许色彩，往往被当作锈蚀、污染，或者未清除的范土，在清理、修整、修复和保护的干预下再次被清除，甚至殆尽，使探索其色相更加困难。[④]

图5.14　妇好封顶盉M5：859

虽然如此，对一些器物仅存痕迹的研究，仍可以昭示：相当数量的古代青铜器有其不同寻常的色彩搭配。只有深入揭示和探究彩绘和填纹处理这一现象，对青铜器功能和审美理念的认识才能更加深入、全面，进而增加有关青铜器的制作工艺和材料的知识。

[①] 中国社会科学院考古研究所：《殷墟妇好墓》，文物出版社，1980年，第70—71页，图版39.1。《中国青铜器全集》卷3，文物出版社，1997年，图139—140。

[②] Robert W. Bagley, *Shang Ritual Bronzes in the Arthur M. Sackler Collections*, Washington D. C.: The Arthur M. Sackler Foundation, 1987, pp. 361-363, 240-242, 446-447, 452-453, 462-463, 458-459, 472-473, 492-493, 450-451, 260-261. Jessica Rawson, *Western Zhou Ritual Bronzes from the Arthur M. Sackler Collections*, Volume IIB, Washington D. C.: The Arthur M. Sackler Foundation, 1990, pp. 240-241, 592-593, 258. Jenny So, *Eastern Zhou Ritual Bronzes from the Arthur M. Sackler Collections*, Volume III, Washington D. C.: The Arthur M. Sackler Foundation, 1995, pp. 94-96, 222-223, 166-167, 154-155, 298-299, 146-147.

[③] 苏荣誉：《三星堆祭祀坑青铜器铸造工艺的初步考察》，孙华、苏荣誉：《神秘的王国：对三星堆文明的初步理解和解释》，巴蜀书社，2003年，第399—443页。朱丹丹：《三星堆器物坑施彩铜器的初步研究》，《四川文物》2018年第2期，第74—79页。

[④] 苏荣誉：《凸显纹饰：商周青铜器填纹工艺》，北京大学出土文献研究所编：《青铜器与金文》第三辑，上海古籍出版社，2019年，第313—367页。

前文已及，商周青铜器填纹彩绘装饰有相当的普遍性，但填纹规则、工艺和质量，操作的工匠、产地等信息均未知，都是有待研究的问题。当然，新出土器物表面和纹饰中残存物的辨识和保护，应当首先提到议事日程，否则上述一系列重要而有趣的问题，都将无法澄清。

作者附识：感谢山西宇达青铜文化艺术股份有限公司卫恩科总经理和铜陵新九鼎铜文化产业有限公司郑东平总经理的帮助，慷慨提供复原的青铜鼎和青铜簋照片并允为采用。

三星堆青铜器铸造工艺的初步考察[①]

苏荣誉　陈德安

工艺技术已经成为青铜器研究的一项重要内容，其内涵大体上包括了青铜各种合金物质的冶炼工艺、青铜合金工艺、器物成形工艺、器物加工工艺、器物装饰工艺等，也包括青铜合金成分、组织结构、性能、腐蚀与保护等方面，乃至矿物开采、选矿富集、运输以及原料和产品的贸易等内容。它以现代有色冶金、加工以及金属学等知识为基础，结合工艺技术的历史发展及其相应的工艺技术背景，探讨古代青铜器的技术、艺术内涵与演变，分析古代青铜器功能与实现功能的手段，进而通过这些工艺技术信息探索古人的需求、思想、意念、社会交换、信息传递与交流等。青铜工艺技术既是青铜艺术的基本层面，也可为讨论青铜器的年代、产地，以及青铜器的辨伪提供科学支撑和依据。

三星堆祭祀坑大批青铜器的出土，为研究商周时期青铜工艺技术，特别是古代四川地区青铜工艺技术提供了极其难能可贵的实物资料，刷新了对古代四川文明的认识，对探究商周时期文化、物资和技术的交流，研究古巴蜀文化的内涵，理解青铜工艺技术的功能以及古代四川盆地工匠的思维和理念，都具有重要价值。

三星堆青铜器出土后，在学术界引起了极大的关注，吸引了许多学者对之展开了多方面的研究，成就斐然。但是，对于青铜工艺技术的研究比较薄弱，发掘报告对青

[①] 此文的大部分内容原载于《三星堆祭祀坑青铜器铸造工艺的初步考察》（苏荣誉），作为附录，收入《神秘的王国：对三星堆文明的初步理解和解释》（孙华、苏荣誉著，巴蜀书社，2003年，第399—443页），原文近乎草稿，没有配图。故原稿申明：本文所有的归纳和结论并不是基于祭祀坑所出土的全部或者大部分青铜器，仅仅是对所作的有限的一部分青铜器工艺技术研究的小结。这些和归纳和结论很可能被未来的研究所强化或修改。今将原文整理发表，有些看法已经发生了改变，有些器物后来需要新的研究。收入本文集时虽然就关键问题进行修改（必要时会以原稿"注出"），但为呈现原作，还是将之减少到最低程度，这样会造成某些重复。图片的重复已经删改作注，少量的文字的重复为保持原意，只作了部分删节。

铜器的铸造工艺有简单的观察和描述，[①]曾中懋和金正耀曾对个别样品的化学成分进行了分析，[②]对其铅同位素比值做了测定，[③]曾中懋和巴纳（Noel Barnard，一译为"巴纳德"）曾对个别青铜器的铸造工艺进行了考察和分析。[④]然而，系统地将所出青铜器作为一个群体进行研究，最近才提到议事日程。本文即是试图系统研究的最初步的成果，现先行报告出来，提请方家指正。

青铜器的铸造工艺，包括青铜合金的熔炼及熔炼过程中合金的配制，当然涉及熔炼的炉子或坩埚，涉及将熔融的青铜移向铸型并注入铸型的容器（即浇包），等等；它还包括设计和塑制泥模、翻制泥范、制作泥芯以及所用泥料的加工，铸型的阴干或烘干；它也包括了器件的浇铸、抛光打磨和修整与修补。目前可以据以研究三星堆祭祀坑青铜器的材料，仅仅只是所出土的青铜器本身，可据以探讨这些器物的铸造方法、铸型工艺、浇铸方式和铸后修整等，而相应的熔炼工艺、铸型制作工艺等，因资料所限，尚无法讨论，寄望于未来的发现和研究。

青铜器的成形工艺是与青铜工艺传统和器物几何形状紧密联系的。商周青铜器在成形工艺上自成体系，即以若干泥范和泥芯组成铸型浇铸成形，可称之为泥范块范法（Piece-Molds）。[⑤]这一体系和中亚、南亚及地中海沿岸地区盛行的锻、铸并行、以石范法和失蜡法为主要铸造方法的工艺体系判然有别。三星堆青铜器，无论是商青铜器还是非商青铜器，也无论是复杂的青铜容器、神树和人像，还是简单的青铜戈、贝形饰，乃至更为简单的铜片状的鱼形饰，都是铸造成形的，没有发现锻造成形的例证。[⑥]所有这些青铜器都是以块范法铸造成形的，没有发现任何失蜡法铸造的证据。

---

① 《三星堆祭祀坑》，第23—60、162—352页。
② 曾中懋：《三星堆出土铜器的铸造技术》，《四川文物》1994年第6期，第68—69、77页。曾中懋：《广汉三星堆二号祭祀坑出土铜器成分的分析》，《四川文物》1991年第1期，第72—74页。
③ 金正耀等：《广汉三星堆祭祀坑青铜器的化学组成和铅同位素比值研究》，《三星堆祭祀坑》附录，第490—499页。
④ 曾中懋：《三星堆出土铜器的铸造技术》，《四川文物》1994年第6期。[澳]巴纳德：《对广汉埋葬坑青铜器及其他器物之意义的初步认识》，雷雨、罗亚平译，《南方民族考古》第五辑，四川科学技术出版社，1993年，第25—66页。
⑤ 苏荣誉等：《中国上古金属技术》，山东科学技术出版社，1995年，第87—185页。苏荣誉：《中国古代泥范块范法青铜铸造》，《中国青铜技术与艺术》（丁酉集），上海古籍出版社，2019年，第1—13页。
⑥ 考古发掘报告《三星堆祭祀坑》认为，Aa型眼形饰K2③：214-2系由用铜箔模压而成，表面呈弧形拱起，中间有一四边形大眼球，两眼角下钩（《三星堆祭祀坑》第201页）。仅系推测，未经科学检测，无法证实，根据整个器群的成形工艺，该眼形饰亦应是铸造成形的。金杖和金箔是锻打的，但属另类材质。

青铜器铸造工艺的设计取决于器物的结构。在中国青铜时代以至铁器时代，甚或相当晚近的时期，石范虽然被用于铸造形状简单的铜器和铁器，然器物多属板状、片状、条状或棍状，这一工艺一直处于从属地位，虽在两汉铸钱中充当过重要角色，却从来没有成为器物成形的主要手段。[①]同样，失蜡法只用于铸造那些非这一方法不能成形的器物附饰，往往是与块范法配合使用使器物成形，先秦时期，鲜有器物是失蜡法独立铸造成形，而是以块范法铸主体、失蜡法铸附饰的合作结果，因十分独特，故称之为中原式失蜡法。[②]也就是说，商周时期青铜器几乎都是用块范法铸造的。这是中国古代青铜器的工艺传统，与青铜文明判然有别。[③]

块范法铸造青铜器，铸造方法和铸型构成与青铜器的结构紧密相关。铸造方法是指器物或者浑铸或者分铸，若分铸则如何设计，孰先孰后？铸型构成包括如何确定器物的分型位置、泥范和泥芯的数量、各自的结构及其组合等。这些技术路线和参数首先取决于青铜器的结构，而判定的依据是铸件上所遗留的工艺信息。[④]所以，研究青铜器的成形工艺必须仔细分析青铜器的结构、详尽考察青铜器自身所包括的工艺信息。

本文现选取三件商青铜器和六件非商青铜器，通过分析它们的结构、观察器物所保有的工艺信息，具体解剖其铸造工艺。然后在此基础上，结合其他器物资料，试图勾勒出三星堆器物坑青铜器工艺技术的基本轮廓，最后尝试着将三星堆青铜器和邻近地域以至其他地域出土的青铜器结合起来作简单的分析和讨论。

一、商青铜容器

三星堆祭祀坑出土的青铜器群，按照类型划分，可以分为两个系统，即商青铜器和非商青铜器。前者为少数，多为容器，以青铜尊数量为大，分圆形和方形二式，圆

---

① 苏荣誉等：《中国上古金属技术》，山东科学技术出版社，1995年，第99—101页。
② 苏荣誉等：《中国上古金属技术》，山东科学技术出版社，1995年，第316页。
③ 苏荣誉：《块范法与中原式失蜡法——春秋世变下青铜技术的本与末》，《浙江大学艺术与考古研究（特辑二）：中国早期数术、艺术与文化交流——李零先生七秩华诞庆寿论文集》（上册），浙江大学出版社，2021年，第93—183页。
④ 苏荣誉等：《強国墓地青铜器铸造工艺考察和金属器物检测》，卢连成、胡智生：《宝鸡強国墓地》附录二，文物出版社，1988年，第530—570页。

形十三件（其中四件为残片），方形一件；罍也分圆形和方形，圆形六件均残破（其中仅一件可辨识），圆罍盖与纽各一件，方形一件（残）；另有盘一件，残瓿一件和残器盖一件，未见商青铜器中常见的鼎、簋、斝、爵、觚、卣和壶之类的容器。所出商式青铜容器，因可与其他地域出土器相参比，成为讨论三星堆、四川盆地与其他地域文化联系的主要物质媒介，也成为某些人对器物坑断代的依据。①

（一）龙虎尊 K1：158、K1：258 ②

此尊形残，残高433毫米、肩径320毫米、圈足径216毫米、圈足高120毫米、颈残高122毫米、肩宽76毫米；圈足底沿距底部中心外侧112.8毫米（图6.1、参见图2.1.1-3）。③口径与肩径相若并略小于肩，有论者以为介于尊和罍之间。④其实，二者的差别可能在功用，尊敞口而不能设盖封严，罍敛口或直口可以密闭。此尊曾经火烧，出土时器内依然装有经过火烧的玉石器残片、海贝和层层黏结在一起的铜薄饰件及炭化物，这些现象很可能反映了此类器的功能，非盛装酒浆而是贝、玉等。

尊口沿残，喇叭口外侈比较圆整。⑤束颈，但颈喉明显为弧三角形（参见图2.2），可能与模的塑制由三部分合成有关，或者与三块范翻制及其阴干变形有关，与圆形口显然构成矛盾。颈外饰三周凸弦纹，弦纹不十分平直，粗细也有出入，三者之间的间距也不尽一致（图6.2），凸起高度为0.7毫米。凸弦纹似乎是在泥范上随手直接勾画的，因为是在不同的泥范上刻画，似乎是在泥范尚湿软时所为，故而深浅粗细不一。这种形式，或者即是万家保所谓的"范作纹"。⑥

宽斜肩微鼓，肩面饰三条浮雕的龙身。龙身分布匀称，大体排列在尊颈部的弧三角形截面的三边外侧。龙身自然弯曲，凸起于肩面约3.5毫米；龙身前半部分肥厚，

---

① 《三星堆祭祀坑》，第428—433页。
② 关于这件尊，此后有三篇文章有所涉。苏荣誉：《青铜龙虎尊发微》，《青铜文化研究》第八辑，黄山书社，2013年，第13—22、115页。苏荣誉、杨夏薇、李钟天：《阜南月儿河龙虎尊研究——兼论南方风格商代青铜器的渊源》，《艺术史研究》第十九辑，中山大学出版社，2017年，第1—43页。苏荣誉、杨夏薇、李钟天：《龙虎尊再探》，《三星堆研究》第五辑，巴蜀书社，2019年，第193—224页。新的研究参见本集第二篇。
③ 《三星堆祭祀坑》，第33页，图23，拓片1.1—3，图版8.1—2，彩图9。《中国青铜器全集》卷13，文物出版社，1994年，图87—88。
④ 陈德安、张光远：《三星堆传奇》，台北：太平洋文化基金会，1999年，第34—36页。
⑤ 三个方向测得的口径分别是290毫米、286.5毫米和288.4毫米。
⑥ 李济、万家保：《殷墟出土青铜觚形器之研究》（《古器物研究专刊》第一本），"中研院"历史语言研究所，1964年，第65—74页。

图6.1　龙虎尊K1:158

图6.2　龙虎尊颈部凸弦纹

图6.3　龙虎尊肩部龙纹

尾端细瘦且回勾。龙身上面饰回纹，并以角对角的方式相连接，回纹的空白处以勾连三角形纹填充，龙身两侧饰阴线勾连云纹（图6.3，参见图2.3.1-2）。[①]龙身的颈部在径向伸出尊肩部的外缘，且颈部无纹饰，与龙身相连显得生硬。颈部越靠尊肩的边缘越隆起，与龙头连为一体。尊肩部边沿上均匀装饰有三个圆雕龙头，龙头正面略呈方形，吻尖出，含腹部扉棱的上端；额正中饰阴线菱形纹，有阴线勾出的蝶须形鼻；双目大小不一，圆睁，斜竖于面，圆形眼珠十分凸出。一双圆柱状犄角出自额两侧，高耸，斜向尊口，饰有阴线人字纹和环形纹，两角之间有横向的铸造披缝（参见图2.4.1-3）。

三条龙龙首细部纹饰差别明显，但总体上高度一致。双角顶部间距相当接近，[②]反映出龙首设计的严格性。但是，三条龙颈部，从肩边缘到颈—身结合部的尺寸，结合部的宽度与凸起差别甚大。在颈部与龙身的结合部位，有颈部部分叠压尊肩部龙身的现象，但龙颈部与龙头的结合处却浑然一体，没有任何分铸痕迹，说明龙头与颈部

---

① 《三星堆祭祀坑》称"（龙）身饰菱形重环纹，器肩目云纹为地"（第33页）。
② 角顶间距分别为32毫米、32.5毫米和32.2毫米；肩沿到颈—身结合点尺寸分别为33毫米、48毫米和46毫米，结合部的宽度与凸起分别是16.5毫米、15毫米、18.5毫米和3.5毫米、2毫米、6毫米。

是一次浇铸成形的，但却与尊体分别铸造。颈部叠压肩部的事实，证明龙头—颈部后铸，即在尊体浇铸成形后，再于肩部分别塑造三个龙头泥模、翻制三套龙头泥范，最后在肩部组合成三套龙头铸型，分别浇铸成形。当然，这样的工艺设计，在先铸造的尊体的肩部，已经设计了与龙头结合的结构，可能是接榫，具体形态和结构有待X光或CT成像确定。这样的成形工艺，决定了尊体结构对称、龙头尺寸一致，但铸接部位，即三条龙的颈部，长度、凸起高度和宽度差别较大。

肩沿的三个龙首中，其中一个的吻部残破。该龙首的角向左倾而脸右斜，大约15度。另一龙首的角也微向右侧倾斜，这些都是龙头分铸的证据。残破的龙首内泥芯明确，说明龙首中空。

沿龙头的外轮廓有一周铸造披缝，和额顶、双角内侧的铸造披缝重合，说明龙首是沿最大面分型。铸型当由一块面范、两块对开的背—颈范和一块龙头内泥芯组成。

尊的腹壁斜直下垂，再内收成腹。在龙头之下，设计了三条垂直的勾云形扉棱，顶端为龙首所含，尾端翘起，它们尺寸和大小互有差别。[①]扉棱原设计应当透空，未透的原因可能在于披缝（图6.4.1-2）。该尊腹部扉棱尾端翘起十分特别，难见有相同者。这三条扉棱将尊腹的宽纹带分为相同的三组，主题为虎与人。

图6.4.1　龙虎尊腹部扉棱　　图6.4.2　龙虎尊腹部扉棱

[①] 三扉棱尺寸如下（单位：毫米）：

扉棱一	上宽8.7	上厚5.3	下宽13.3	下厚5.9
扉棱二	上宽9.7	上厚6.7	下宽14	下厚6.4
扉棱三	上宽9	上厚5	下宽13.3	下厚5.9

三星堆青铜器铸造工艺的初步考察

肩沿之下,与三龙头相间60度位置,各饰一个圆雕虎头,高高突出于腹壁(参见图2.5.1)。虎头硕大,耳肥厚、高耸,两耳上均可见横向的铸造披缝,该披缝伸展到面部轮廓(图6.5)。嘴微张,露出尖利的牙齿。面较宽,鼻悬垂并以螺线为鼻翼。眼大,其中凸出圆眼珠,额正中勾阴线菱形

图6.5 龙虎尊虎额及耳披缝

纹饰。颈部粗壮,宽几与头相若(参见图2.6.1-2)。颈后的虎身一分为二,分别伸向尊腹两侧,高度从颈部的最高逐渐向后降低,虎身纹饰近乎立刀纹,略成S形。身下出前、后足,且相对过细,爪则作伏卧状。虎的臀部向下伸出大尾巴,几抵纹带下沿,尾饰环形纹,尾端平伸、上卷并回勾。虎颈部中间,有明显的铸接痕迹(参见图2.6.3-5),残破的虎头既表现出虎头中空,也显现出其下面腹壁纹饰的连续,可见虎头是后铸铸接在二分的虎身上的,但三只虎头互有出入。① 在腹内壁,可以见到后铸虎头的铸铆块(图6.6.1-2),粗糙而不规则,部分还翘起,应是仿制的特征。

图6.6.1 龙虎尊腹内铸铆块

图6.6.2 龙虎尊腹内铸铆块

---

① 一虎头两颊残破成洞,左侧近于圆形,右侧形不规则,为狭缝状。两耳间距76毫米、脸宽38.6毫米、通耳高68.2毫米。右耳厚3.6毫米、左耳厚5.7毫米。两只眼睛距离38.8毫米,形不对称,大小不一,右边的直径9.8毫米、左边的直径10.9毫米。颈部宽度为52.5毫米,左右颈部铸接接缝的间距为91毫米。左半身宽为24.4毫米,下侧凸起5.3毫米;右半身宽度为24.5毫米,下侧凸起5.1毫米。另一虎头下颌透空,两颊残破成洞。两耳间距76.4毫米、脸宽38.4毫米、通耳高65.2毫米。右耳厚5毫米、左耳厚4.9毫米。两只眼睛也不对称,大小同样不一,直径分别为10毫米和10.8毫米。颈部宽度为53.9毫米,两铸接接缝距为85毫米。左半身宽25毫米,下侧凸起5.3毫米;右半身宽24.8毫米,下侧凸起6.5毫米。

腹部纹带在虎头之下平铺人形纹，其比例怪异，头和尾肥硕巨大，四肢细小，腿尤其短。手臂曲折上举齐肩，两腿分开直角下蹲，而人身纹饰若蝉纹。在人纹之外虎身之下，填饰一抽象夔纹，结构不清，但纹线类型和人纹一致，均平铺展开（图6.7、参见图2.5.1）。

图6.7　龙虎尊腹部纹带

虎头的铸型和龙头一致，也是由一块面范、两块对开的背—颈范和一块下颌范组成，下颌范自带虎头内泥芯。

尊底微圜，下以高圈足承器，圈足壁直外撇。圈足上部均设三个十字形透孔，位置和肩之龙首、腹部扉棱相应。孔皆外大内小，尺寸不一，[①]说明由圈足自带泥芯头成形。两周凸弦纹串起透孔，分别穿过孔中间和切住孔下沿，凸起高度约为0.8毫米。

圈足透孔下各有一小段勾云形扉棱，上高下矮，两侧勾云纹，均未透空，中心有垂直披缝（图6.8.1-2）。此三扉棱长度与圈足纹带宽度相等，但自身尺寸不一。[②]扉

---

① 三透孔尺寸如下（单位：毫米）：

孔一	通高 44.5	通宽 42.1	上宽 14.9	上跟宽 13.4	下宽 11.2	下跟宽 16.3	左宽 14.8	左跟宽（弧形）	右宽（弧形）	右跟宽 17.5
孔二	通高 42.3	通宽 39.1	上宽 14.2	上跟宽 15.7	下宽 13.8	下跟宽 15	左宽 16.4	左跟宽 13	右宽 15.7	右跟宽 12.3
孔三	通高 43.9	通宽 38.2	上宽 13.2	上跟宽 15.8	下宽 10.8	下跟宽 12.8	左宽（弧形）	左跟宽 15.9	右宽（弧形）	右跟宽 15.6

② 三扉棱尺寸如下（单位：毫米）：

扉棱一	高41.4	上宽14.2	上厚4.9	下宽11.7	下厚4.9
扉棱二	高43.9	上宽12.3	上厚4.7	下宽10.6	下厚4.8
扉棱三	高43.5	上宽12.6	上厚6.2	下宽9.7	下厚4.7

三星堆青铜器铸造工艺的初步考察

图6.8.1　龙虎尊圈足扉棱

图6.8.2　龙虎尊圈足扉棱

棱均置于圈足下段，与透孔距离较远，比较别致。圈足纹带由三组平铺兽面纹组成，纹线与腹部纹带一致。每组兽面纹中间有一窄矮脊棱，下段为兽面纹鼻梁，上段为冠饰芯骨，有巨大的鹿角型冠饰。脊棱两侧勾云纹。兽面的口唇不显，一对臣字形大眼距离较开，眼珠圆凸，但大小不一，最大直径11.7毫米，而最小直径为8毫米。兽面纹的两侧填饰抽象的无目夔纹。

圈足底沿有两处比较肥厚，当为浇道孑遗。一处在腹部垂直的分型面上，浇口的弦长达108.1毫米，分型面处最厚，达13.2毫米；另一处浇口在相对位置，尺寸较短，最厚处10.7毫米。圈足壁厚差别较大，最薄处厚度为3.7毫米。圈足非正圆（参见图2.8.1），与颈部的弧三角形相同，[1]其成因也应一致。

据分析，该器圈足的化学成分为70.3%Cu（铜），10.2%Sn（锡），14.2%Pb（铅），是典型的高锡、高铅三元青铜，另有微量的其他元素，包括<0.001%Zn（锌），0.026%As（砷），<0.001%Sb（锑），0.065%Bi（铋），0.013%Fe（铁），<0.001%Co（钴），0.029%Ni（镍）和0.024%Ag（银）。肩部的化学成

---

[1]　前后外径224.2毫米、内径213.6毫米，而左右外径204.8毫米、内径181.8毫米。

分为93.1%Cu（铜），1.4%Sn（锡），0.2%Pb（铅），[①]为低锡低铅青铜，二者出入很大。报告者没有仔细交代取样部位和程序，而圈足和肩是同一个铸件，如此大的差别，不可思议，一定是样品弄混或者取自分铸部分所致。理应澄清。

龙头和虎头的铸型已如前述。在龙虎尊的扉棱正中，都有垂直的铸造披缝（参见图6.4.1-2、图6.8.1-2）。腹部的扉棱和圈足的相应，在同一条垂线上，也即该器沿扉棱分型，三块对称的泥范与一块腹部泥芯、一块圈足泥芯组成铸型，浇铸了尊体。在肩部和肩周下面，分别设置了三个接榫，分别铸接三个龙首，至于三个虎头，则是铸铆式后铸法铸接，和龙首的榫接式不同。

（二）圆尊K2②：129

典型的早期尊造型，大敞口，口径426毫米，远大于肩径280毫米。尖沿，方唇。通高455毫米，圈足直径231毫米，圈足高132毫米。[②]

细颈，颈根部饰三道凸弦纹。三弦均不规则，粗细高低不均，彼此亦不保持平行（图6.9，参见图4.16.1-2、图4.17.1-2），说明其成形工艺和龙虎尊一样，也是范作纹。尊颈部可见铜芯撑出露，其中之一呈三角形（图6.10），但整个器物芯撑的分布不详。

图6.9　圆尊K2②：129

[①] 金正耀等的文章对所检测的样品自有编号，但没有给出相应的器物编号。根据文中"样品ZY-331和ZY-332分别属于同一件龙虎尊的圈足和肩部"，知道所分析的成分系该器。圈足和肩的相应关系是依据中文惯例，但不排除颠倒的可能性。金正耀等：《广汉三星堆祭祀坑青铜器的化学组成和铅同位素比值研究》，《三星堆祭祀坑》附录，第497页。
[②] 《三星堆祭祀坑》，第242页，图141，图版94，彩图71，拓片20.1—3。

图6.10　圆尊K2②：129颈部铜芯撑

　　弧肩上鼓。肩外缘一周对称分布三个圆雕牺首，发掘报告以为其造型近乎羊首。牺首二角的正中，设有立鸟形扉棱，薄片状，两侧勾云纹，仅有一个透空，一个只有两个小孔，另一个完全不透空。说明未透空是披缝所致，原始设计是透空的。角形薄，尾卷曲而外翘。牺首眼珠凸出，下颌垂长，接于尊腹。牺首额上沿着扉棱方向、尾侧和下颌上，都有垂直的铸造披缝，表明其铸型为对开分型。羊首明显与尊腹分铸并叠压着尊腹，其间不仅有铜液渗出，也有铸造披缝，说明羊头后铸（参见图4.19.1-3）。但三牺首的尺寸互异，[①]说明虽然分铸，其铸型当来自不同的模。

　　与牺首相间60度，肩面纹带上均布三个片状的伏卧鸟，三鸟造型一致但尺寸不一，[②]且两侧纹饰都不对称，右眼高于左眼，右睛大于左睛（参见图4.20.1-3）。说

---

① 牺首一：最宽处为64.7毫米，脸宽39.2毫米，下颌宽39毫米，下颌与腹结合部位宽39.2毫米，通长65.4毫米。扉棱高8.8毫米、长33.8毫米、厚4.7毫米。左羊角端部厚2.3毫米、高8.5毫米；右羊角尖厚1.8毫米、高10.8毫米。牺首二：最宽处64.7毫米，脸宽40毫米，下颌宽34.8毫米，与腹部结合面宽38.4毫米，通长64.1毫米。扉棱高12毫米、长35.5毫米、厚4.3毫米。左羊角尾厚1.7毫米、高9毫米；右羊角端部厚2.3毫米、高11毫米。牺首三：斜，右半部分小于左半部，右角也较左角外出。最宽65.2毫米，脸宽37.5毫米，下颌宽35毫米，与腹部结合处长度37.7毫米，通长66.3毫米。扉棱高10毫米、长32毫米、厚3.9毫米。右羊角端部厚2.1毫米、高8.9毫米；左羊角尾端残，厚约2.2毫米。在二羊首之间，对称装饰着三立鸟，立鸟作扉棱，壁薄，以之为对称（鼻），左右各饰以象鼻龙纹。龙睛凸起约3.6毫米。龙纹的头皆朝向羊首，与之组成兽面纹，以云雷纹衬地。
② 三扉棱尺寸如下（单位：毫米）：

扉棱一	高45.3	颈厚6.9	两睛距13.3	左睛直径6.4	右睛直径7.7	尾厚4.7
扉棱二	高47	颈厚6.4	两睛距12.3	左睛直径6.3	右睛直径7.5	尾厚4
扉棱三	高49.8	颈厚6.6	两睛距12.7	左睛直径6.4	右睛直径7.9	尾厚4.8

明三鸟饰的模型可能各不相同，或者铸型干燥过程中发生变形，或者铸型组合时发生了错范。至于为何都是右眼高于左眼，右睛大于左睛，尚难以给出自洽的解说。

与肩部鸟形饰相应，肩部垂有三道勾云形扉棱，其两侧勾云纹，未透空，尺寸不一（参见图4.22.1-3）。①它们将腹部垂直地分为三组纹饰，扉棱是纹饰的边界，构成上与肩部鸟饰相同。腹部纹饰的母题是兽面纹分布在肩周沿的牺首之下，阔鼻高冠，两侧有高浮雕立刀纹，外侧有高浮雕几字形大角，肩面饰双排鳞纹；兽面小眼中眼珠凸出，但其上有横勾的眉，眉外有立起的C形耳；兽面两侧填夔纹，构图抽象，眼珠凸出；兽面和夔纹上勾云纹，并以同样的云纹衬地（参见图4.23.1-3）。

高圈足呈覆盆状，上有宽的纹饰带。纹带上与腹部三扉棱相一致，也有三条扉棱，形同腹部，尺寸不一。②三扉棱将圈足纹饰分为三组，这些扉棱同样没有透空。圈足兽面纹的结构与腹部兽面纹有所不同，两侧是竖立的夔纹，以云雷纹衬地。圈足三条扉棱的顶端，各有一大的透孔。孔皆残破，形不规则，但均外小内大。其一尺寸为29毫米×24毫米，透孔的中间有一周凸弦纹（参见图4.25.1-3、图4.26）。

圈足底沿非正圆形，底径233.6毫米×217.2毫米，壁厚约2.5毫米。底沿可见三个浇道设置的痕迹，每个大约70度，浇道最厚处5.9毫米。

尊底微微外鼓，近平，圈足底沿距底中心124.1毫米。尊底可见两个孔洞，一个似未浇足所致，一个似铜芯撑脱落所造成。圈足纹带上的透孔也是未浇足孔，这种现象在尊下部多于上部，既是尊倒立浇注成形的旁证，也说明此尊不能盛装酒和其他液体。

这件器物在铸型上和龙虎尊相同，也是三块沿扉棱分型的腹部泥范和一块腹部泥芯、一块圈足泥芯组成的铸型，从圈足底沿倒立浇注成形。尊体铸就后，再于肩部分别组合牺首的泥范，分别浇铸成形。

---

① 三扉棱尺寸如下（单位：毫米）：

扉棱一	长95.1	上高14.9	上厚3.8	下厚4.6
扉棱二	长94	上高13.2	上厚4.4	下厚3.8
扉棱三	长92.2	上高14.2	上厚4	下厚4

② 三扉棱尺寸如下（单位：毫米）：

扉棱一	长90.5	上高14.2	上厚4.9	下厚4.4	下宽6.6
扉棱二	长86.8	上高14.2	上厚4.8	下厚3.9	下宽7.2
扉棱三	长86.8	上高14.2	上厚4.1	下厚4.9	下宽7.9

（三）方罍K2③: 205、K2③: 205-1

器物由盖和腹部组成，截面为方形。曾经火烧、砍砸和重压，变形极甚，残缺亦相当严重（参见图3.1.1-2）。盖部失去了握手，残失了两角及相应的子口部分，失去了三条脊棱上的鸟形扉棱和相当大面积的盖面。腹部的一侧面完全残失，相邻的一面残失了大半。该器复原通高356毫米、口边长133毫米、肩边长190毫米、圈足边长126毫米（参见图3.2.1-2）。[1]

盖作四阿屋顶形，中央有握手，四脊饰鸟形扉棱。

盖握手与盖顶结合处，有明显的铸接痕迹（参见图3.3.1）。[2]原握手形状残失，形状与制作工艺无考。盖面满布纸密纹饰，母题是倒置的吐舌兽面纹，舌尖抵握手，宽吻上起细小脊棱，鼻梁与冠饰共此脊棱，并以之为对称展开兽面。勾云纹的面上平铺臣字形眼，其中大眼珠圆凸，眼上的部分功能不明，填细线云雷纹。盖四面的纹饰不是十分对称，[3]反映其模、范分别对应成形。在塑刻盖模时，虽然有统一的设计，但并没有在模型上起样稿。

四棱脊饰鸟形立扉，鸟昂首，翘尾回勾，伏于棱脊，因器物残破，仅存其一。该鸟形扉棱与脊棱的结合部位长29.2毫米。鸟形扉棱头部两睛凸出，间距8.5毫米，但不对称，右出左敛，左大右小，右边的直径3.1毫米，左边的直径3.9毫米；鸟顶厚3.9毫米，尾厚3.2毫米。盖的四边回折成屋檐状，再折而下垂成子口。[4]

在盖的内腔，中央可见铸铆式铸接铆块，在鸟形饰下亦可见铸接块（参见图3.3.2），说明盖上握手和鸟形扉棱都是铸铆式分铸成形的。[5]由于接榫小于预铸孔，铸焊的铜液可以在盖面和盖内侧流动，大多聚集在盖内侧，形成较大铸焊块，铸焊块中心的突刺可能就是接榫头遗迹，而盖面上铸焊部分毛糙则很可能是由于在此开设浇口造成的。握手根部一侧的铸焊层厚度为1.3毫米。

鸟形扉棱是后铸于盖面上的，它对盖面有明确的叠压关系；在另一棱脊设鸟形扉

---

[1] 《三星堆祭祀坑》，第263—264页，图151，图版101.2—3，拓片29。
[2] 原稿为"铸焊"，《神秘的王国：对三星堆文明的初步理解和解释》，巴蜀书社，2003年，第412页。
[3] 相对两侧夔纹眼睛的间距分别是43.7毫米、44.7毫米和44.4毫米、46.4毫米，扉棱的长度分别是41.7毫米、50.8毫米和45.5毫米、44.6毫米，宽度则分别为2.0毫米、1.4毫米和1.3毫米、1.6毫米。
[4] 从盖残破处，测量得盖面厚度分别为2.1毫米至2.6毫米，棱脊处厚2.4毫米，折沿下厚1.8毫米，子口厚度波动较大，在0.9毫米至1.4毫米之间。
[5] 原稿为"铸焊"，《神秘的王国：对三星堆文明的初步理解和解释》，巴蜀书社，2003年，第413页。

棱处，扉棱残失，可以看到盖棱脊为和鸟形扉棱铸接而预铸的狭缝。

鸟形扉棱上铸造披缝明晰，沿鸟的冠尾对开分型。鸟两侧不对称，特别是两睛大小不一，说明眼珠是在鸟的对开范翻制好之后，再于范上加工出来的。也就是说，鸟的主体是模作纹，[①]而鸟的眼睛是范作纹。

盖面沿四棱脊分型，由四坡面范和内侧泥芯组成铸型，从盖面夔纹眼睛间距和扉棱长度与宽度的差别看，这四块泥范是各自独立制作的。中心的预铸孔泥芯与盖芯合为一体，而准备接纳鸟饰的狭缝，铸造得相当毛糙，当是四范合拢后，在棱脊部位，即范与范的结合部位贴泥，权充泥芯而形成的。因子口缺失过多，无法确知浇道设置，推测其浇道应在子口上。

器腹截面接近正方形。肩一侧长188毫米，另一侧长187.7毫米。

腹窄沿微斜，方唇，口微敛，颈较长，斜肩微鼓，直腹，近底处弧形内收，平底，圈足。口沿宽10.2毫米，唇厚3.6—4.3毫米，沿根部厚3毫米。

颈部饰三周凸弦纹，均较规则，但弦的宽窄、高低和平行度仍不划一。凸起0.2—0.7毫米之间。颈上可见两个形状不规则的补块，补时浇口应设在外侧，但补后打磨光净，未留浇口痕迹。然而，补块叠压腹部的迹象十分明确。

肩部满布纹饰。纹饰主体系由八组对鸟纹组成，每侧面两组鸟纹，皆相背，均以云雷纹衬地。鸟纹睛突出，其一直径为6.7毫米，高3毫米。肩部纹带上以宽云雷纹带为边，下以细窄云雷纹带为界。肩的四角各饰立鸟，现仅一角存留。八组夔纹以四角立鸟为对称，组成四组兽面纹。肩部一角所残留的立鸟曾经火烧，头部锈蚀严重，造型与盖棱脊上立鸟仿佛，鸟身和尾部饰卷云纹。鸟颈厚6.9毫米，底厚5.5毫米。

腹四面满布纹饰。正面为一低矮细窄扉棱为鼻的兽面纹，两侧饰立夔纹。两侧的下方设计为夔纹。兽面纹下方似为一倒立蛙纹，故扉棱只到腹部纹饰的中央，再以云雷纹衬地。兽面纹的具体尺寸不一，说明也是各据其模翻制范的。[②]

腹壁厚2.1毫米。一侧腹壁有两处补铸块，一个在左上角，尺寸较小，约24毫米×16.5毫米，另一处较大，面积近乎腹部的五分之一。补块上均铸造有和原有纹饰

[①] 万家保创造的术语，意指器物纹饰或装饰是塑制在模子上，范直接翻自于模子而浇注成形的，和"范作纹"相对。李济、万家保：《殷墟出土青铜觚形器之研究》（《古器物研究专刊》第一本），"中研院"历史语言研究所，1964年，第65—74页。
[②] 正面兽面两睛间距为62.5毫米，左睛直径9.1毫米、高4.5毫米，右睛直径9毫米、高3.6毫米；扉棱长9.4毫米、宽1.8毫米、高1.8毫米。一侧面的兽面纹两睛间距57.7毫米，左睛直径9.3毫米、高5.4毫米，右睛直径8.9毫米、高4.2毫米；扉棱长62.2毫米、宽1.8毫米、高1.9毫米。

一致的花纹,但补铸的纹饰明显草率和粗糙。

下腹回收成底。在圆角过渡处,可见一细小的铜芯撑。其断面形状不规则,尺寸为2.9毫米×1.5毫米。

腹下接圈足。圈足截面呈正方形,圈足根部尺寸119.4毫米×119.3毫米,底沿尺寸为127.8毫米×124.4毫米。圈足四面上边的正中,均有长方形透孔,四个孔的形状都不规则,大小也不一致。① 透孔下为一凸弦纹,在两侧为透孔所打断。凸弦宽约2.2毫米,凸起约1毫米。凸弦下为纹饰带,带中心部分由八组目纹组成,两侧为素面,上边带宽5.5毫米;下边相若,并在上边铸造了若干钉孔。两面各有一个,直径分别为4.2毫米和3.8毫米,另一面有二钉孔,一孔直径4.1毫米,另一孔形外大内小,外径6.8毫米,内径5.9毫米。另外,在纹带上还有一个未浇足的孔洞。

圈足高56毫米,厚2.3毫米,底沿最厚处3.2毫米。底沿不平,可见两个浇道痕迹。其中一个长度不明,宽3.1毫米;另一个长44.4毫米,宽3毫米。这两个浇口分布在相邻的两侧。

器腹沿四角分型,由四块侧面泥范和一块腹腔泥芯、一块圈足泥芯组成铸型,从圈足底沿倒立浇注。在铸型组合和装配中,曾使用了铜芯撑,但分布情况不详。

器物从肩部立鸟一侧破裂,立鸟与器腹的结合得以明显表露,肩部立鸟是浑铸成形的。

方罍K2③:205腹部的铸型是由四块大小相若、形状相同的泥范与一块硕大的腹部泥芯和一块圈足泥芯所组成,从圈足底沿倒立浇注成形的。

二、商文化青铜鸟饰

三星堆器物坑所出青铜器,有一些青铜鸟形器和鸟形饰,鸟六件,鸟形饰八件,都出自二号坑,且都出土自第三层,是最先瘗埋之物。鸟中一件为公鸡K2③:107,另五件考古报告将它们划分五个类型:

A、K2③:193-1,B、K2③:193-2,C、K2③:193-9,D、K2③:301-3,

---

① 孔最长16.6毫米,最短14.2毫米,最宽13.4毫米,最窄8.5毫米。

E、K2③：239-1。

八件鸟形饰也分六个类型，可见种类之繁多。① 其中鸟形饰的C、D、E三型三件连同公鸡，以及鸟形饰、风格上近乎神树K2②：94等器物上的鸟饰，具有典型的地方文化特色，姑且称之为三星堆器物坑的风格。只有鸟形饰A、B两型两件，具有商文化特点，通常称之为凤鸟，在此单设一节作简要讨论。

（一）凤鸟饰K2③：193-1

发掘报告将这件凤鸟饰划为A型，凤鸟为站姿，腿和尾均残断（图6.11.1-2），残高340毫米、长192毫米。② 事实上，凤鸟的冠饰不平（图6.12.1-2），根部有与凤头后脑撕裂痕迹（图6.12.3），说明此凤鸟曾被重击，造成其腿的残断，与主体分离。

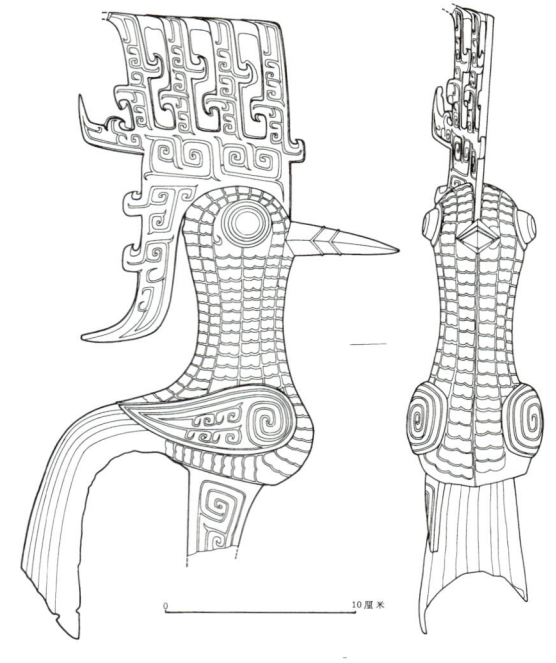

图6.11.1　凤鸟饰K2③：193-1　　　　图6.11.2　凤鸟饰K2③：193-1线图

---

① 《三星堆祭祀坑》，第332—335、338页。
② 《三星堆祭祀坑》，第332页，第334页图184，图版127.3，彩图84。

258

图6.12.1　凤鸟饰
K2③：193-1前面

图6.12.2　凤鸟饰
K2③：193-1后面

图6.12.3　凤鸟饰
K2③：193-1冠饰的撕裂

  该凤鸟长颈昂首，大眼圆睁，眼珠圆凸，围绕眼睛饰两圈平铺鳞纹。头前水平伸出截面四棱的锥形长喙，四面平整，喙头尖厉，中段饰两周阳线折线纹（图6.13）。额上耸立板状大冠饰，高板基上竖立四支平行的冠羽，顶端相连，最薄处2.3毫米。后三支同形，前侧鳍较高并向上勾，后侧的鳍较矮向下勾；前端的一支后侧鳍一致，但前侧鳍下移到冠羽根部。而冠的后侧，冠羽根部向后水平伸出一根羽，梢尖上翘，中部小鳍向前勾。凤头脑后的冠基之下，向下垂飘一根大翎，较冠羽长且宽，梢尖向后弧弯，外侧两个向上的勾鳍。整个板状大冠饰两侧满勾云纹。

  凤鸟颈部粗壮，饰十二列双片鳞纹，表示羽毛，颈前的鳞纹直贯胸前到腹底（参见图6.12.1）。同样，排列整齐的鳞纹从头顶布于背部（参见图6.12.2）。相对于颈部和冠饰，鸟身小巧，一对不大的翅紧贴着身，状若柳叶，前端螺旋线，中间勾云纹，螺旋线展开随上侧到翅尖。胸前的一列鳞纹后折，饰在翅下。

259

图6.13　凤鸟饰K2③：193-1喙

　　凤鸟身后有大尾，长尾羽密排若板，弧状向下长垂，尾端部岔口，两侧较中间长，内侧有较整齐的纵向脊棱，与外次根根尾羽相应（图6.14.1）。两侧向内平折，致其截面为槽型。凤鸟身下透空，边缘齐整（图6.14.2），身侧向下出板状且相对较为宽大的腿，内侧平，外面勾云纹，惜仅存足根部分，另一腿自根部残失。足的断茬较平（图6.14.3）。

图6.14.1　凤鸟饰K2③：193-1尾下 　　　　图6.14.2　凤鸟饰K2③：193-1底面

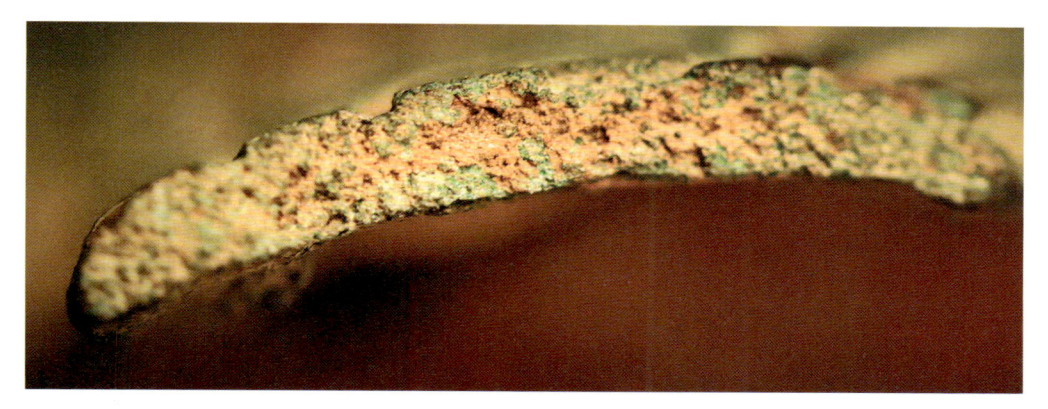

图6.14.3　凤鸟饰K2③：193-1腿的断口

在冠饰的冠羽、翎和鸟首的喙，鸟的前胸和后背，均可见纵向的铸造披缝（图6.15.1-4），知此凤鸟沿喙、冠饰对开分型，范的下部延伸较多，形成尾和足；颈、腹中空，其泥芯较大，向下延长形成尾、腿的内侧。

图6.15.1　凤鸟饰K2③：193-1冠羽披缝 　　　图6.15.2　凤鸟饰K2③：193-1垂翎披缝

图6.15.3　凤鸟饰K2③：193-1前胸披缝

图6.15.4　凤鸟饰K2③：193-1后背披缝

值得注意的是此凤鸟中空，其中泥芯尚存，且鸟腹芯和足芯有所不同。鸟腹芯呈砖红色，中心呈柱状的部分相当粗糙，包含大量较粗砂粒，孔隙也多，包围其周边的为细土，靠近铅锡和左侧的泥芯细腻致密，左侧器壁与泥芯间隙较大，右侧的泥芯略松，孔隙略大（图6.16.1）；尾下的泥芯则呈土褐色，匀净、细腻和致密程度超过腹芯（图6.16.2）；二者之间有明显分界，明显是两种材质泥芯对接在一起（图6.16.3），这种现象属首次发现，其内涵有待进一步研究。

图6.16.1　凤鸟饰K2③：193-1腹芯

图6.16.2　凤鸟饰K2③：193-1尾芯

图6.16.3　凤鸟饰K2③：193-1腹芯与尾芯结合

三星堆青铜器铸造工艺的初步考察

　　三星堆遗址本身未能提供此凤鸟的所属，但二号坑出土一件残片，发掘报告认为属于大口尊的肩部残片K2③：23，提供了可资比较的材料。

　　这件尊肩残片宽高各130毫米，残留的三角形尊肩，前面从肩折沿残断，保留部分肩部纹带，是细线平铺的纹饰，似乎是夔纹的局部，有一凸出的眼珠，旁侧为横置的一组羽刀纹，片状的鸟饰伏卧于纹饰组界外。鸟昂首引颈，大眼圆睁，眼珠凸出，三角形尖喙微下斜，头顶板状大冠饰，向后横伸的冠基尾梢向上尖翘，尾前有回勾鳍，冠基上高竖三冠羽，羽梢向后，后侧中部出下勾的鳍，但第一支冠羽前面也出向上勾的鳍。鸟颈宽，饰七行三瓣鳞纹；鸟身窄，背中出向前勾的鳍，尾高耸向前勾，身两侧勾随形云纹（图6.17.1-3）。[①]

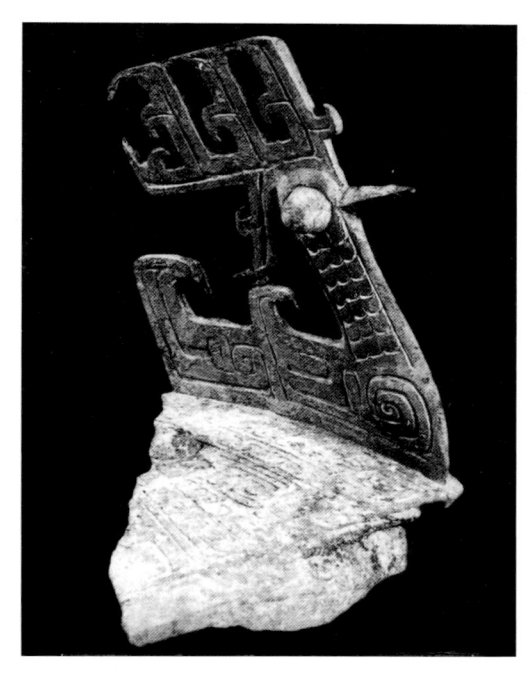

图6.17.1　铜残片K2③：23

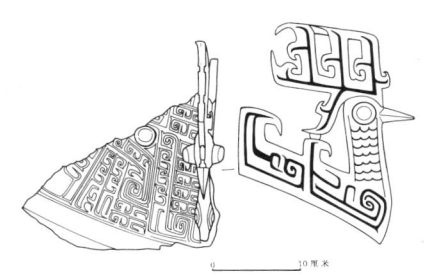

图6.17.2　铜残片K2③：23线图

图6.17.3　铜残片K2③：23拓片

　　这件尊肩残片缺乏旁证，也可能是瓿肩或罍肩残片，或者器盖残片。然而，残片上的伏卧鸟饰，在这类器上属初见。与本节讨论的凤鸟饰相比，鸟的冠饰造型具有相当的一致性，只是伏卧鸟冠羽顶部不相连而已。

[①]《三星堆祭祀坑》，第252页，第262页图143.1，图版96.2，拓片23。

263

（二）鸟饰K2③：193-2

二号器物坑还出土一件鸟饰K2③：193-2，形很小，高52毫米、宽45毫米，发掘报告指出可能是某器的附件（图6.18.1-2）。①

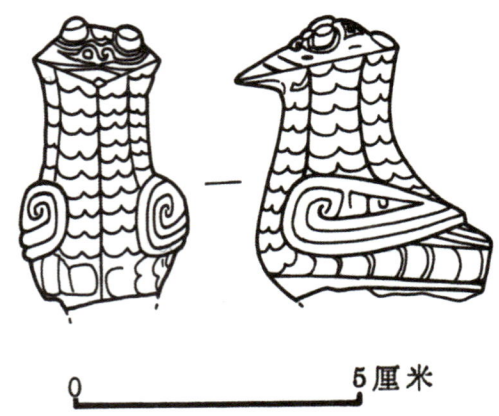

图6.18.1　鸟饰K2③：193-2　　　　　图6.18.2　鸟饰K2③：193-2线图

这一鸟饰属于圆雕形式，也是伏卧状，三角形喙较短，颈粗壮，翅和尾均短小。头顶鼓，一对眼设在头顶，眼珠凸出。鸟颈和身满饰双排鳞纹，双翅贴身，勾随形线以示翅羽。身下残，可能失去的是接榫。

三星堆器物坑出土的青铜容器上，往往在肩部均饰三只片状伏卧鸟，如大口折肩尊K2②：79、K2②：146、K2②：127、K2②：129、K2②：151，罍K2②：159，方罍K2③：205，以及圆壶残片K2②：117和尊肩残片K2③：252，巫山李家滩、枣阳新店、江陵八姑台、岳阳费家河和六安漃河出土的大口折肩尊，都是如此。这成为商代中期南方风格青铜尊、罍的典型装饰。②但这些鸟饰皆为板片状，尊肩残片K2③：252是其典型代表。此残片尊肩夔纹带还有部分存留，系象鼻夔龙带，夔龙后有兽面纹，以双勾的云雷作地纹，纹带上立着片状伏卧鸟（图6.19）。③

---

① 《三星堆祭祀坑》，第332页，第335页图185.1，图版127.4。
② 苏荣誉：《三星堆大口折肩尊研究——兼论商南方风格大口尊的风格、工艺、年代与渊源关系》，见本集第四篇。
③ 《三星堆祭祀坑》，第252页，图版96.1，拓片22。

三星堆青铜器铸造工艺的初步考察

图6.19 鸟饰K2③：252

圆雕鸟饰见诸新干大洋洲涝背青铜器群，其中的两件鼎XD：27和XD：26，双耳鼎各伏卧一只圆雕鸟，造型和此颇接近（图6.20.1-2）。此外，在伏鸟双尾虎背上伏卧的鸟，以及镈XD：63铣扉棱顶部的鸟饰也是如此。[①]湘潭船形山出土的豕尊，盖的鸟纽的造型也是如此。[②]新干大洋洲涝背青铜器多是商中期南方作坊铸造的南方风格器，与盘龙城、汉中盆地的青铜器联系密切又自有特点，可以认为是不同的铸工系的作品。湘潭豕尊也具有典型的南方风格和工艺特征，时代也应早于安阳。[③]三星堆鸟饰K2③：193-2，可能与新干大洋洲涝背和湘潭船形山的关系更为密切，其时代也在安阳之前。

再回头来讨论凤鸟饰K2③：193-1。对于其所属，发掘报告没有分析。巴黎集美博物馆（Musée Guimet，Paris）收藏的鸟纽盖（图6.21），通高270毫米、直径168毫米。它可能是一件瓿的盖子，传出湖南。盖口有子口，穹形。盖面满布纹饰，中央饰圆涡纹，外周饰兽面纹，四道勾牙形扉棱将四组兽面纹区隔，兽面纹与涡纹之间一圆圈纹带区隔。圆涡纹中央站立一鸟纽向前平视，长喙凸圆眼，五齿凤冠成片形

[①] 江西省文物考古研究所等：《新干商代大墓》，文物出版社，1997年，第28、73、79—80、131页，第29页图17.2，第81页图43，第133页图69，彩版7.1、20、38，图版7.3。
[②] 何介钧：《湘潭县出土商代豕尊》，《湖南考古辑刊》第一辑，岳麓书社，1982年，第19—20页。
[③] 苏荣誉、董韦：《盖纽铸铆式分铸的商代青铜器研究》，《中原文物》2018年第1期，第80—94页。

图6.20.1 新干大洋洲涝背鼎 XD：27 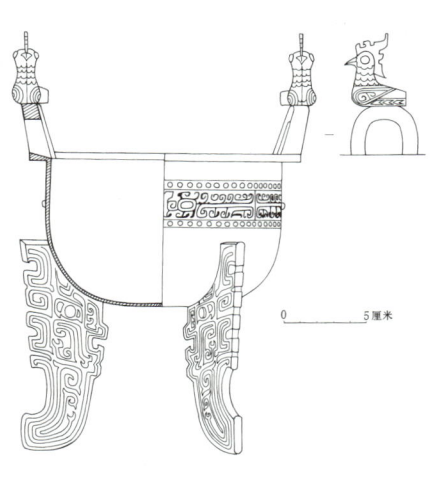　　　图6.20.2 新干大洋洲涝背鼎 XD：26线图 　　　图6.21 Guimet鸟纽盖

高耸，后脑垂下一齿如刀。鸟纽短翅紧贴其身，长尾下垂，双爪紧抓盖中央竖起的短柱。[①]鸟纽的造型和纹饰，与三星堆器物坑出土者极为相似，仅冠饰微有差别。比而论之，三星堆鸟饰，很可能是瓿盖的纽。

三、非商青铜兵器：戈

青铜戈是古代中原最为重要的兵器，也见诸受其影响的周边地区。渊源很早，在二里头文化中即已出现长条形戈，直援，两侧开刃，前端出锋，援后设内可垂直装柄于内上。戈可勾可啄，作为兵器的杀伤效率应当甚低，后期演变出内弯的援并在援后段出胡，似乎对杀伤效果改善不大，但这种兵器却在中原流行近两千年，直到西汉后才退出历史舞台。戈是中原所独有的青铜器类，数量很大。其中奥妙，迄今未有深入讨论。

三星堆器物坑出土青铜器，兵器种类很少，几乎只有戈一种。一号坑出土青铜

---

① 李学勤、艾兰：《欧洲所藏中国青铜器遗珠》，文物出版社，1995年，第52页。Maud Girard-Geslan, *Bronzes Archaïques de Chine*, Paris: Trésors du Musée Guimet, 1995, pp.128–133.

戈四十四件，援呈细长等腰三角形，援两侧呈弧形内收，有连弧状或锯齿形刃口，梯形阑，方形内，形近乎匕首。因多数经火烧，体薄质轻，发掘报告将之归为仪仗类器。二号坑出土戈17件，型式与一号坑所出一致。这类青铜戈在三星堆器物坑首次发现，且不见于他地，应该也是三星堆非商青铜器中具有标志性的器物。与同出的石戈相比，一号墓出土石戈27件，援梢内弧，与偃师二里头和郑州商城所出土的玉戈接近，[①]而与本地的青铜戈有所不同；二号坑所出的10件石戈更像石刀，一面薄可开刃，与中原戈的造型亦大不相同。[②]缘何如此，值得深究。

这里讨论几件青铜戈及其铸造工艺。

（一）戈K2③: 261-4

三角形援，长方形阑，阑后出长方形内，二者在同一平面。援后端居中有圆形穿，援中弯折。通长200毫米、援长147毫米、内长53毫米、内宽34毫米。[③]援两侧相连的内弧刃成棘刺状，前端出尖锋，因此，内弧刃自阑至锋弧口由大到小。援两侧中间起脊棱，从圆穿贯通到锋，正面脊棱宽在2.1毫米左右，凸起高度以近锋处甚，约0.7毫米；背面脊棱较窄，宽1.5毫米左右，凸起约0.4毫米（图6.22）。

援上穿相当圆整，中心小而两侧大。中心直径10.5毫米、正面外径11.2毫米、背面外径12.1毫米。内长方形，厚3.1毫米。内三侧都可见披缝，披缝距阑正面1.9毫米。左侧披缝宽1.7毫米，内端和右侧分

图6.22 戈K2③: 261-4

[①] 中国社会科学院考古研究所：《偃师二里头：1959—1978年考古发掘报告》，中国大百科全书出版社，1999年，第251页，图162.5，彩版2.3。河南省文物考古研究所：《郑州商城：1953—1985年考古发掘报告》，文物出版社，2001年，第715—716页，图487，彩版11.2—6。
[②] 《三星堆祭祀坑》，第54—60、283—289、121—127、411—413页。
[③] 《三星堆祭祀坑》，第284页，图159.3，图版105.4。

别为1.8毫米和1.0毫米。阑侧边也可见铸造披缝，靠内的肩部披缝宽2.2毫米，而在阑两侧，披缝宽为1.4毫米。

内、胡和穿的铸造披缝说明该戈采用对开分型铸造，但两对开范内戈的型腔不均，面范多于背范。胡穿的泥芯由两对开范自带，和两范各自成为整体。相应的，面范所带泥芯长于背范，面范所带泥芯长为1.9毫米。内末端不够平齐，似为浇口打断后的痕迹，说明这件戈很可能是从内端浇铸成形的。

值得注意的是，此戈内的中部和援的后段，具有较大的致密的灰白色块，应当是瘗埋前戈经涂色的遗迹，其他处已剥落。具体颜色和介入的方式，有待研究。

（二）戈K2③：144-8

器呈长条板状，形与上述戈K2③：261-4接近。援、内上下微弯，纵截面略呈S状。通长209毫米、援长148毫米、内长61毫米、内宽35毫米（图6.23）。①

方形内长60.8毫米、宽34—35.2毫米，厚度不很一致，内端厚2.3毫米、内侧厚1.8毫米。内与阑平齐，阑厚1.6毫米。长方形阑宽55.2毫米、长28.4毫米。阑的中部前端有圆形穿，直径11.5—12.3毫米。穿为腰鼓形，两面收而中心鼓，边缘距内端79.8毫米。

阑前侧出连弧状刃成援，援两侧的刃由七对连弧状棘刺组成。援前部为直刃，直刃收而出锋。直刃部分长40.5毫米，与连弧刃结合部宽15.6毫米。援两侧的正中起脊棱，自锋至胡与内的结合部。胡部包括脊棱厚3.2毫米，穿边包括脊棱厚3毫米，而在援中部和锋分别是3.1毫米和1.8毫米。

图6.23 戈K2③：144-8

---

① 《三星堆祭祀坑》，第289页，图160.2，图版106.2。

内背面边缘可见明显的错范痕迹，宽达2.2毫米，距表面高度为1.1毫米，说明这件戈是对开分型。背面范中型腔深度为1.1毫米，戈的其余部分则由面范型腔成形。腰鼓形穿表明它具有独立的泥芯，整个铸型由两块对开范和穿的一块腰鼓形泥芯组成。浇铸部位尚不清楚。

（三）戈K2③：236

器作平板长条形，形与前揭两件戈接近，但阑和援均较宽。通长192毫米、援长133毫米、内长59毫米、内宽36毫米（图6.24）。①

长方形内甚大，端部略斜，约成80度。内长59.9毫米，两段宽度不一，分别为34.5毫米和35.5毫米，厚2.2毫米。内的截面呈梯形，即内的一面较另一面略大，在阑的侧边，差距为0.7毫米，而内上最大尺寸差为1.6毫米。说明该器不是在戈的中面分型，而是在面积较大的侧面分型。即戈的两块泥范中，一块是平板状，另一块才有戈的型腔。阑与内在同一平面，长61毫米，上有圆穿，但形不圆整，亦是一侧直径略大于另一侧，也即面部大于背部。

图6.24 戈K2③：236

援宽而短，阑部更宽。阑前接三角形援，两侧刃皆为连弧构成的棘刺状，刃齿较浅，弧的大小从锋到阑依次递减。前锋微残。援正面中心出低矮脊棱，从胡穿边沿贯通到锋。背面隐约也有一条脊棱，微凸，可触摸。

铸型沿背面轮廓，也是戈的最大截面分型。戈的铸型由背面的平板状范组成，仅具有背面隐约脊棱型腔，面范具有戈的型腔，穿的泥芯由面范自带。

---

① 《三星堆祭祀坑》，第289页，图160.3，图版106.3。

（四）戈 K1: 7-1

这件戈是一号器物坑出土青铜戈中，被划分为AI式的三件之一，也是其中最为完好的一件，形制与前述三件戈一致，通长204毫米、援长156毫米、内长48毫米、内宽25毫米、阑长13毫米、阑宽43毫米。[1]

比较而言，这件戈细长，援窄阑也窄，长条形援两侧呈连弧状锯齿刃口，弧口浅而宽。锋较短，尖端微残。援正中有一凸棱形脊，直而匀。援后接方形阑。阑与援相接处设一小圆穿，不甚圆整，尚残留有将之绑缚在秘的纤维痕迹。此穿也是脊棱终点。阑后出长方形内，其正中有一长15毫米、宽3毫米的长方形穿，形状较为规矩（图6.25）。

铸型由两块对开范组成，圆穿芯由两范各自带一半，长方形孔的芯由一范自带。

图6.25 戈K1: 7-1

（五）戈 K2②: 144-1

发掘报告将此戈分为BII式，体较修长，长方形阑成为戈的重心，结构对称。通长206毫米、援长151毫米、内长55毫米、内宽31毫米、厚2.5毫米，重60克。[2]阑前为长援，二者结合处设一圆穿，直径11毫米；自穿到锋起窄矮脊棱，成为戈的对称线；锋较长且尖利，援两侧出连弧刃，为较对称的七联弧（图6.26）。

阑后是长方形直内，内端部较根部略宽，分别为31.2毫米和30.8毫米；内两侧微收，最窄处宽29.7毫米。其厚度不十分均匀，端部厚2.4毫米、侧厚1.9毫米，阑虽与内平齐，但厚度为1.6毫米。

---

[1] 《三星堆祭祀坑》，第54页，图32.1，图版13.1，彩图12。
[2] 《三星堆祭祀坑》，第478页附表21。

圆穿外侧小而中心直径大，呈腰鼓形。但戈对开分型，故穿有独立的泥芯。戈的铸型由两对开泥范与一块穿内泥芯组成，从内端浇注。浇道设于内端最厚处，长约5.9毫米。

上述五件戈作为祭祀坑出土戈的样本，反映了其独特的造型，即长条形器的重心在长方形阑，援两侧联弧刃，而这些刃均未磨开，基本上是铸造的雏形，或略加整理之态。因此，这些戈应当不是实用器。鉴于戈K1：7-1穿孔向内的绑缚纤维痕迹仍存，说明它曾被使用过，《三星堆祭祀坑》发掘报告将之归为仪仗类，有道理。

图6.26 戈K2②：144-1

尽管这些戈皆非实用兵器，形状简单且不必考虑性能，但铸造还是精工细作。特别值得注意的是穿和孔的形成，既有对开范各自带半个泥芯者，也有独立制作泥芯成孔者，还有一边范自带泥芯者。独立泥芯工序自然繁杂，还有铸型组装问题，但铸出的孔呈腰鼓形，两侧小而中间大，不落俗套，反映了工匠的个性，说明这些戈虽然造型相同，可能在某一作坊同时制作，但是作坊有若干（组）铸工参与了此事，所以才可分别出不同的处理手法。

四、非商青铜器：人头像和人面像

三星堆青铜器中，非商部分比重甚大，除前揭戈外，还有大量的人像、人头像、人面像、兽面像、神树以及瑗、眼形、眼泡形、贝形和各种动物形饰品等，且数量多至数百件。至于大量的铃形饰，其艺术特点和文化内涵还不清楚，可能包括商文化因素，也包括非商文化的种类与因素，比较复杂，留待以后讨论。

青铜人头像是指铸造的圆雕头像，是三星堆器物坑中具有代表性的器类，不曾见诸于他地。一号坑出土头像13件，多经火烧，8件颈部残缺，3件仅存头顶局部；二号坑出土人头像多达44件，其中2件过于残缺而未复原，4件戴有金面罩，其形式有所变化。此外，这些头像出土前多为外力作用变形或损坏，或者还经过火烧。在几件完好者的耳蜗、口唇和鼻孔，可见涂朱痕迹，在眼眶、眉毛和发辫，可见黑色彩绘。[①]也就是说，这些头像原始面貌是多彩的，与发掘品的色彩剥落和经过数千年埋藏腐蚀变化后的视觉大不相同。

青铜人面像是指薄板或薄片状有若面具、造型为人头但顶部、颈部和后脑不封闭的青铜造像，往往和面具差别不大，且均是青铜铸造品。三星堆器物坑考古发掘报告将人面像和面具作了区分，本文统称人面像。一号坑出土人面像2件，二号坑出土人面像20件，[②]是出土数量最大的一批青铜人面像，内涵与人头像应该一致，置于一起讨论。

（一）人头像K2②：48

三星堆器物坑人头像均作筒形柱头状，中空。

人头像K2②：48通高410毫米、宽216毫米，头径纵133毫米、横150毫米（图6.27）。[③]

从额头发际出平顶，顶封闭。顶面上可见4个铜芯撑，分布大体对称。前面两个大体呈菱形，间距为68.9毫米；后两个间距约75毫米，一个为圆形，直径约8毫米，另一个形状不规则，长约10毫米，宽约6毫米。头像顶部四围略高出顶面，大约沿筒形头像内沿可见铸造披缝，披缝

图6.27　人头像K2②：48

---

① 《三星堆祭祀坑》，第23—26、169—182页。朱丹丹：《三星堆器物坑施彩铜器的初步研究》，《四川文物》2018年第2期，第74—79页。
② 《三星堆祭祀坑》，第26、33、188—190页。
③ 《三星堆祭祀坑》，第466页附表13。

厚1.4毫米，残高2.9毫米。因四角略厚，披缝亦相应靠内侧。造成顶面不平的原因应当是该头像采用倒立浇铸，虽然可以使顶面结构致密，减少浇不足之类的缺陷发生，但也正是如此，才在顶面设置四个铜芯撑以支持硕大的中空头像的芯。顶面的披缝不在顶部外缘而在壁厚的内侧，说明顶面泥范略小于顶面。顶面泥范在与泥芯和侧面泥范组合时（铸型倒置），侧面泥范向下滑动，使得侧面范与顶面范的结合间隙加大，铜液渗入形成了这样的结果。同时也反映出铸型组合是一次完成的，因为泥芯尺寸很大，而且凸凹不平，它和泥范组成铸型后，匠师已经无法看到顶面范与侧面范之间过大的缝隙并予以弥补。

　　额宽而平。眉粗壮而鼓，眉上扬，眉根尖而眉梢钝。左眉长88.3毫米，宽8.5毫米；右眉长85.8毫米，宽8.4毫米。从眉间其脊，悬垂成鼻，鼻棱鼓，脊锐，鼻头尖，若蒜头形。鼻面上有二鼻孔，未透。鼻宽44.3毫米，鼻面高30.8毫米。鼻两侧出脊棱伸展至两颊，但相对较短，只到眼珠下部。口阔而紧闭，两头微微上翘，但口角回勾，口正中裂宽5.5毫米。下颔出台，正前端高于颈部16.1毫米，宽18.2毫米；此台沿面颊下沿向后伸展，于珥下转折，于珥后回折接于珥后部，抵于珥上穿孔。在珥下，右侧高于面部2.1毫米，左侧高于面部2.2毫米；在珥后，右侧凸起2.2毫米，左侧则达4.6毫米。人面左右各种尺寸的差异正是手工设计、手工塑模的特点。

　　颈粗壮，结构为与圆柱形横梁相贯状。在颈两侧形成圆弧形叉口，叉口的最高点位于珥下方。此处相对较厚，左侧厚5毫米，而右侧为3.5毫米。颈的前后侧是弧三角形状，下尖锐且前短后长，前尖厚4.3毫米，后尖厚3.9毫米，和壁厚差别一致。前壁厚为3.8毫米，后壁是2.6毫米，颈部最薄处壁厚1.9毫米，说明颈部的壁厚不一致，据此可推知整个头像的壁厚不够均匀，说明铸型型腔间距不一。造成这种现象的原因比较复杂，主要的原因当是泥芯硕大而形状不规则，形状复杂的芯与同样复杂的范，在成形、干燥过程中都会发生不一致的形变，组装的过程中不可避免地产生偏差，导致了此类现象的形成。

　　耳根上端头发沿发际凸起，于后脑结辫，自第一辫下以梯形发夹束发，发夹上宽60.6毫米，下宽48毫米，高28.8毫米，高于发辫大约2毫米。自发夹以下，发辫渐细，直垂及于颈，凸起于背部最高为2.2毫米。在颈部发辫两侧，头像青灰泛白。

　　双耳对生，自两侧面张开，耳轮后仰。耳面有云形下凹以示耳蜗，其中有浅的脊棱随形凸起，颇具象。垂珥上均有不圆整的对穿孔，且方向不直，背侧高于面侧，外

273

面孔径大于中心。双耳的尺寸互有差别。①右珥孔的上方还有一个透孔，口敞，边缘整齐，当是有意为之，功能不详，其外径9.0毫米，内径8.8毫米。

在人头像内侧，人面凸鼓的部位相应鼓出，发辫的辫结的凸凹在头像内侧十分清晰。这样的设计和耳面的凹陷一样，目的都是为了尽可能地保持器物壁厚一致，最大限度地降低器物浇铸后青铜冷凝收缩时的热应力，避免凝固收缩造成器物开裂。器内侧可以看见耳内残存的砖红色泥芯。说明双耳均中空，目的也是为了保持器物壁厚一致。这种意识和设计思想，是商代南方风格青铜器的一个重要特点。②

该人头像的铸型，由一块顶面泥范、两块侧面泥范和一块头像内泥芯组成。两块侧面泥范沿双耳的耳轮——器物的最大面分型，而头像泥芯应当是从圆模翻制成芯盒，再次翻制出泥芯的。

（二）人头像K1: 6

该人头像颈下残缺，残高250毫米、宽204毫米；头纵150毫米、宽142毫米（图6.28.1-2）。③

从前额发际处水平内折形成子口，子口收敛成柱头状，中空，头顶敞空。头像顶部壁厚不一，前面较厚，为3.3毫米，后边和左右侧分别为2.7毫米、2.2毫米和3.1毫米，最厚处5.5毫米，最薄处1.2毫米。同样，子口台阶宽窄不一，前额的台阶宽约5毫米，而后脑台阶为2.6毫米，两侧则近于模糊。如前所论，这是手工塑制模所作器的共同特点。

在子口上，以鼻梁为对称，前、后各有

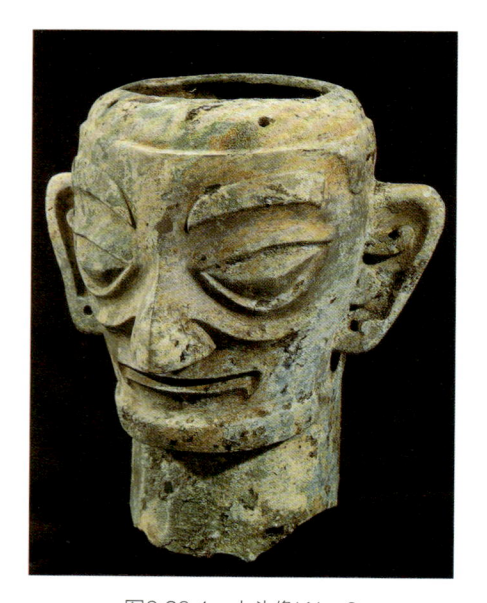

图6.28.1　人头像K1: 6

---

① 左耳长112.2毫米，耳面宽57.6毫米、厚27.5毫米，左耳上的对穿孔向两面敞开，面侧外径9.9毫米、内径8.6毫米，背侧外径9.2毫米、内径7.2毫米，珥部穿孔在背侧高于面侧，偏差约1毫米；右耳长115.7毫米，耳面宽55.1毫米、厚26.5毫米，珥上穿孔面侧外径8.5毫米、内径4.7毫米，背侧外径8.0毫米、内径7.3毫米，面侧孔不圆整，同样背侧高于面侧，偏差约2毫米。
② 以前有学者认为器物的某些部位设计制作成中空的，如鼎的足部和耳部，目的是为了节省铜料，应该是理解有偏差。
③ 《三星堆祭祀坑》，第23页，第24页图10，图版2.3—4，彩图2。

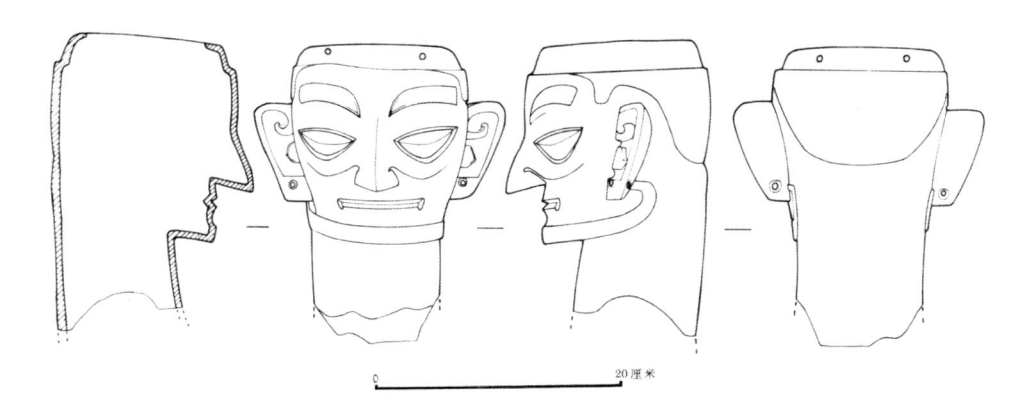

图6.28.2 人头像K1:6线图

两对钉孔。钉孔大小不一，左前孔直径5.7毫米，右前与左后钉孔直径都是4.8毫米，右后钉孔直径为5毫米。左侧两钉孔为敞口式，外大内小，左前孔尤其明显；右侧二钉孔则内敛，内侧直径大于外侧，以右前孔最为明显，内侧孔径是外侧倍余。说明这些钉孔是随手而为，左侧由外范自带二孔泥芯使之成形，而右二孔则是头像泥芯自带其泥芯使之成形。泥芯制作也比较随意，故钉孔大小不一。

从钉孔观察，头像的前额壁厚明显大于后脑。

人面上宽下窄。浓眉上扬，眉最宽达14.4毫米，上侧凸起1.1毫米，下侧凸起4.8毫米。眼略长于眉，上睑上弓，下睑悬垂，使眼珠凸出，眼珠呈菱角形。左右眼大小不一，左眼长59毫米、宽28毫米，右眼长62毫米、宽30.3毫米。

鼻棱鼓，脊明显。鼻头高31毫米、宽35.7毫米。鼻两侧起棱伸向脸颊，弧度与下睑相同。阔口紧闭，两头微翘，两端向下直勾。口长70毫米，中心口裂6.7毫米。下颏前突，并沿两腮向后伸展，于耳下上翘，至于耳上透孔。

头两侧对生双耳，耳外张，且上端里收而下端前出。耳面略平，其中有云纹形下凹，耳后侧则外鼓，使耳肥厚。耳上都有对穿钉孔。左耳高83毫米，最厚处23毫米，面上最宽32.4毫米。耳钉孔深约12毫米，且钉孔前后侧直径差别很大，前侧直径3.9毫米，后侧为8毫米；而前侧孔型为敞口，与后侧的分界约在距耳面2毫米处。右耳高85.2毫米，最厚27.3毫米，面上最宽34.5毫米。右耳钉孔深15毫米，形状和左耳一致，面孔径5.9毫米，后侧孔径8.9毫米；前后分界约在距前面4毫米处。

颈粗壮，端微侈，前后略残。端口厚度，左侧为3.1毫米，右侧为2.2毫米，前壁厚3.3毫米，后壁厚2.7毫米。

整个人头像作筒形，比较厚重。耳实，故耳前面可见云形缩孔。在面部凸起的部位，如眉、鼻、眼珠和下颏，内侧相应凹下，有保持铸件壁厚一致的意识，但这一点在双耳铸型的处理上没有体现。

铸件通体进行过打磨修整，除双耳顶部均可以看见垂直的铸造披缝外，余皆不考。推测该人头像是沿两耳轮廓前后对开分型，由一块泥面范、一块泥背范和一块泥芯组合成铸型浇注成形的。

在人头像顶部，可见两处浇道痕迹，一个长21.7毫米、宽4.3毫米，另一个长15.3毫米、宽2.7毫米，或许说明这件人头像是正立浇注成形的。在左耳下发现一补块，应当是在浇注后，发现该处有未浇足的空洞而后补的。补铸工艺无考。

人头像顶部的子口上有四个钉孔，说明此器原有顶饰或冠饰。

（三）人头像K1：11

此像经火残缺，残高374毫米、宽264毫米，头纵194毫米、宽170毫米，后颈缺失较多（图6.29.1-2）。[①]头颅残破处测量壁厚2.3毫米，说明器壁较薄，但质量似乎重于其他人头像。

出土时中空的头像内腔中存有骨渣、灰烬以及铜戈、铜瑗、金虎形箔饰、玉凿、玉琮各一件，海贝数枚。多数可能是人为放置进去的，含义不明。

中空作柱头状的人像顶端封闭，柱状的颈撑持人头。颈部粗壮，顶端略细，颈壁斜直，向下外撇，并在下端前后向下出三角形，或者寓意此类人头像本置于木桩之上，但所发现的人头像无一有木桩残留。此头像颈背后经严重火烧，致颈后的三角形锥残失。

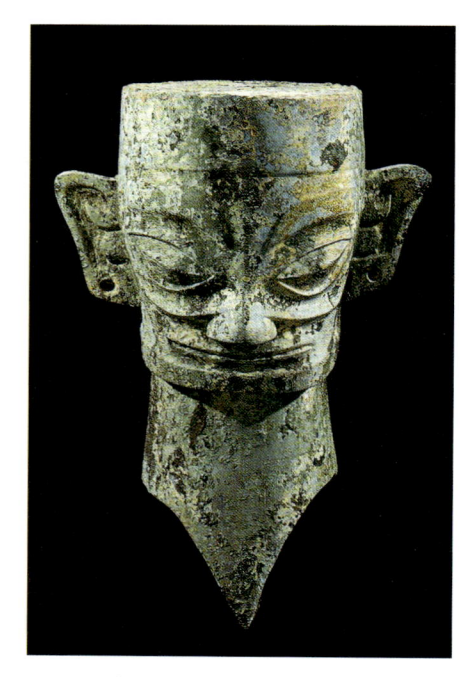

图6.29.1 人头像K1：11

[①] 《三星堆祭祀坑》，第26页，第27页图13，图版3.3—4，彩图3。

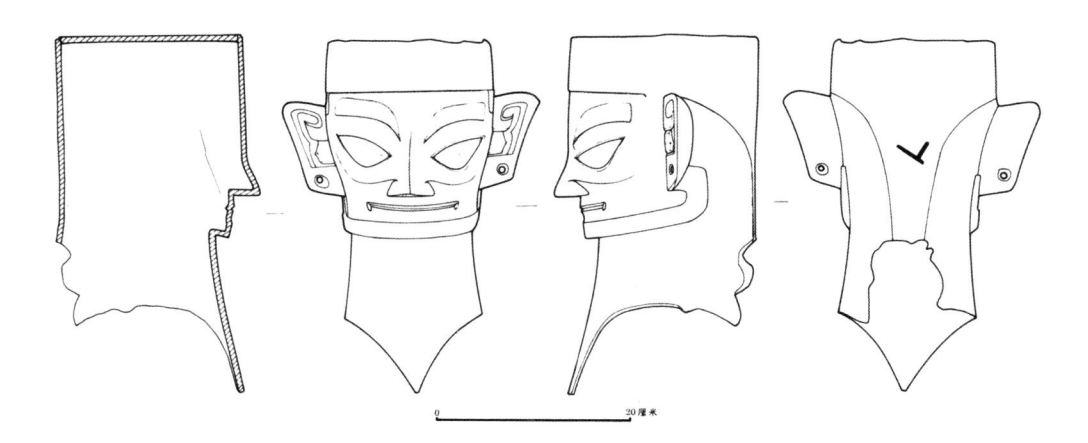

图6.29.2 人头像K1：11线图

  此头像戴平顶冠，冠边沿凸起约1毫米，冠高52.6毫米，素面。在双耳的前侧随鬓角下垂，没于耳中部的前方。自耳上至后脑，冠沿与发际吻合。头发在后脑收拢并束系，发束自然下垂，而收束处有V形凹痕。发束下残破，测得连发束壁厚3.6毫米。头像平顶部四周微微凸起，凸起层厚度与人头像壁厚相若，其四角和左右两侧凸起的断面上残存有铸造披缝，内侧披缝高于外侧，如左侧铸造披缝距器表2.3毫米，披缝宽2.1毫米；右侧则距器表2.9毫米，披缝宽3毫米；前面的铸造披缝和器物表面重合，披缝宽2毫米；在顶部的后沿偏左，有一月牙形台阶，宽7.7毫米，台阶后的披缝宽3.7毫米。

  人面的额较低。眉粗壮而弯，眉头低而尖，眉上扬，眉梢粗而齐。右眉微微凸起于额面，其最宽处12.5毫米。眼裂甚长且睁大，长72.3毫米，最宽33.3毫米。上睑略弧弯，下睑悬弓形，垂甚且棱鼓。眼珠则非球形，中间起棱线，悬垂内、外眼角之间，眼圆睁，睛凸出，呈菱角形。立眼，短于眉。如此眼型，他处未见。

  鼻悬于额下，鼓起自两眼之间，凸出在上唇之上。鼻头较大，端面平，鼻头高28.8毫米、宽46毫米，鼻孔未透。鼻的两侧起弧形突棱伸向面颊，至于外眼角下方，几乎与眉长相等，并与眉、眼睛构成了更大的眼形。

  头像阔口，宽达95毫米。嘴紧闭成弧形，两头微微上翘，左侧嘴角微有回勾。下颏有带状微凸起，其高度与冠的突起相若，并沿面部下沿向后伸展到耳的下方，再方折向上，并在耳后侧回勾，直抵耳上透孔。口下凸带宽12.5毫米，在右脸宽19.5毫米，在左脸宽16.1毫米，并在耳后变得很低矮。结合冠饰，可以认为头像表现的是其

277

戴有面具，面前的材质或者为皮，两侧可能还有其他物质。

人头对生双耳，耳侧张，垂直于脸或头的侧面，耳轮微向后斜。右耳微高于左耳，但左耳微大于右耳，即微宽、厚于右耳。耳面以云纹形下凹表示耳蜗，珥上各有一穿孔。右耳耳面平而背面鼓，耳面为其最大面。[1]

两耳顶面和上方，均可以看到铸造披缝，和两耳轮上的一致。在珥下的面部和颈部两侧，可以感触到铸造披缝的凸起，但视觉上则没有表现。

颈部的前三角角尖厚7.5毫米，在三角形的右侧中央，可以看到围颈方向的铸造披缝，披缝长约10毫米，宽约0.9毫米。銎口的右侧厚3.3毫米，底沿中心也可看见铸造披缝，披缝长6.4毫米；銎口左侧底沿厚2.8毫米。銎口以珥正下方为厚，右侧6.7毫米，左侧5.1毫米。

人面像内侧可以看到双耳内残存的泥芯，面部内侧有泥芯开裂浇铸后形成的毛疵。从器内侧可以看到右眼有补铸块，嘴内侧亦有补块。整个人头像的铸型由一块内部泥芯、一块头顶范、一块面范、一块头脑后泥范组成。面范自带两珥对穿面部部分的泥芯，而脑后泥范则自带两珥对穿孔背侧的泥芯。面部泥范和脑后泥范的分型面，沿左面耳轮上的脊上下延伸，上通至顶面，下抵达銎口，而在右侧则沿耳面边缘上下延伸。

（四）人头像K1：72

此人头像同样中空作筒形，较瘦长，左额上残，颈下残，颈部曾受横向重击而折出，可能是残缺的主要原因，此后还经火烧。人头像残高308毫米、宽178毫米（图6.30.1-2）。发掘报告称"头顶盖已脱"，[2]说明无顶，顶面前后外径为138.6毫米，内径为131.4毫米，左右外径为123.3毫米，内径为116.6毫米。顶部周缘不十分平整，并可以看到铸造披缝，对应着器壁内外，外层由外范形成，里层由泥芯形成，里层高出外层。器壁厚度不匀，口沿最厚3.5毫米，最薄2.1毫米。

两耳上端似有发际，或者是更薄的筒形帽帽边。头发于脑后收拢成辫，自第一辫以下有发夹，发夹呈梯形，上宽64.5毫米，凸起于发1.6毫米；下宽46.8毫米，凸起于

---

[1] 双耳的差异可参考如下测量：右耳长98.1毫米、宽48.3毫米，耳面凹陷深5.7毫米，耳厚39.7毫米。珥孔向前后两侧敞开，中间细而两面大，中间直径4.5毫米，面部孔径和背部孔径分别为10.1毫米和10.2毫米，孔深13.6毫米。左耳耳轮则圆鼓，中间起脊，耳长95.3毫米、面宽40.8毫米、厚31.1毫米。珥孔深15.8毫米，也向两侧敞开，且不直，在面向里侧而在背孔则向上。这一对穿孔均前高而后低，轴距达4.5毫米，但外径基本一致，约12毫米。
[2] 《三星堆祭祀坑》，第26页，第27页图14，图版4.1。

发1.1毫米；发夹高45.6毫米。发辫下垂，直至颈下。发夹的两侧均可见到泥范龟裂导致的毛疵。

人面肖生而富有特点，基本面貌颇类似于前揭人头像K1：11。同样的眉形，粗壮并凸起，眉梢上翘。眉中部凸起于额1.7毫米，最宽处17.5毫米。眼睛形状也一致。锅丹式鼻挺直，鼻面平，麦粒形状的两个鼻孔同样不透空。鼻头高26.9毫米、宽41.4毫米。鼻两侧也出弧形凸棱伸向两颊，使面颊突出，富有立体感。

嘴阔而紧闭，而且相当平直，嘴两头微微上翘，但嘴角下勾，唇间距略大。嘴宽约4毫米、深1.8毫米。

下颏向前台状凸出，高度约2.2毫米，可能也是面具的带，向两侧延伸到耳下，再转折向上，于

图6.30.1　人头像K1：72

珥后回勾，抵于珥上透孔，说明面具系缚于珥孔。面具带在左脸凸起4.8毫米，右脸为5.6毫米。颏下出颈，较之下颏缩过16.9毫米。颈部下口敞，可供木桩或木柱插入，颈下前后的三角形可使之结合更加稳固。

人头对生双耳，耳肥大，伸展，耳轮后倾，耳尖上耸。耳面平上有云纹形下凹的耳蜗，珥上有对穿透孔。左侧钉孔面上直径为7.1毫米，背侧为7毫米。右侧珥孔中间细而两面敞，面上直径为7.1毫米，背侧为6.8毫米。

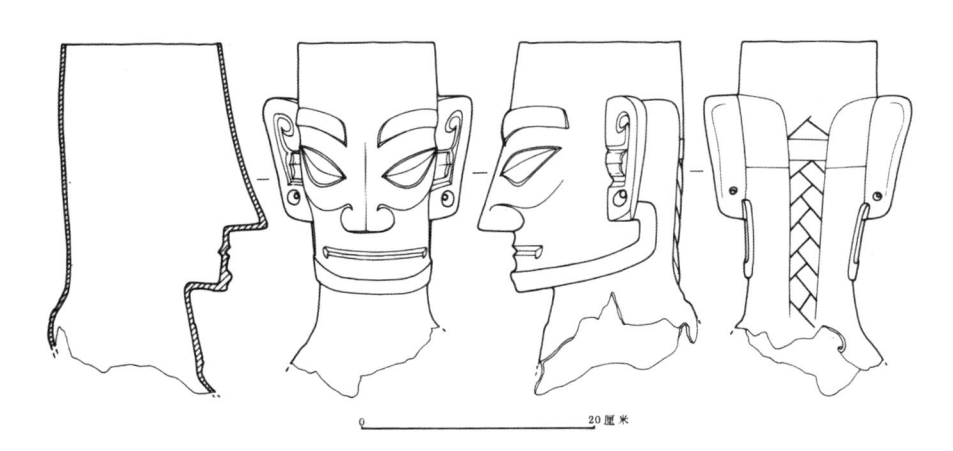

图6.30.2　人头像K1：72线图

颈口壁厚不一，最厚3.8毫米，最薄1.9毫米。额右侧有一个块补铸，呈红铜色，尺寸为15毫米×22毫米。

此像除耳轮上铸造披缝明确外，颈部和耳下被打磨平光，是沿两耳垂直平面分型抑或沿在耳下转折曲面分型，无考。

（五）人头像K1:5

考古报告将此像划为C形，仅此一件，虽作筒形柱头状，但造型别致，且品相完整。通高456毫米、宽200毫米，头纵160毫米、宽125毫米（图6.31.1-3）。[①]

头像戴冠和面具，很可能冠与面具连为一体。冠顶半球形，两额角耸起三角形冠耳，左耳尖厚约9毫米，右耳尖厚8.5毫米左右，二耳间距185.8毫米。冠带从耳后侧垂下，在珥后略向后弯，再与下颌的横带相接。冠带右端头厚9.2毫米，下端厚7.9毫米；左端头厚11.5毫米，下端厚11.4毫米（参见图6.31.3）。冠两角的边缘上有明确的铸造披缝，左角顶披缝宽度为1.2毫米，右角顶披缝宽度为1.5毫米。

图6.31.1　人头像K1:5正面　　　　图6.31.2　人头像K1:5背面

[①]《三星堆祭祀坑》，第26页，第29页图17，图版5.1—2，彩图4。发掘报告推测，此人头像"似戴双角形头盔。头盔将后颈遮蔽，仅露后脑勺"，"面部戴方形面罩"，"后脑勺处有一插发笄的凹孔"。

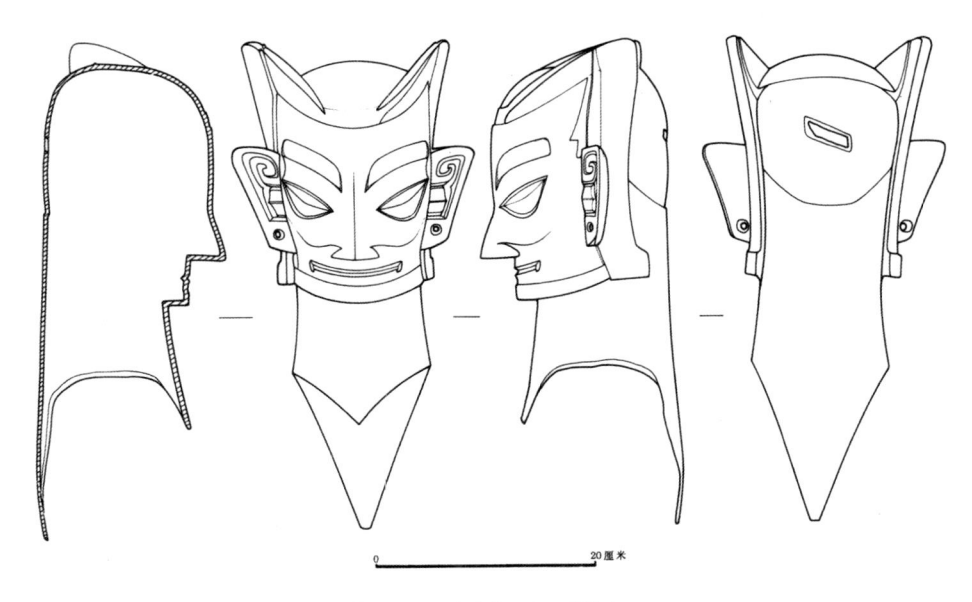

图6.31.3 人头像K1∶5线图

　　头顶圆鼓，靠前方有方形透孔，尺寸为21.5毫米×26.3毫米，但口边残破，旁有形状不规则的孔洞，是由于浇铸时充型不足引起的，其纵深达60毫米。在这个大孔洞附近，还有同样原因形成的两个小的透孔，一个呈枣核形，长5毫米、宽2.9毫米，另一个为狭缝状，长13.7毫米、宽3毫米。从残破处测得人头像顶部壁厚2.9毫米。顶部铸造披缝明确，几乎是沿最大面分型，即有块顶面范从前额冠顶两边伸展至冠的两角，再从后脑收成一个不规则形状的范片。

　　后脑的头发低于两侧和背部。有一平行四边形的孔，短边长17.3毫米，长边长41.3毫米。扣敞，外大内小。外边经錾凿，平齐，说明该孔是有意为之，内边毛糙。

　　眉相对较低，但粗壮，弯而上扬。右眉长77毫米，最宽处15.7毫米。眼睛的凸出也相对较低，眼形成悬弓状，下眼睑悬垂甚，使眼尽力张开，眼珠尽量凸出。眼珠和眼的轮廓一致。眼短于眉，右眼裂63.4毫米、宽30.6毫米。

　　鼻挺而直，脊锐，鼻头挺。鼻头高29.7毫米、宽42.3毫米。鼻面有二狭缝状鼻孔，未透。鼻头上对生双脊伸向面颊，下弯，和下眼睑一致。与眉和眼睛构成了写意性眼睛。阔嘴紧闭，两头微微上翘，嘴角下勾。嘴阔81毫米，中心嘴裂5.5毫米。下颏短而凸出成台，并沿脸的下沿向后伸到珥下和冠带相接。

　　颈粗壮，口敞侈，端部前面和后背均伸出三角形尖，而侧面弧口，形成与圆形横梁相关形，究竟是木桩或木柱插入头像中，还是圆横梁中起短柱插入头像中，器物本身无法提供足够证据。

头像两侧对生双耳，耳颇长，尽力侧张，耳轮后倾；耳的上端后仰而下端前出。耳面平，其中有云纹形下凹为耳蜗。但耳背隆鼓，使耳颇厚实丰满。珥上有穿孔，中间细而两面敞，说明该孔从中间分型，与耳轮上的铸造披缝一致。两耳尺寸不一，[①] 说明其铸型出自原塑模。

沿耳轮的分型面是该人头像的主分型面，但该面不平，在珥下沿冠带边缘折向下颏凸台，在此垂下直至鍪口。因此，主分型面是曲面。而耳后至冠带的轮廓之间，则分别设置了一块泥范，类似活块范。整个人头像是由下列泥范和泥芯组成：

一块人像内泥芯（自带双耳内泥芯）；

一块人面泥范（自带双耳珥部穿孔前面泥芯）；

一块头顶泥范（分别自带珥内穿孔后面泥芯）；

两块耳后泥范；

一块后背泥范。

该像铸就后有多处补铸，在颈部右侧有一块大补块，右额有一大补块，高约57毫米，宽达6毫米。在该补块下边的前后两角，均有补铸时未浇足的孔洞，前小后大。左额也有一块补块，在外表不显，但内侧明确。左眉梢也有补块。

颈部壁厚不均匀。左壁厚2.5毫米，前三角尖部厚4.4毫米，后三角尖厚2.7毫米，最小壁厚1.4毫米。鍪口上可以看到浇口痕迹：右侧浇口长约36毫米，宽5.3毫米；左侧长61毫米，宽4.4毫米。说明该人头像是铸型组合完成后，从缺口道浇铸成形的。

（六）柳编冠人头像K2②：83

此人头像也是三星堆器物坑中独一无二的一件，特别在于头顶戴双股柳条编成的

[①] 右耳高91.3毫米，面平，宽45.2毫米，其中云纹形下凹深4.9毫米，耳厚17.9毫米，耳梢披缝宽1.6毫米。珥部穿孔前面斜向下而背面斜向上，珥孔深8.9毫米，面径9.2毫米，背径9.9毫米。珥后铸造披缝宽度为1.7毫米。右耳高91.3毫米，面平，宽45.2毫米，其中云纹形下凹深4.9毫米，耳厚17.9毫米，耳梢披缝宽1.6毫米。珥部穿孔前面斜向下而背面斜向上，珥孔深8.9毫米，面径9.2毫米、背径9.9毫米。珥后铸造披缝宽度为1.7毫米。左耳面不平，耳轮棱鼓，上有明显铸造披缝，耳梢披缝宽1.6毫米，面上的云纹形下凹深4.7毫米。耳长94.9毫米，面宽47.4毫米，厚19.1毫米。珥部对穿孔错范明显，孔也是中间细而两面敞开，深约12.8毫米。面上孔斜向里侧而背面斜向上方，面上直径9.8毫米，前段深6.2毫米，背面直径9.8毫米。珥下披缝宽约2毫米，珥后铸造披缝宽2.9毫米。

环形冠，且左侧略粗于右侧，颇为具象。人面与其他人头像颇为接近，根本原因可能在于都戴有相同或接近的面具之故（图6.32.1-2）。此像较完整，通高136毫米、宽108毫米。①

像的头顶隆鼓，额骨半球形，周缘向下出子口与顶骨配合。顶骨上缘设母口，可将额骨纳入。额左侧可见子母口脱开的迹象，裂缝宽数毫米。柳编冠戴在额骨上，在二者结合部位，冠内侧可以看到"柳条"内的泥芯。

右脑后局部冠与额骨脱开、额骨与顶骨脱开的痕迹，说明冠、顶盖和头颅是分别铸造成形的。冠四周没有任何铸造披缝的痕迹，类似于殷墟青铜器中的某些索状提梁，是否有如谭德睿提出的焚失法铸造，②亦待考。铸件所见的叠压关系反映出"柳编冠"和头颅是分别铸就后，再浇铸头顶盖，同时将二者铸接在一体。

图6.32.1 柳编冠人头像K2②：83

人像面部明显戴皮质面具，周边为较厚的皮带，面部的皮带较薄。额带窄，可能与发际平齐或略低，横伸至太阳穴下折。下颌带亦窄，向两侧延伸至耳下后上折，并于珥后回勾，系于珥孔。

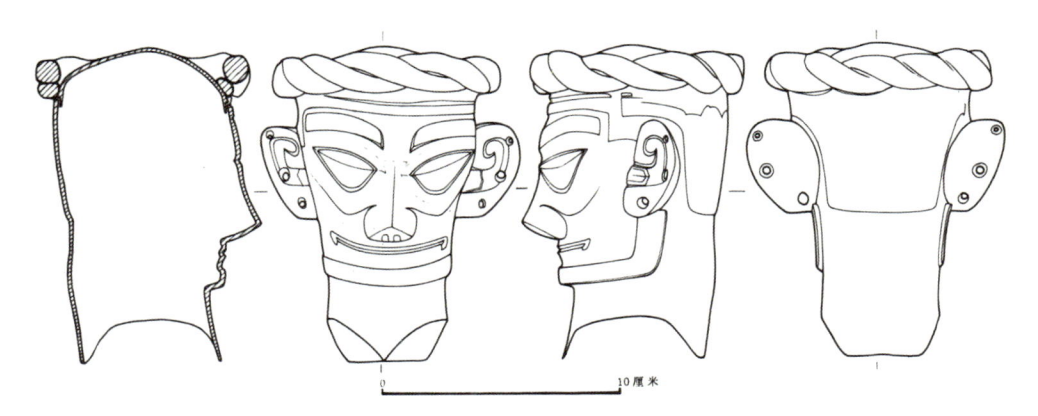

图6.32.2 柳编冠人头像K2②：83线图

① 《三星堆祭祀坑》，第169—174页，第172页图88，图版61.1—2，彩图44。
② 谭德睿：《中国青铜时代陶范铸造技术研究》，《考古学报》1999年第2期，第211—250页。

面相与前揭诸人头像的面高度相似，眉、眼、鼻、口均一致，但面略窄，面颊的弧线凸棱根部似更高，却也更短，难以与宽大眉骨和眼睛构成"眼形"。①

颈粗壮但较其他人头像为短，但形制相同，下端前后出三角形，侧面圆弧形，其功能尚不明确。

在人头像内侧，发现顶盖中央有一圆形深孔，但未穿透。

此头像的双耳也有特点，相较而言宽而短，并向后斜倾较多。耳面平，只有上半有云形下凹，耳蜗很不完整，耳背依然隆鼓。另一特别之处是双耳耳轮上均有三个穿孔，分别在耳梢、耳中和下珥，孔不一定圆正，方向也未必水平，但均是中间细而两面阔。

头顶盖锈蚀十分严重，已经生成了蚀穿孔。

（七）平顶戴冠人头像K2②：90

考古发掘报告将这件人头像划作Bb型，平顶戴冠。同样是作筒状柱头形，瘗埋时此头像被重击砸扁，右脸残破，颈后侧亦有被砸击的凹痕。修复后通高348毫米、宽172毫米，头纵137毫米、头宽106毫米（图6.33.1-2）。②从砸击的残破而未破碎看，此头像的含锡量不高，自铸成到毁弃的时间不是很长，头像未锈蚀或锈蚀程度很轻。出土后人像有致密的青灰底色，颈部有蓝绿斑锈。

头顶戴筒形高冠，冠壁近乎垂直，上下沿略微回收。额前的带宽47.2毫米，凸于额2.1毫米，在脑后该带宽41.8毫米，凸起1.8毫米。外壁饰两行纹饰，均是鞋样形阴勾重环纹，一行八幅，上下对齐，冠饰外是如此图案的织物亦未可知。冠壁两侧有垂直的铸造披缝，和双耳

图6.33.1　平顶戴冠人头像K2②：90

---

① 右眉长39.5毫米，最宽处7.5毫米。一眼裂36.5毫米，宽18.2毫米。鼻头高16.1毫米，鼻宽21毫米；鼻孔其一宽2.2毫米、长5.3毫米，阔48.6毫米，中间裂宽2.8毫米。
② 《三星堆祭祀坑》，第174页，第177页图95，图版63.1，彩图47。

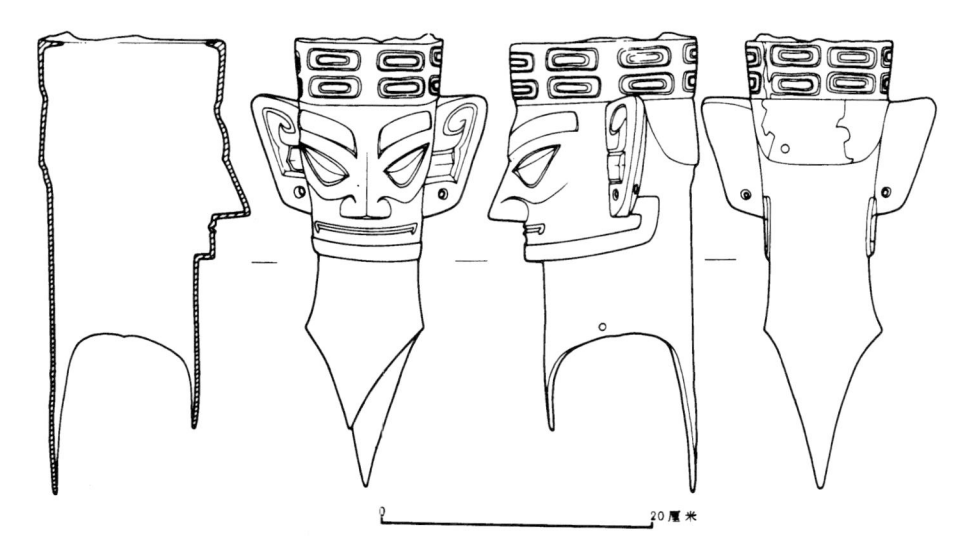

图6.33.2　平顶戴冠人头像K2②：90线图

的方向一致。在两侧向脑后转角处，可见宽达75毫米补块，说明脑后分布冠的纹饰系补铸而成。虽然纹线构图相同，但铸作明显粗糙。

头顶敞开，但顶部边缘不平齐，器壁端面可见铸造披缝。披缝致使内侧出沿，沿宽窄不一，沿口不齐。[①]脑后补块向下延伸及于颈部，总高达106.5毫米，其上还有一个未浇足形成的大孔洞。

头像左右不尽对称，右脸大于左脸，右耳也较左耳靠后。至于面部，和其他人头像大同小异，尺寸有所出入，[②]较为特别的是此像鼻梁中有一道凸起的棱线，不甚笔直，内涵莫名。侧面也较平削，鼻翼两侧丝微下凹，是否表示法令纹，尚不确定。

下颌较方且台形凸出，表面束带并向两侧伸展，于珥下向上回转，再于珥后回折抵于耳，带的宽度自下颌向耳增大。

---

① 头顶前侧，披缝的厚度为1.3毫米，右侧和左侧分别为1.5毫米和1.2毫米。后侧或许设置了浇口，披缝的厚度竟然达到4.8毫米，残高4.2毫米。左侧顶面残留的披缝更高，达5.1毫米，只是右侧的较低，残高1.2毫米。
② 右眉长71.5毫米，最宽处达14.1毫米。眼裂57.5毫米、宽26毫米。鼻头高27.3毫米、宽36.2毫米。鼻孔左大右小，左长12毫米、宽5.4毫米；右孔分别为10毫米和4.9毫米。嘴阔72.9毫米，中心裂宽为4.8毫米。下颌正中带宽12毫米。右珥下宽11.1毫米，上折处宽13.1毫米，珥后回折处宽12.4毫米。

人头两侧对生双耳，尺寸不一。①耳形高，耳尖上耸，面平背凸，略向后斜，左耳甚于右耳。耳面平，上有云纹形下凹的耳蜗。耳轮圆鼓，其中心可见铸造披缝，和耳顶部更明显的铸造披缝一致。右耳顶部有显然的错范痕迹，最大错范尺寸达6.1毫米。然而，错范现象在耳轮和其他部位没有发现。珥上有圆形"对穿"透孔，其中可见耳中的泥芯。

颈部粗壮，下端敞口微侈，下端前后出三角片形锥，两侧为弧口形。前壁厚于后壁，前三角壁厚3.7毫米，后三角壁厚1.7毫米。颈部两侧均有钉孔，形成一对。钉孔也是敞口，内小外大。②錾口厚度不均，左侧3.8毫米，右侧为2.4毫米。

右耳前侧有大补块，从耳中部一直伸向下颌的凸台。左颊上方也有一个小的补块。左珥下有垂直的铸造披缝，和耳顶部铸造披缝以及头侧面垂直向上的铸造披缝相一致。

（八）人面像K2②：128

三星堆器物坑的一号坑出土人面像和人面具各1件，二号坑人面具20件，说明人面像和面具在三星堆器物坑中占比不小。

人面像近乎方筒瓦形，截面呈凹槽状，无颈无冠，仅人面，考古报告将之划为C型。器完整，通高254毫米，宽415毫米，重4200克（图6.34）。③

图6.34 人面像K2②：128

---

① 右耳面下凹最深达5.8毫米，耳高90.6毫米、面宽48.5毫米、耳厚25.1毫米。珥穿孔深约15毫米。正面观察，珥孔呈椭圆形，珥孔朝向正前，中间细而两侧敞，中间尺寸为5.6毫米×4.9毫米，面上尺寸为9.8毫米×8.1毫米；而在背部，珥孔朝向上方，孔型近于正圆，也是内小外大的出口型，内径7.7毫米、外径8.9毫米。左耳高85.4毫米、面宽49.2毫米、厚22.1毫米。耳顶有披缝，披缝底端厚3.8毫米，而顶端厚0.9毫米。两侧珥孔均朝向外侧，敞口，面大背小，面径8.3毫米、背径5.5毫米。
② 右侧的孔内径4.1毫米、外径5.4毫米，而左侧的分别为3.9毫米和5.2毫米。
③ 《三星堆祭祀坑》，第468页附表14。

该面像额略低，顶平。或许与受力变形有关，顶面左低右高。和人头像相比，这些人面像很可能也是戴皮质面具的，因为它们的眉、眼、鼻、口和双耳与人头像很接近。视觉上，此面像的眉更为粗壮，眉骨与眉皆棱鼓，浮凸于额，而浮凸的高度似乎与一层皮革相若。叶形长眉宽大，眉头向下尖利，眉梢上扬，眉中宽度没有变化。眉梢后有方形大透孔，孔的下边向下弧弯。右侧的透孔的内壁，周边可见切割痕迹，孔的左侧边与面部加厚部位平齐。

　　额正中也有一个大梯形孔，上边和右侧边不平齐，四角均可见到切割痕迹，背面亦然。孔上边和右侧边上均有缺口，想是先切割后再敲打所致；下边可以见切割到一定深度后再打穿的断面，切割的深度约为两毫米。

　　面像的高眉骨使眼睛显得略低。眼形与前述人头像一致，长眼裂，眼圆睁，眼珠中有弧线折棱。显然非真正的眼珠形状，故而认为面像属戴面具之像。

　　鼻若悬胆，鼻梁棱鼓而高起，鼻头大而鼻面平。鼻面上有二鼻孔，未透空。鼻两侧横出弧形凸棱伸向面颊，下弯的弧形凸棱凸起很高，长度与眉相近，与眉不对称。阔嘴紧闭，嘴两头微微上翘，嘴角回勾。下颌一台型凸出，也应是皮面具的带状凸起，沿脸下沿直伸到珥下转折，于珥后回勾抵于珥。

　　对生双耳呈板片状，侧张，近乎垂直其侧面，耳轮略后倾。耳面微鼓，面上有云形下凹表示耳蜗。垂珥较大，上有圆形对穿孔，孔面向两侧敞开，两珥前面透孔的直径极其相近，其他尺寸互有出入。[④]耳内侧有突疵，残高3.2毫米，当是铸造耳时的浇道残留。耳根部内侧有凸出的类似加强筋或补块形的凸块。在耳与面像的结合部位，面部有上下排列的两个长方形孔，以备连接双耳。在右耳的内侧，可以看到预铸的长方形孔开口向外，而且周边有毛刺，其成形是人面像内泥芯所为。这些迹象说明双耳是分铸成形以后再铸焊到主体的。铸焊块与耳和面有明确的叠压关系。铸焊块上有突疵，为浇道遗存。左耳后侧二浇道间距为80.6毫米，浇道截面近圆，上浇道直径5.6毫米、残高2.1毫米，下边浇道直径4.2毫米、残高2.4毫米。右耳后二浇道间距约60毫米，上浇道直径6.6毫米、残高6.2毫米，下浇道直径3.6毫米、残高3.2毫米。

　　珥下有大型透孔，以先切深边缘再击打形成穿孔的方式成形，故周边不平齐，使得孔的周边不齐整，或呈多边形。

---

④　孔径分别为10.2毫米和10.1毫米。右耳顶厚度2.3毫米，珥厚4.4毫米，耳轮中部厚为1.9毫米；左耳则不同，耳尖厚3.4毫米，珥厚2.8毫米，耳轮中部厚1.2毫米。

人面像后面边缘的厚度不一，且差别较大。[1]在人面像内侧，可以看到人面凸鼓处也相应下凹，以求器物壁厚保持一致。但内侧可以看到较多毛疵，以鼻头周边为甚，下颌正中垂直的一条也相当突出，人右脸内侧亦可见到，这些均是人面像内泥芯龟裂或皴裂，在浇注时铜液渗入的缺陷，因其在内壁，故不曾去除。

右珥下透孔附近的内侧，可见一长方形的铜芯撑，相对的一侧则看见一个形状不规则的铜芯撑，符合中原泥范块范法技术体系。[2]

在器物后端口沿的内侧，有铸疣，当为有意铸造成形，然其功用不详。

（九）人面像K2②：114

此面像也属C型，面具作半筒瓦形，截面呈槽形。形为人面，无头颅、无冠、无颈，造型与前述面像K2②：128相同。品相完整，通高266毫米、宽402毫米（图6.35.1-2），[3]顶边厚度不匀。[4]

额中有切割痕迹，为长方形上边和右边。[5]切痕之中有一小透孔，其形成工艺有待深考。

人面形与K2②：128相同，只是具体尺寸和对称性各有不同。[6]眉梢后有大型透孔。左侧的透孔为四边形，[7]在孔

图6.35.1　人面像K2②：114

---

[1] 右侧的上端厚3毫米，中间最厚，为4.1毫米，底侧最薄，厚仅2毫米；左侧上端和中间的厚度均为2.5毫米，以底侧最厚，4毫米，最薄之处仅1.2毫米。
[2] 苏荣誉、胡东波：《商周铸吉金中垫片的使用和滥用》，《饶宗颐国学院院刊》创刊号，2014年，第101—134页。苏荣誉：《见微知著：中国古代青铜器的垫片及相关问题》，吕章申主编：《国博讲堂（2013-2014）》，上海古籍出版社，2016年，第115—166页。
[3] 《三星堆祭祀坑》，第188页，第190页图105.1，图版68.1，彩图53。
[4] 中间为4.6毫米，左边3.2毫米，左后3.4毫米，右边2.6毫米、右后4.3毫米。
[5] 上边的切痕长34.7毫米，右边的切痕长32.8毫米。
[6] 右眉长152.0毫米，眉端最宽处31.2毫米，眉梢宽26.9毫米。眉凸于额1.2—4.1毫米。右眼长133.9毫米，最宽处63.7毫米，眼泡长114.5毫米，宽54.5毫米。鼻阔93.7毫米，鼻面高73.6毫米。嘴阔209.1毫米，中间宽为11.1毫米。
[7] 上边宽40.4毫米，下边宽35.4毫米，高41.4毫米。

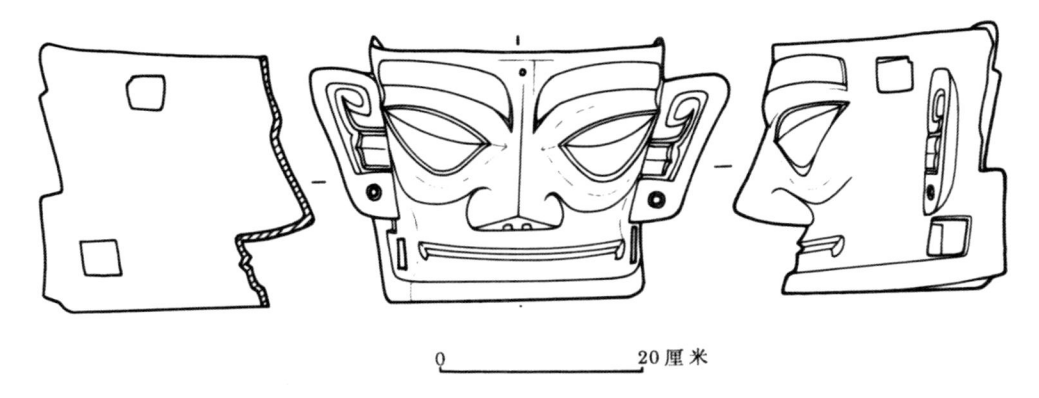

图6.35.2　人面像K2②：114线图

的外侧，四角均可看到延伸的切割痕迹。[①]左侧边没有完全按照切割痕迹断裂，而下边棱有凸台，内侧的较平直而外侧的斜向右下，在右边间距达2.8毫米，说明外侧切割部分大于内侧。

右眉梢后的透孔，上边宽36.8毫米，下边与上边相若，高38.8毫米。外侧的四周同样可以看到切割痕迹，右上角残留的毛疵上，可以看到较深的横向切割痕迹，深度达0.6毫米，长为10.5毫米；左边上的切割痕迹深度为0.2毫米，左下角未切割齐整。在透孔的内侧，右边的切痕最为明显，下边和左边角的延长切痕亦明确，长分别为8.6毫米和5毫米。右边是切痕和右边距约2毫米，也即该孔未从这个切痕透孔，当是面部切割得深于背部的缘故。

面具对生双耳，耳呈片状，面上有云纹形凹陷。耳张开，耳轮后斜，珥上有穿孔。[②]

耳明显分铸，且先铸，再焊接于主体。在耳与主体的结合处，主体原设计和预铸了两个上下排列的长方形孔。右耳背后以大焊块充填并丰满了器耳，以将耳铸焊于主体的长方形孔上。这个焊块上可以看见大缩孔，孔长49毫米、宽约8毫米，焊块上也有明显的浇口残留，长56毫米、宽2.1毫米、高2.6毫米。器物内侧的铸焊块表面平，形状不规则，上块高47毫米、宽28.8毫米，下块高43.1毫米、宽22.9毫米。从耳背面的大缩孔，还可以看见焊块下有泥芯。

---

① 左上角，水平延伸长5.4毫米，垂直方向延伸5.5毫米，右下角的垂直延伸为5.3毫米，左下角垂直延伸则更长。
② 右耳面下凹最深处达6.7毫米。右耳高149.8毫米，耳面宽76.8毫米，厚2.5毫米，右珥穿孔面生侧外径12.7毫米，内径9.4毫米。

左耳有所区别。左耳背面不是整体浇注焊块以使耳厚实，而仅仅在根部浇注焊块与主体铸焊。耳后侧有三个突疵呈上下排列，形状各不相同。上端呈枣核形，凸起3.7毫米；中间的近似倒伏的圆棍形，直径3.8毫米，凸起3.5毫米；底端为圆棍形，直径4.1毫米，凸起2.8毫米。这些突疵当是浇注耳时的浇道残迹，残留如此之高或许有意而为，以备和铸焊块更牢靠地结合。不知何故，耳背部未像右耳那样满耳背铸焊，而仅仅在根部浇注焊块，宽度在8—13.5毫米。许是为了省铜的原因。耳根焊块上依然可以看到一个浇口遗迹，直径约5毫米，凸起4.1毫米。

面具在珥下方有较大的方形透孔。右侧的作平行四边形，[①]其上、下和右边均敞开，孔内侧小于外侧，边上隐约有台阶，上边台阶深2.8毫米，下边和右边分别是1.8毫米和1.2毫米，在内侧周边亦可看见明显的切割痕迹，一角残存的切痕深度为1.5毫米。

（十）人面像K2②：43

这件青铜人面较高，形瘦长，发掘报告将之划分为Dc型。人面造型与前述人头像、人面像基本一致，尤其接近于无头顶、无颈的人面像，但其背面不封闭（图6.36.1-2）。通高156毫米，宽158毫米，重1380克。[②]

顶沿沿额取齐，顶敞开。顶沿断面厚度不一，可见披缝，视觉上近乎分层。[③]底沿最厚处达4.6毫米。厚底沿中心可以看到中央有纵向的铸造披缝，内表面到披缝的厚度为2毫米。

额平，眉粗壮，眉梢后有铸疵形凸起，左边凸起2.8毫米，右侧为2.5毫

图6.36.1　人面像K2②：43

---

① 右侧孔上边宽35.7毫米，下边宽35.3毫米，高35.5毫米。左侧透孔宽40.6毫米，左高29.9毫米，右高32.1毫米。
② 《三星堆祭祀坑》，第190页，第195页图107.2，图版69.4，彩图56。
③ 人面左侧壁厚为2.8毫米，在距表面1毫米处分型，也即内层厚度为1.8毫米，内层高于表层1.8毫米；人面右侧壁厚不匀，在3.7毫米到4.7毫米之间，内侧厚度也不匀称，从1.3毫米到3.1毫米之间，凸起于外侧约1.9毫米。

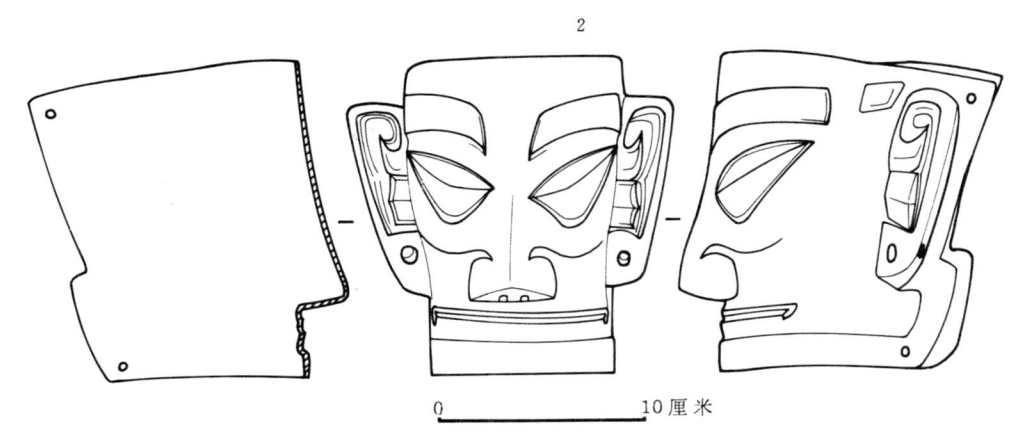

图6.36.2　人面像K2②：43线图

米，系有意所为，然功能不详。眼极力圆睁，使睛尽量凸出，致使下眼睑在眼角处弯折。眼尾细长。眉心起脊，出而成鼻。鼻挺，蒜头鼻。鼻面上有二鼻孔，但未透。鼻中两侧对生脊棱而且伸向面颊。阔口紧闭，嘴两头上翘，嘴角下勾。下颌台型带状凸起，沿脸的边缘向后伸展，及至珥下后弯折向上，再于珥后回勾，抵于珥孔。在珥下转角处有钉孔，钉孔敞口。①

人面左脸略大于右脸，耳下的凸台亦相应宽于右边，凸台上的钉孔亦较右侧靠前。双耳展开，耳轮向后略收，耳上端略后仰而下端前出，耳形作两面棱鼓。耳轮中心起脊，有铸造披缝痕迹，与耳顶部的铸造披缝一致。耳面有云纹形凹下，深度约为5毫米。珥上有对穿钉孔，孔向两侧敞开。②

脑后敞开，人面左侧的后沿中心可见铸造披缝，系由错范所导致，且里侧大于外侧。③器物壁厚以珥段为甚，达4.8毫米，下边壁厚为4.5毫米。人面右侧的壁厚明显小于左侧，从上至下分别厚1.7毫米（顶端）、2.8毫米（珥后边）、3.8毫米（下边）。

---

① 眉长约70毫米，最宽处17.4毫米，中部高于额头1.3毫米。眼长略短于眉，眼裂66.6毫米，最宽30.7毫米。鼻头高23.3毫米，鼻面宽36.3毫米，鼻宽40.9毫米。口阔89.3毫米，中间嘴裂宽5.9毫米。下颌带状凸起1.6毫米，宽18.2毫米。在右耳下侧凸起于面1.6毫米，宽15.7毫米。珥右侧孔的外径为6.6毫米，内径为3.5毫米；左侧孔的外径和内径分别是6毫米和4.3毫米。
② 右耳长97.9毫米，厚26.6毫米，从后侧测量其宽为30.5毫米。珥上的对穿钉孔面低背高，轴距约1.5毫米；前孔略大于背，直径分别为6毫米和5.9毫米。左耳与右耳大小一致，也是面珥孔低于背部，轴距为1.3毫米；但背侧孔径大于面上，分别是6.3毫米和6.1毫米。
③ 上端错范，器壁厚为3.4毫米，错范部分呈三角形，长约62毫米，宽3.1毫米，但里侧部分厚为1.9毫米。

人面内侧可以看见面部鼓突之处相应突鼓，使铸件壁厚保持匀称。看见耳内的泥芯头，说明耳中空。

在左耳下，器物底沿的凸台部位，隐约有垂直的铸造披缝痕迹，此痕与耳轮和耳顶上的铸造披缝一致，说明该器的铸型构成是：一块内侧泥芯（带有二耳内泥芯，与之为一体）、一块人面泥范和两块耳后泥范组成。人面泥范还带有珥前面钉孔的泥芯，而耳后的泥范不仅带有珥后侧穿孔的泥芯，还带有耳下钉孔及耳梢后钉孔的泥芯。因为珥上的对穿孔分别由面范和耳后泥范自带泥芯，泥范组合过程中的误差和泥范与泥芯的变形都会导致孔的中心不同轴。

五、非商青铜器：多种饰品

三星堆器物坑出土的青铜器，以数量论，无疑是大量的饰品和功能不明的小件器物，因其具有饰品特点，也归入饰品。这些器物也是三星堆最具代表性的非商器，造型既包括人、鸟、兽、龙、蛇和铃、有领璧、瑗等略常见形式，也有大量如眼形、三角形、轮盘形、贝、挂环等仅见于三星堆的器类。其中所蕴含的工艺技术和视觉艺术十分丰富，但却是仓促观察不可企及的。这里只略列若干器物的初步印象。

（一）人身形牌饰 K2③：103-27

此器为板形，出土时残为三段，修复后通高464毫米，上宽170毫米，收腰处宽105毫米，下宽176毫米。①造型若人身着长袍，无头无颈，下出双腿（图6.37.1-3）。

人身宽肩，收腰，截面作板槽形，中间下凹而两头翘起。上部有凸台，平而伸展，台宽约14毫米，中心厚4.1毫米，最厚处5.2毫米。袍下摆同样平展，正中纵向起窄而矮的脊，亦可视为缝合线，以之为对称布局纹饰。束腰处饰人字形阴线网格纹带，网格三行，列不甚规则。人字带上对称饰两组倒置兽面纹，带下饰并排倒置的三组，纹饰所象无考，近乎巴蜀青铜器的某些符号。

身下有一对槽锉形短腿，上半为槽形，槽口向外，槽中有五道平行阴线；下段为

---

① 《三星堆祭祀坑》，第182页，第185页图102，图版65.3，彩图51，拓片13。

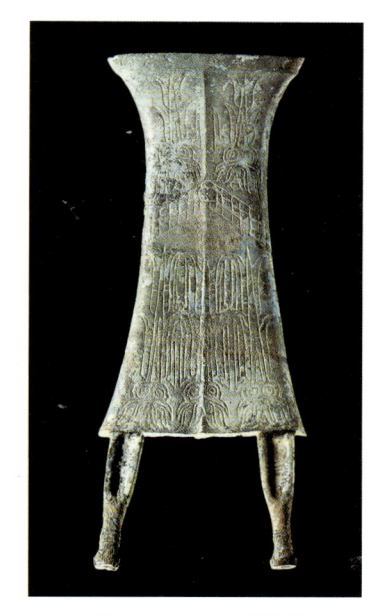

图6.37.1 人身形铜牌饰 K2③：103-27

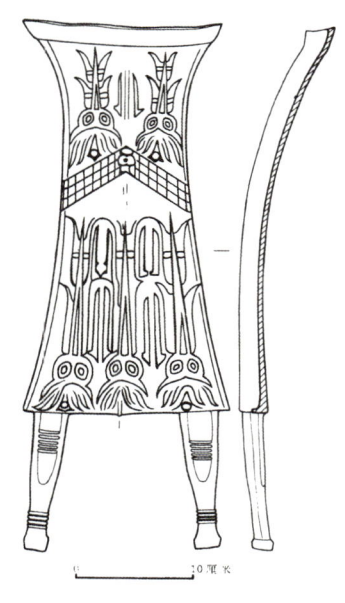

图6.37.2 人身形铜牌饰 K2③：103-27线图

图6.37.3 人身形铜牌饰 K2③：103-27纹饰拓片

圆柱形，蹄足径较大，作台形。①

腿侧均有对开分型披缝，说明该牌饰是沿腿侧面和人身侧面对开分型铸造的。因主体呈弧形，因之分型面也为弧面。人身部分和腿的前半侧在面范成形，面范有相应的凸出形成大腿的凹槽，腿的后半侧的型腔在另一块范上，并自带人身凹槽的凸起泥芯。

在左足底面可见缩孔，可以据以推定该器是倒立浇注的，但浇道位置不明。

（二）虎形饰 K1：62

三星堆器物坑中出土有若干饰品，所属和功能不明，虎形饰K1：62即是其一。器作圈形，分身围成圈状的虎蹲在圆环之上，巨大的槽形尾向上翘起或为器柄，为残断。通长114毫米，腹宽82.6毫米，残高108毫米（图6.38.1-2）。②

主体为虎形，首尾相对，自颈向下虎身对分为两半向后环绕。虎身也是槽形

---

① 左腿根宽29.7毫米，边缘厚5.5毫米；右腿根宽31.8毫米，边缘厚5.2毫米。腿下半部分截面呈扁圆形，最细处左腿为15毫米×10.7毫米，右腿为15毫米×8.9毫米。腿下为蹄足，左蹄22.3毫米×15.2毫米，右蹄22.5毫米×15.1毫米。
② 《三星堆祭祀坑》，第33页，第35页图22，图版7.3，彩图8。

图6.38.1　铜虎形饰K1∶62

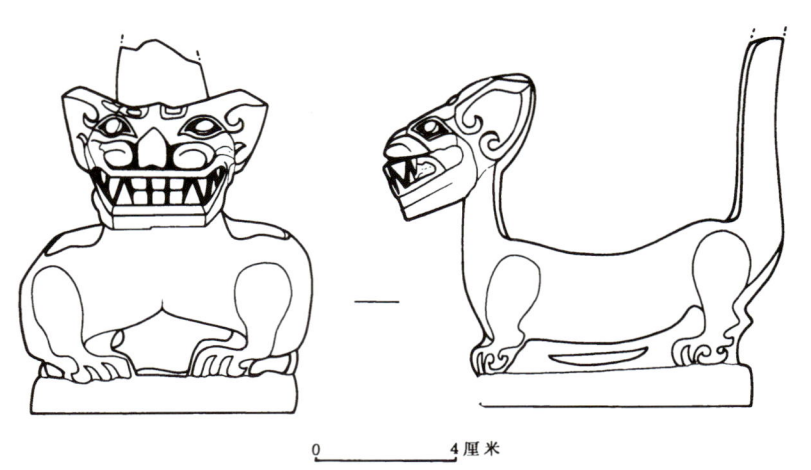

图6.38.2　铜虎形饰K1∶62线图

片状，中间微鼓而上下微收。右侧壁厚4.1毫米，左侧壁厚5.5毫米。四足踞于环形座上。

虎首大，颈短，因颈微片状，与虎头衔接颇为生硬。虎方口稍张，露出整齐的三对门齿和尖利的犬齿，口宽26.2毫米，侧面似无牙齿出露。大的肉团鼻头两侧有大小相若的肉疣。眼圆睁，半球形眼珠周围凹下使之凸显，眼珠微凸，左小于右。[①]尖圆形双耳斜上竖，耳蜗向外，耳尖部作蝶须形，两耳尖距57.9毫米。双耳与后脑作弧形，与虎身一致。

虎尾粗壮，直撅而上，片状，断面呈槽形，根部宽约30毫米，尾厚在4—5毫米之间。尾部槽形的曲率远大于虎身部。端部残断，残断处亦高于虎额顶。

底部圆环低矮，高在11.5毫米左右，形不圆正。[②]

器物系铸造成形，但铸造披缝几乎无存，推测是沿虎首位分型。虎首面有一独立泥范，此三块泥范体内泥芯组成铸型，而且虎足与圆环间的孔隙系虎身部的两块泥范自带的，即虎足的型腔在虎身范上。此器当是正立浇铸成形的，否则不会在额顶与耳根部留下缩孔，具体的浇铸部位当在尾端部。由于缩孔或夹渣之类缺陷，导致了虎尾残断。

---

① 左眼珠直径4.7毫米，右为5.1毫米。
② 前后方向，外径76.7毫米、内径70毫米；左右方向，外径73.2毫米、内径64.1毫米。也即厚度不均，最厚处5.6毫米，最薄处为2.6毫米。

（三）兽面饰 K2③：230

作虎面形，为平板状浅浮雕（图6.39.1-2）。锈饰比较严重。宽266毫米，高208毫米。[1]

虎面形下颚枕于一对相向的鼠形兽，左侧兽尾端厚0.9毫米，右侧为1毫米。虎面下颚为大弧圆形，两端以小圆弧上收。阔嘴，达124.6毫米，嘴两头微微上翘，嘴角轻微回勾。嘴角上都有圆形钉孔，两侧的大小相若，直径分别为4.3毫米和4.2毫米。嘴中间裂宽16.9毫米。嘴中可见四对牙齿，排列整齐，皆外呲。牙齿宽而短。

蒜头形鼻，鼻低矮，鼻梁宽而低矮，与冠饰合一。鼻两侧的眼睛巨大且凸出，眼珠充满眼眶。面两侧出耳，耳作勾云纹形，倒勾，上有浅阴线饰。

眉粗壮而棱鼓，长于目且与角的脊重合。脊从眉梢穿出，上翘后回勾，顶厚1.4毫米。从眉中出权角，耸起分叉，外侧的向下回勾，并与眉中间相接，与回勾的角相连。相连一段上有钉孔，但左侧的钉孔未透。左权角曾经补铸。

冠饰作玉璋形，冠顶端厚0.9毫米，通冠高201毫米。亦与权角相连。兽面饰上部的这些连接都是有意设计的，装饰部分凸起而连接部分低凹，背后则相应凹陷，类似于加强筋结构。

图6.39.1　兽面饰K2③：230　　　　　　　　图6.39.2　兽面饰K2③：230线图

---

[1] 《三星堆祭祀坑》，第201页，第198页图112.3，图版73.1。

（四）兽面饰K2③: 217

器作片状浅浮雕，形类虎面（图6.40）。通高180毫米、宽293毫米。①

下颏为大圆弧状，底沿中间厚1.8毫米。两端以小圆弧过渡到面部，右转角厚2.0毫米，左转角厚1.5毫米。嘴阔130毫米，嘴两头上翘，嘴角回勾，两端有钉孔，孔口侈。嘴裂中心宽19.5毫米；龇牙，唇凸于齿1毫米；七对板牙整齐排列，牙形宽而短，牙缝较宽，而牙缝两侧以阴线勾出；中心一对板牙，上牙宽14毫米、高7.8毫米，下牙宽15.7毫米、高9.4毫米，两牙啮合间距1.9毫米。

鼻细小，形若蝶须，且有头，若披缝。鼻头宽32.6毫米，鼻梁窄小低矮，凸起约3.3毫米，直上伸与冠饰合为一体。

大眼睛凸出于面颊，右眼眶凸出为3.1毫米。兽面两睛巨大，塞满眼眶，两眼角呈细微裂口。左眼长54.2毫米、宽47.1毫米，眼珠尺寸为45.3毫米×42.7毫米。

脸两侧对生双耳，耳作勾云纹形，且上角回勾，耳上有较浅的阴线纹。右耳厚1.3毫米，右珥厚2毫米；左耳厚2.4毫米，左珥厚1.3毫米。右耳内侧，珥上补铸的补块明显，且遗留有横向的长方形浇口，浇口长8.2毫米、宽1.9毫米、残高1.3毫米。左脸与左耳，自眼窝左侧至耳轮有一大块补块，但浇口无存。

眉棱鼓而粗大，并与角的脊相重合。右眉凸起2.4毫米，宽达9.9毫米。角脊从眉梢穿出，扬起再回勾。兽面右上端厚2.2毫米，左上端厚0.8毫米。角还从眉中出权角，权角上部向下回勾，与眉上相连。回勾的下方有正圆形穿，两侧大小相同，直径4.3毫米。

冠饰作花盆状，并与权角相连，只是冠饰和权角凸起而连接部分平齐而已。冠饰中心连带脊棱厚2.7毫米。

图6.40 兽面饰K2③: 217

---

① 《三星堆祭祀坑》，第201页，图版72.1。书中误将图111.3作此器线图。

左侧角上有两个破洞，左耳根部有一个狭长的残破空洞，左睛的上方也有细小的残破，多是锈蚀造成的。和右侧对比，说明左侧相对较薄。

铸型是以背面为基准面分型的，器物的型腔皆在面范，包括钉孔的泥芯均由面范自带，背范具有器面凸起部分的泥芯。二范组合时左侧严密于右侧，导致铸件左侧略薄。因为整个铸件较薄，使得双耳均不能十分充满，后来不得不进行补铸。

（五）兽面饰K2③：231-1

平板状，似虎形（图6.41.1-2），通高123毫米、宽278毫米。[①]

面部纹饰和构图为浅浮雕状，背面有相应的凹下，器物壁厚大体匀称。

面纹呈虎面形。下颔圆钝，近平，正下端厚约1.9毫米。在两侧以圆角上转，作面部轮廓，左角厚1.1毫米，右角厚0.8毫米。转角处各有一钉孔，孔圆整，敞口，左孔直径3毫米，右孔为3.3毫米，两孔外间距130.8毫米。

阔嘴，嘴两头微微上翘而嘴角回勾，嘴宽达117.3毫米。嘴正中宽17.2毫米。龇牙，牙齿啮合间距为2.9毫米。口中可见对称分布的五对牙齿。牙齿虽与嘴平，但其青灰色轮廓明显。中左的一对，上齿宽8.3毫米、高6.7毫米，下齿宽8.7毫米、高6.3毫米。

图6.41.1　兽面饰K2③：231-1

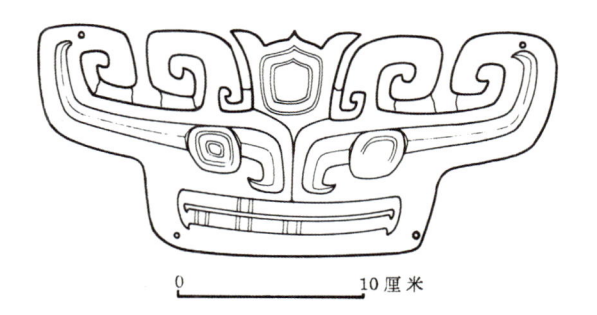

图6.41.2　兽面饰K2③：231-1线图

鼻极其细弱，为一窄棱，宽约1毫米，凸起0.3毫米。

眉低平。眼圆睁，睛凸出，形状和三星堆出土的眼珠形器相若，左眼珠尺寸为29毫米×26.6毫米，右眼珠尺寸为29毫米×25毫米。睛面光滑，上点画青灰色回纹，

[①] 《三星堆祭祀坑》，第201页，图113.3，图版74.1。

中心点外画有三重。眼睛与眉作目纹，中心起棱，向两角伸展，并与角重合。双角伸展后回勾，并与额顶连接。角的回转处皆有钉孔，孔正圆，左孔直径3毫米，右孔微大，3.1毫米。角间距为278.7毫米，两端厚均为2毫米，左右顶厚度分别是1.2毫米和1.3毫米。

鼻顶为花盆状冠饰，中心厚1.3毫米，宽68.9毫米。冠饰正中亦经点画，画迹青灰色。冠饰与双角之间，为一对耳，形状写意，亦是高起后回勾。

在双角和双耳回勾部位，器在设计时设置了加强筋，以保证这些附饰与主体连接的牢固。加强筋在面上低于表面约0.8毫米左右，但在背面凸起约2.8毫米。这些加强筋的宽度在12—13毫米之间。

鼻右侧破裂，因器壁薄再受力所致。

器物铸造工艺尚不清楚，当是对开分型，从下颏处浇铸成形的。

兽面的额部、冠饰、口部及眼部均有青灰色点画，当是以锡汞齐点画而成的。故此，点画处不易锈蚀。

（六）铃K2③：103-28

截面作合瓦形，通高73毫米（图6.42）。①

舞平，中心微鼓，出半圆形环纽，纽高11.3毫米，厚2.9毫米。舞修51.4毫米，舞广28.2毫米。纽下宽16.5毫米。纽及其根部均有铸造披缝，纽两侧还有长方形狭缝。此狭缝用以拴铃舌，铃舌无存。口开敞，铣间70.2毫米，鼓间36.9毫米。

两铣外撇，略呈弧形。两铣中皆突出扉棱，扉棱外侧亦

图6.42　铃K2③：103-28

---

① 《三星堆祭祀坑》，第289—290页，图162.1，图版108.1，彩图77。

呈弧形，但底平。两侧扉基本均等。①

铃两面纹饰对称，为兽面纹，系减地浮雕，出土时纹中可见朱砂。兽面眼睛凸出，大而圆睁。目下有须，出向两边。口失，脸两侧有飘带，顶有凤冠。云雷纹衬地。

铸型由两对开泥范和铃内腔泥芯组成，浇铸系统失考。

（七）铃K2③：78

作梵铃状，截面正圆（图6.43.1-2），通高103.1毫米。②

顶盖面高高隆起，铃内侧亦隆；边缘四曲，顶面上有相应四曲的双阴线纹；正中间为半圆形纽，单薄。纽内外侧均有垂直的铸造披缝。

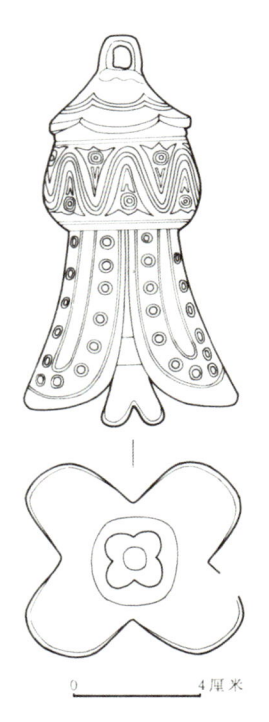

图6.43.1　铃K2③：78　　　　图6.43.2　铃K2③：78线图

① 侧扉尺寸如下（单位：毫米）：

| 扉一 | 长35.3 | 上部厚2.2 | 下部厚2.8 |
| 扉二 | 长34.9 | 上部厚2.2 | 下部厚2.5 |

② 《三星堆祭祀坑》，第298页，图164.2，图版110.1，彩图79。发掘报告描述该铃为倒扣的花朵状，"喇叭花形，顶部为花托，上有环纽。桶上部为子房状，饰波曲纹"。

299

顶盖面较腹大，直径为41毫米×43.5毫米。腹部圆鼓，满布纹饰。主体为三重阳线勾画的波浪纹，波谷和浪峰里饰以圈点纹。鼓腹下收，再出四帻，四帻四曲，与盖面四曲成45度。四帻作鞋靶形，周边饰圈点纹。阴线。铃口自然有四个岔口。壁厚大体匀称。铃体上铸造披缝明显，即纽上披缝延伸而成，直到相对应的岔口。①

铃顶内侧原有挂铃舌饰环，已残失，但断茬明显。铃舌的主体为柱形，上细下粗，通高103.1毫米；柱顶出半圆形环，以挂接于铃体；柱下有台形凸起，中空，深约24毫米；柱端为四瓣花瓣形，敞口，直径为22.1毫米×20.9毫米，四瓣边缘厚度分别为1.8毫米、2毫米、2.1毫米和3.6毫米。

铃舌、铃舌挂环和铃体分别铸造。铃舌为对开分型。

铃体与纽一体铸造，并沿纽对开分型，由两块对开泥范和一块泥芯组合成铸型。在纽根部，一侧高于另一侧，高处当是浇口位置，若如此，则该铃是正立浇铸成形的。其泥芯内应包含了挂舌环以及与之相套的挂铃舌。

铃形器出现于新石器时代中期，仰韶文化阶段后期即已出现，但无铃舌，陶器烧造火候有限，未必作为响器使用。陶寺文化晚期和二里头文化已经出现了青铜铃，并有玉石或铜质铃舌，作为响器无疑，但其造型无一例外为合瓦形，舞修大于舞广，铣间大于鼓间，两铣直或微弧，口或平或弧。嗣后出现的青铜铙、镈和钟莫不如此，至汉代青铜礼乐器衰落而不易。圆形截面的响器，原以为和佛教东传有关，三星堆器物坑发现的中原截面铃，口成四瓣开花状，可能是铸工偶然为之。

（八）扇贝形挂饰K2②: 79-18

主体形如贝壳，亦薄如贝壳（图6.44）。高86.8毫米，宽88.3毫米，重38克。②做工精细。

背鼓如贝，面上凸起七条棱，作扇形分布；底作圆弧形。两侧似扉，两尾张开，间距88.3毫米，一尾端厚1.5毫米，另一尾端厚1.2毫米。周边成坡形，背面最大。

前出头，呈蟹钳状。宽31.8毫米，两侧厚度分别为1.1毫米和1毫米。头部有一

---

① 顶端直径5.3毫米×6.4毫米，最粗处尺寸为11.1毫米×11.8毫米。环扁，厚3.4毫米，两侧均可见披缝。外径12.3毫米，内径5.3毫米。铃口沿直径为75.4毫米×76.9毫米。四瓣的壁厚分别为2.1毫米、2.3毫米、2.7毫米和3毫米。铃腔深96.9毫米。纽披缝中心高11.2毫米，宽13.6毫米，顶厚3.9毫米，最细处厚3.1毫米。
② 《三星堆祭祀坑》，第484页，表25。

对穿，成双眼。眼中间小两侧敞，一大一小。① 在背面，二孔周围都可以见到锉磨的痕迹，距孔边缘约1.5毫米。

沿背面上下对开分型，两块泥范组成铸型，底范隆起。二范自带二眼泥芯撑的一半。浇铸部位不详。

（九）扇贝形挂饰K2②：79-8

箕形，薄壳状（图6.45.1-2）。高139毫米、宽87毫米。② 背面有五道凸棱，对面则有相应的下凹，在背上形成四道纵向凹槽。在器物的最大截面，凹槽的深度分别为2.1毫米、2.4毫米、2.3毫米和2毫米，即中间两槽深于外边两槽。上部出头，中心为挂环，内径为7.7毫米×6.8毫米，挂环两侧出弧形钳，作象形嘴，最大宽度为26.5毫米。

器物背侧平，挂环和钳均鼓起，截面似三角形。在挂环直径方向，挂环截面尺寸分别为宽3.5毫米、厚2.3毫米和宽3.6毫米、厚度小于2.5毫米，同样位置的钳的尺寸则分别为宽4毫米、厚2.3毫米和宽4.1毫米、厚2.5毫米。

两侧边缘厚度略有差别，分别为1.6毫米和1.3毫米。

铸造沿背面分型，两块泥范组成铸型，但浇铸部位不可考。

图6.44 扇贝形挂饰 K2②：79-18

图6.45.1 扇贝形挂饰 K2②：79-8

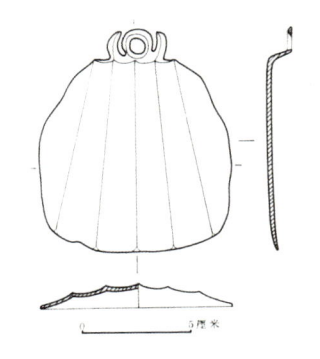

图6.45.2 扇贝形挂饰 K2②：79-8线图

---

① 两眼尺寸如下（单位：毫米）：

	内径	面径	背径
眼一	3.2	4.2	3.9
眼二	2.9	3.1	3.4

② 《三星堆祭祀坑》，第307页，第308页图167.1，图版114.1。

六、三星堆青铜器的铸造工艺

三星堆祭祀坑出土的青铜器，数量达千件之多，其个案的铸造工艺研究需要相当长的时间，从个案研究归纳出若干共性，形成某些结论，应是一个渐进过程。现根据对部分器物的结构和工艺的分析研究，对三星堆祭祀坑青铜器铸造工艺技术作初步归纳。必须申明的是，如下结论很可能被未来的研究所强化或修改。

（一）铸造方法

三星堆祭祀坑青铜器没有发现明确的失蜡法铸件，也没有使用石范铸造器物的任何证据，这些器物都是用块范法铸造成形的。

从铸造方法看，三星堆青铜器和中原以至长江中游商代青铜器一样，主导思想是以当时铸造工艺的现实性为原则，尽可能地浑铸成形，若必须分铸成形的，尽可能减少分铸的件数。而无论是浑铸成形，还是分铸部件，也都尽可能地减少泥范数量。循着这一原则，三星堆祭祀坑青铜器中的绝大多数人头像和人面像、兽面像、眼泡、眼形器和眼形饰、戈、瑗、贝形饰等，都是浑铸成形的。[1]青铜盘K1：53和器盖K1：135也是浑铸成形的。

分铸成形的，主要是结构复杂的器物，在非商青铜器中，像龙柱形器K1：36，大型立人像K2②：149，带簪人头像K2②：58，纵目人面像K2②：142、K2②：144和K2②：148，神树K2②：94、K2②：194、K2③：204、K2③：272和K2③：20，以及神树的附饰，如立鸟K2②：194-1，花鸟K2③：47和K2②：213，神坛K2②：296，铃K2②：115-01、K2③：274、K2③：78和K2③：149等，不但器物

---

[1] 三星堆器物坑发掘报告认为某些人头像头顶盖是分铸的，有待进一步考察。报告将一号坑（K1）出土的13件人头像分为三式（继而三个亚型），其中B型9件，均残，计有K1：7、K1：11、K1：72、K1：3、K1：10、K1：8等。这些头像顶平，顶盖和颅腔分铸，先铸顶盖，后在浇铸颅腔时将顶盖置于颅腔范中。其中K1：8被火烧残，头顶盖脱落，右侧面部残破（报告，第23—26页）。二号坑（K2）出土人头像44具，亦分三型，A型1件K2②：83，头顶盖与颅腔分铸。B型（既而分为三个亚型）具平头顶，37件。绝大多数头顶盖与颅腔分铸，少数是在浇铸的过程中在头顶正中留6—7厘米大小的不规则孔洞，颅腔铸好后再浇注铜液将孔洞封闭，所罗列的有K2②：154、K2②：147、K2②：118、K2②：51、K2②：15、K2②：17、K2②：90等，其中K2②：17的顶盖已脱落，K2②：90顶盖已脱落无存（《三星堆祭祀坑》，第169、174页）。

的主体是分铸或分段铸造的，主体与附饰也是分铸后结合一体的。例如：

戴簪人头像K2②：58，脑后的发簪是分铸的。人面像K2②：314的耳朵是分铸成形的。而三件纵目人面像两个管状的纵目、两个肥硕的耳和高高的冠，都是分铸成形的。纵目可能是后铸直接铸接于眼的，从面像的内侧浇铸；双耳是分铸成形后，以铸焊的形式结合到面颊的；而冠饰和耳相同，也是铸焊到鼻上的。这种做法和二号坑出土的C型人面像类似。该坑出土有12件较完整的C型人面像，另有4件残片。除1件为浑铸成形外，其他均先分别铸造出面部和双耳，并在面颊两侧各预铸出二方孔，然后在方孔处铸焊双耳。

人面像K2②：114具有代表性。该器对生双耳，耳呈片状，面上有云纹形凹陷。耳明显分铸，且先铸耳，再焊接于主体。在耳与主体的结合处，主体原设计和预铸了两个上下排列的长方形孔。右耳背后以大焊块充填并丰满了器耳，以将耳铸焊于主体的长方形孔上。这个焊块上可以看见大缩孔，孔长49毫米，宽约8毫米，焊块上也有明显的浇口残留。器物内侧的铸焊块表面平，形状不规则，上块高47毫米，宽28.8毫米；下块高43.1毫米，宽22.9毫米。从耳背面的大缩孔，还可以看见焊块下有泥芯，这是为了节约铜料而为之。左耳有所不同，其背面不是整体浇铸焊块以使耳厚实，而仅仅在根部浇铸焊块与主体铸焊，而未像左耳那样满耳背铸焊，铸焊块宽8—13.5毫米。许是为了省铜的原因。①

三星堆祭祀坑出土的商青铜器中，绝大多数都有突出的附饰，如尊和罍及肩部的兽头和鸟形扉棱等，基本上是分铸的。如龙虎尊K1：158，肩周的龙首和肩下腹部的虎头是分铸的，都是在尊体成形后，分别铸造到相应位置上的。圆尊K2②：129肩部的羊首明显与尊腹分铸并叠压着尊腹，其间不仅有铜液渗出，也有铸造披缝，说明羊头后铸。至于其他青铜尊，如尊K2②：135和K2②：109、K2②：112，②K2②：79和K2②：146肩周的三牛首饰，尊K2②：127、K2②：129和K2②：151肩周的三羊首饰都是分铸的，是后铸于尊体上的。至于尊肩上的鸟形扉棱，如尊K2②：79、K2②：146、K2②：127、K2②：129和K2②：151，目前还不能确定是分铸的，不过，从尊残片K2③：252和K2③：23上看，都是尊肩部附带有鸟形扉棱的部分，鸟形

---

① 三星堆器物坑发掘报告认为人面像K2②：57和K2②：293的耳朵分三次铸造，即先在面具上留出穿孔，然后浇铸耳廓前半部；第二次浇铸耳根；第三次浇铸耳廓后半部（《三星堆祭祀坑》，第188页）。将耳割裂开来，不够确切。
② 三星堆器物坑发掘报告用引号说明牛首饰与尊"浑铸"（《三星堆祭祀坑》，第238页），含义不够清晰，当分铸。

扉棱依然保存在尊壁上，似乎说明这些鸟形扉棱是浑铸成形的。

方罍K2③：205盖面中心的握手和四脊棱上的鸟形扉棱都是分铸的。鸟形扉棱是盖面成形后，分别铸接在脊棱所预留的狭缝上的，握手则是铸造成形后，以铸焊的方式结合在盖顶部的。其他罍如K2②：70、K2②：88和K2②：159肩周的四个兽首饰，也是分铸、后铸在尊肩周的，二号坑出土的一件罍附件K2②：103，仅仅是肩周的兽首饰，这是这些附饰分铸的直接证明。同样需要指出的是，方罍K2③：205肩部的鸟形扉棱则是浑铸成形的，这和尊的情况类似。

上述青铜器的附饰，或者铸接在器物上，或者铸焊在器物上。在三星堆祭祀坑青铜器中，还有一种特别的连接工艺是铸铆，神树K2②：194的底座，三部分的连接就采用了铸铆和铸接两种工艺。

巴纳认为，"剔芯铸造的器物如青铜跪人像K1：293和青铜立虎K1：62，显示了与南方铜鼓文化和楚文化在铸造技术上的相似之处——或许相似到了这种程度：即在成形的泥芯外层覆制一层蜡（或铅）模，因此实际上已经使用了覆模铸造方法"，"我在其他文章中已经证明，巴蜀文化最常见的铜鍪和铜釜等器物上的索状耳是采用失蜡法铸成的，如广汉青铜器中实际已存在失蜡法或覆模铸造的情况确实的话，那么这种方法铸造的器物的年代将是可以推定的，即大约在公元前400年左右或者更晚"。[①]

巴纳的观察是正确的，的确没有在这两件器物上发现铸造披缝，那是块范法的直接证据。类似的器物还有人头像K2②：83。但据此认为器物便是剔芯铸造——覆模铸造成形的，证据不充分。巴纳考察了中国西南地区的青铜器，认为索状耳的模是绳子，提出了失绳法，[②]将之作为中国未开化地区金属技术的特征，[③]见地的确不凡，但却未得到铸造遗迹的证实。事实上，在殷墟铸铜遗址曾经出土过青铜壶或青铜卣的泥质绳索状提梁模，那是用于翻制提梁范的。[④]这个实例说明南方青铜器的索状耳不一定是用覆模法或失蜡法铸造的，宝鸡強国墓地所出土的索耳青铜鼎，其耳是块范法铸

[①] ［澳］巴纳德：《对广汉埋葬坑青铜器及其他器物之意义的初步认识》，雷雨、罗亚平译，《南方民族考古》第五辑，四川科学技术出版社，1992年，第37页。
[②] Noel Barnard, "Bronze Casting Technology in the Peripheral 'Barbarian' Regions–Preliminary Assessments of the Significance of Technical Variations between these Regions and the Metallurgy of the Chung-yuan", *The Bulletin of the Metals Museum*, 1987, Vol. 12, No.3, pp3-37.
[③] Noel Barnard, "The Entry of Cire-Perdue Investment Casting and Certain Other Metallurgical Techniques (Mainly Metal-Working) into South China and their Progress Northwards", June 1987, Conference Proceedings in Kioloa.
[④] 中国社会科学院考古研究所：《殷墟发掘报告（1958—1961）》，文物出版社，1987年，第54页。

造的。①此外，中国失蜡法的起源目前是不清楚的，商周时期是有产生失蜡法的条件的，不能因为失蜡法铸件而断定其年代必晚。至于铅模，实是所谓的"漏铅法"，万家保已经作了辩证。②

（二）铸型工艺

青铜器的铸型工艺是指如何确定铸型的结构，如何设计模具、翻制泥范、组装铸型，等等。

三星堆祭祀坑青铜器普遍使用了垫片。例如，圆尊K2②：129尊颈部可见铜芯撑出露，其中之一呈三角形，但整个器物芯撑的分布不详。方罍K2③：205下腹回收成底，在圆角过渡处，可见一细小的断面形状不规则铜芯撑，尺寸为2.9毫米×1.5毫米。

人头像K2②：154头部使用了6个、颈部使用了5个铜芯撑。③人头像K2②：48顶面上可见4个铜芯撑，分布大体对称。前面2个大体呈菱形，间距为68.9毫米；后2个间距约75毫米，1个为圆形，直径约8毫米，另1个形状不规则，长约10毫米，宽约6毫米。人面像K2②：153面部也发现了铜芯撑。人面像K2②：111，额中部的穿孔未凿穿，上可见一垫片。人面像K2②：57左眼球上可见二铜芯撑。④

许是不同匠师的习惯，或许是因为三星堆祭祀坑的青铜戈都是非实用器，⑤这些戈是由两类铸型铸造的，一类的分型面在戈的一侧，两块泥范中一块为平板状，另一块具有戈的型腔，并自带穿的泥芯，如戈K2③：236；另一类采用对开分型，如戈K2③：144-8，两对开泥范分别具有戈的型腔，但并不严格对称，其圆穿的泥芯是独立的，戈的铸型系由两对开泥范一泥芯组成。

人头像K1：6头顶子口上的两对钉孔，制作得比较随意，不仅左侧由外范自带二孔泥芯使之成形，而右二孔则是头像泥芯自带其泥芯使之成形，而且泥芯制作也比较随意，使得钉孔大小不一。

铸型组合的严密程度也是衡量铸造工艺设计与加工水平的重要参数。反映在器

---

① 苏荣誉等：《強国墓地青铜器铸造工艺考察和金属器物检测》，卢连成、胡智生：《宝鸡強国墓地》附录二，文物出版社，1988年，第530—570页。
② 李志伟：《古代青铜铸造方法的再探讨》，《江汉考古》1986年第4期，第94—100页。万家保：《中国古代青铜器中的铅和"漏铅法"的商榷》，李亦园等编：《考古与历史文化——庆祝高去寻先生八十大寿论文集》，中正书局，1991年，第35—63页。
③ 《三星堆祭祀坑》，第174页。
④ 《三星堆祭祀坑》，第188页。
⑤ 三星堆祭祀坑出土的青铜戈刃部厚钝，不是实用器，故《三星堆祭祀坑》将它们归入仪仗类。

物上主要是铸造披缝的宽窄程度，以及镂空结构的成形程度，包括薄壁件通孔成形与否。三星堆祭祀坑青铜器，总体看来，铸造披缝比较窄细，以至于很多人头像上的披缝被打磨干净。但对于一些薄壁器，如兽面饰K2③：230，其左侧的钉孔即未透。比较突出的是，容器上绝大多数扉棱没有透空，可能反映出匠师还没有能充分把握自带泥芯的收缩量。

（三）浇注系统与浇注

浇注系统是将熔融的青铜导入铸型的通道，它往往包括了浇口杯、直浇道和支浇道，很多青铜器没有支浇道，是直浇道直接将青铜液导入铸型的。有时候也会将冒口归入浇注系统，其功用是铸件凝固收缩时，补给金属液，使铸件完整。

大多数器物是倒立浇注成形的，商青铜器，亦即青铜容器，无一例外地采用倒立浇注成形。如龙虎尊K1：158，圈足底沿有两处比较肥厚，当为浇口位置。一处在腹部垂直的分型面上，浇口的弦长达108.1毫米，分型面处最厚，达13.2毫米；另一处浇口在相对位置，尺寸较短，最厚处10.7毫米。在方罍K2③：205圈足底沿，可见两个浇口痕迹。其中一个长度不明，宽3.1毫米，另一个长44.4毫米、宽3毫米。这两个浇口分布在圈足相邻的两侧。圆尊K2②：129圈足底沿可见三个浇口设置的痕迹，每个的弧度大约70度。浇口最厚处5.9毫米。尊底似有一个未浇足所致的孔，圈足纹带上的透孔也是未浇足孔，这种现象在尊下部多于上部，也是尊倒立浇注成形的旁证。

也有一些器物是正立浇注成形的，如人头像K1：6，在其顶部，可见两处浇口痕迹，一个长21.7毫米、宽4.3毫米，另一个长15.3毫米、宽2.7毫米。可见这件人头像是正立浇注成形的。正立浇注的人头像可能还有。

虎形器K1：62是另一例。若非如此，不会在器物的额顶与耳根部留下缩孔，具体的浇注部位当在尾端部。由于缩孔或夹渣之类缺陷，才导致虎尾残断的。

三星堆祭祀坑青铜器，大量的附件和附饰是以铸焊的形式与主体结合为一体的。以人面像K2②：114为例，其双耳都是分铸成形后，再铸焊接于主体的。右耳背后的大焊块上有明显的浇口残留，长56毫米、宽2.1毫米、高2.6毫米。左耳不是整体浇注焊块以使耳厚实，而仅仅在根部浇注焊块与主体铸焊。耳根焊块上可以看到一个浇口遗迹，直径约5毫米、凸起4.1毫米。耳后侧有三个突疵上下成排列，形状各不相同。上端的呈枣核形，凸起3.7毫米；中间的近似倒伏的圆棍形，直径3.8毫米、凸起3.5毫米；底端为圆棍形，直径4.1毫米、凸起2.8毫米。这些突疵当是浇注耳时的浇口残留，残留如此之高或许有意而为，以备和铸焊块更牢靠地结合。

（四）铸后加工与修补

商周青铜器中，往往可以在器身上发现若干补块，而且几乎都是以铜或青铜浇注的形式补成的，迄今还没有发现以镶料补铸或以锤揲锻造的补块。[1]过去有不少人对这些补块有所误解，认为因器物使用的时间相当之长，导致器物残破，故而修补。而大量的事实是，相当一部分器物，在铸造成形过程中，产生了气孔、浇不足或缩孔，甚至铸型组合过程中范与芯的相对位置发生了移动，导致器物，特别是容器的功能无法实现，或者严重影响了器物的美观，往往是在器物浇注完毕，铸型被打开后这些缺陷即被发现，随即进行了补铸。

三星堆祭祀坑青铜器，也有不少青铜器在铸造时产生了缺陷，主要是浇不足，形成了孔洞。对于影响器物功能的，如容器的腹部，都进行了修补，对于影响器物美观的缺陷，如发生在盖面上的，也进行了修补，而于上述二者关系不大的部位，或者相当次要的器件，则没有进行修补。修补的方法和商与西周时期其他地域出土的青铜器一样，无一例外是用铸造的方式完成的。

关乎器物功能的补铸实例如方罍K2③：205，颈上可见两个形状不规则的补块，腹部的一侧腹壁有两处补铸块，一个在左上角，尺寸较小，约24毫米×16.5毫米，另一处较大，面积近乎腹部的1/5。补块上均铸造有和原有纹饰一致的花纹，但补铸的纹饰明显草率和粗糙。

关乎器物美观的补铸实例如人头像K2②：118、K2②：15和K2②：90，头顶部均有补块。[2]在人头像K1：6的左耳下发现一补块，大概是在浇注后，发现该处有未浇足的空洞而后补的。人面像K2②：57右前额及下颌都有一大孔，也经补铸。兽面饰K2③：230左权角曾经补铸。

没有补铸的器物如方罍K2③：205，纹带上一个未浇足的空洞。

还有少量既影响功能又影响美观的缺陷没有补铸，或许器物不是实用器，或许未

---

[1] 明清时期的青铜器，周身补块更多，在故宫等地陈列的铜器上很容易发现，补块多呈长方形。明清时期铸就的铜器，器表有大量的气孔，也形成了大量的皮下气孔等缺陷，为了补救，将这些气孔挖去，开挖的槽多是长方形，再将铸就的长方形补块锤揲进入槽中，也使得补块与器物结合紧密，最后再经打磨，使表面平光。这种铜器补就工艺出现得应当很晚，和商周青铜器的补铸完全不同。
[2]《三星堆祭祀坑》，第174页。

来得及。如圆尊K2②：129底部见两个空洞，一个似未浇足所致，一个似铜芯撑脱落所造成。圈足纹带上的透孔也是未浇足孔。

（五）切割

三星堆祭祀坑出土的青铜人面像中，有若干件器物额和脸上的方形透孔是切割出来的。

人面像K2②：114是具有代表性的器物，该面具形体较厚，其额中、两眉梢后和珥下都经切割。除额中长方形孔未穿外，余皆成孔。额中上边和右边均有切割痕迹。上边的切痕长34.7毫米，右边的切痕长32.8毫米。切痕之中有一小透孔，孔的形成工艺无考。

眉梢后有大型透孔。左侧的透孔为四边形，上边宽40.4毫米，下边宽35.4毫米，高41.4毫米。在孔的外侧，四角均可看到延伸的切割痕迹。如左上角，水平延伸长5.4毫米，垂直方向延伸5.5毫米，右下角的垂直延伸为5.3毫米，左下角垂直延伸则更长；左侧边没有完全按照切割痕迹断裂，下边棱有深度台阶，内侧的较平直而外侧的斜向右下，在右边间距达2.8毫米。说明外侧切割部分大于内侧。右眉梢后的透孔，上边宽36.8毫米，下边与上边相若，高38.8毫米。外侧的四周同样可以看到切割痕迹，右上角残留的毛疵上，可以看到较深的横向切割痕迹，深度达0.6毫米，长为10.5毫米；左边上的切割痕迹深度为0.2毫米，左下角未切割齐整。在透孔的内侧，右边的切痕最为明显，下边和左边的延长切痕亦明确，长分别为8.6毫米和5毫米，右边的切痕和右边距约2毫米，也即该孔未从这个切痕透孔，当是面部切割得深于背部的缘故。

面具在珥下方有较大的方形透孔。右侧的作平行四边形，上边宽35.7毫米，下边宽35.3毫米，高35.5毫米，其上、下和右边均敞开，孔内侧小于外侧，边上隐约有台阶，上边台阶深2.8毫米，下边和右边分别是1.8毫米和1.2毫米；在内侧周边亦可看见明显的切割痕迹，一角残存的切痕深度为1.5毫米；左侧透孔宽40.6毫米，左高29.9毫米，右高32.1毫米。

人面像K2②：293、K2②：314、K2②：111、K2②：57和K2②：153，面颊和珥下以及额中的透孔都是切割出来的，虽然好几件器物额中的方孔未凿穿，但这些部位的切痕是明确的。[①]

这种以切割穿凿成孔的方法，在商周青铜器上尚属首次发现，其他地域青铜器

---

① 《三星堆祭祀坑》，第188页。

的孔，全部是铸造成形的。虽然目前无法考知当时切割的具体工具，但从遗留的切痕看，所使用的工具硬度不十分高，切割的效率比较低，同一条切线上往往有若干条切痕，从两面对切的器件，难于准确定位，往往使得另一侧的切割浪费。因此，有理由认为这些穿孔是在面具使用一段时间以后錾凿的，其目的或是为了在面具上安装其他附件，或者是将面具装配在神像上时穿孔以便固定。[1]

发掘报告将器物坑年代确定在殷商晚期。而孔的切割涉及比青铜更加坚硬的材料，通常非钢莫属。虽然中商时期已经发现了陨铁并用于制作钺刃与青铜铸接，但毕竟凤毛麟角。直到殷墟时期，青铜器的纹饰和铭文都是铸造成形。目前仅发现一起四例錾刻铭文的事实，分析这些实例，有助于认识殷墟时期硬质工具的水平。

1982年，配合基建在安阳戚家庄东墓地发现发掘了M63。这是一座完整的竖穴土坑墓，方向175度，墓口3.5米×1.3米，距地表3.5米；底3.4米×1.6米，深3.2米。四周有熟土二层台，宽0.13—0.24米，高0.26米。墓底有腰坑，墓有棺有椁，椁2.92米×1.31米×0.3米，椁朽仅存漆皮，而棺已成灰。墓主头向东，仰身直肢。墓中殉牛腿一、狗二；墓圹夯填花土；随葬陶器七件，五件在二层台，两件在椁内；铜器三十七件，除两件铃系于狗出自填土外，余均置于棺椁之间，成排在南端，计礼器十件、武器二十五件，其中八件礼器有铭文，且四件铭文錾刻。发掘报告推断，墓葬年代为殷墟四期偏早，属帝乙时期，墓主是一中小贵族。其中出土的四件青铜器，鼎M63：11、簋M63：17、斝M63：15和觚M63：12上有錾刻铭文。以簋M63：17为例，是一件双耳高圈足簋，通高112毫米，口径154毫米（图6.46.1），内底錾刻铭文"宁簋"（图6.46.2-3），字体结构外斜，笔画粗细不匀，有多次镂刻痕迹，交笔往往错出。[2]微痕在扫描电镜下观察，应是锋刃削薄之器，反复錾刻而成（图6.46.4-5）。其他三件器物铭文完全一致。这些实例说明，殷墟已经有较青铜坚硬的工具契刻铭文，但工具太薄，几乎不能发力錾刻，而只能镂刻，所以常常会跑偏。

三星堆人面錾刻凿孔，契刻深度超过一毫米，平直深刻，应当是錾刻而就。是大力作用于錾具的结果，反映出錾具硬度高、体量较大，经受得起相当力量推动。说明已经有成熟的钢质工具。

---

[1] 《三星堆祭祀坑》，第188页。
[2] 安阳市文物考古研究所：《安阳殷墟：戚家庄东商代墓地发掘报告》，中州古籍出版社，2015年，第174—186页，拓片3，彩版59.2—3、60.2—3、61.1—3、63.1—3。岳占伟等：《殷墟青铜器铭文的制作方法》，《中原文物》2012年第4期，第62—68页。

图6.46.1 安阳戚家庄簋M63：17

图6.46.2 安阳戚家庄簋M63：17内底

图6.46.3 安阳戚家庄簋M63：17内底铭文拓片

图6.46.4 安阳戚家庄簋M63：17微痕1　　　　图6.46.5 安阳戚家庄簋M63：17微痕2

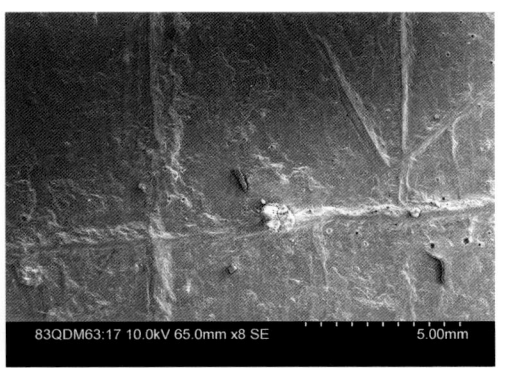

商周青铜器一个显著的特点即是功能与工艺的高度统一。这个特点既体现在青铜器功能的设计是既定的，没有随着时间的推移或时代的变迁有所改变；也体现在为了实现既定功能，青铜工艺几乎以铸造独立完成，只是主要在春秋晚期之后，刻纹、嵌错、包金银和鎏金银乃至彩绘等工艺，才在铸造成形后，用于装饰器物，故而我们将此后的青铜工艺称为新兴期。[1]三星堆祭祀坑非商青铜器中的人面像，除其造型以及文化内涵和商青铜器不同外，铸造成形后或使用了一时后，再改变其功能，也不是商青铜器的手法，而切割成孔的改变方式，虽然是不得已而为之，工艺也和商青铜器完全不同（商若要达到那样的目的，应该是重新铸造新器物），然而，器物主体的成形工艺则是地道的泥范铸造方法，和商青铜器无二。

20世纪30年代，四川古代青铜器大量流入古董市场，方才引起收藏家和学术界的注意。自50年代后，四川各地不断有青铜器出土，例如彭县竹瓦街窖藏青铜器，[2]新都晒坝墓葬出土的青铜器，成都百花潭墓葬出土的青铜器和新繁县水观音遗址出土的青铜器，[3]等等，基本上改变了人们对这些青铜器产地的认识，即古代巴蜀不仅能生产所谓巴蜀式青铜器，也能生产商式青铜器。

---

[1] 苏荣誉等：《中国上古金属技术》，山东科学技术出版社，1995年，第372页。
[2] 王家祐：《记四川彭县竹瓦街出土的铜器》，《文物》1961年第11期，第28—30页。四川省博物馆、彭县文化馆：《四川彭县西周窖藏铜器》，《考古》1981年第6期，第496—499、555页。
[3] 四川省博物馆、新都县文物管理所：《四川新都战国木椁墓》，《文物》1981年第6期，第1—16页。四川省博物馆：《四川新繁县水观音遗址试掘简报》，《考古》1959年第8期，第404—410页。四川省博物馆：《成都百花潭中学十号墓发掘记》，《文物》1976年第3期，第40—46页。

早年彭县竹瓦街青铜器出土后，冯汉骥对其作过深入研究，指出其中的"五件列罍，形状和花纹虽大体上同于晚殷和早周的同类器皿，但骤视之则颇具有独特的地方风格，所以可视为蜀土本地所铸。其式样和花纹虽取诸当时的中原铜器，但组合意趣不同，故而显出地方的色彩"①。又进而推断其时代："这五件器上的花纹都是殷代晚期和西周早期青铜器上所常见，没有西周中叶以后所盛行的窃曲纹、蟠螭纹等。……所以若仅从花纹看，铸器当不晚于西周初期；但在蜀土，特别是从当地冶铸发展历史看，可以晚到西周末，或春秋初。"他还特别关注了青铜器的铸造工艺问题，并"以蟠龙盖饕餮纹罍为例，蟠龙盖器形很复杂，但是完全看不出合范的痕迹，是出于一次铸成——浑铸，其浑铸铸法尚不能断定。罍身的外范为四合范，每范上花纹大致相同，合范留下的铸缝非常清晰。内范（内型）是一整块，故器内完全无铸缝痕迹。底范亦是一整块。耳由两合范组成，有清晰铸缝可见，耳内中空处尚保存范土，大概耳、环等是分铸后插入器范中的"。他的铸造工艺分析支持了他对器物时代的判定。②

　　关于彭县竹瓦街窖藏青铜器的产地，徐中舒以为其中杂有殷器，如其中的两件觯，当为战利品，或者是周王颁赐的掳获物；罍是蜀地于西周早期的仿制品。③李学勤也认为"这些罍从铜质和铸造工艺（如多施垫片）来看，应为当地所制，不是由中原输入的"④。而今，随着三星堆祭祀坑青铜器的出土，以及早年该遗址调查材料的公布，三星堆还发现有铸铜遗物和遗迹。⑤这些线索无疑非常重要，对于说明三星堆青铜器是否本地铸造价值巨大。但在器物坑发掘后三十多年的考古调查和发掘中，再也未见相关铸铜遗址的信息，三星堆遗址的内涵更加扑朔迷离。但是，与成都平原出

---

① 冯汉骥：《四川彭县出土的铜器》，《文物》1980年第12期，第38—44页。
② "这种耳、耳分铸的铸法，一般认为开始于春秋战国之际，但事实上或者要稍早一些。例如上村岭虢国墓中所出的铜壶上带环耳，都是分开铸造，中空处亦保留范土。而虢国墓群则被认为是西周晚期到东周早期的墓群。所以从铸法上看，这一批铜器挡横不晚于西周末叶或东周初叶"。冯汉骥引用了洛阳中州路的材料，指出"第二种（按谓'先铸附件，附件铸成后，把附件嵌入范中，灌注铜液后使附件与器身熔铸在一起'）大约出现于春秋战国之际，应用也比较普遍"。中国科学院考古研究所：《洛阳中州路（西工段）》，科学出版社，1959年，第87页。冯汉骥：《四川彭县出土的铜器》，《文物》1980年第12期，第38—44页。
③ 徐中舒：《四川彭县濛阳镇出土的殷代二觯》，《文物》1962年第6期，第15—18、23页。
④ 李学勤：《彭县竹瓦街青铜器的再考察》，四川省考古研究所编：《四川考古论文集》，文物出版社，1996年，第118—122页。
⑤ 马继贤：《广汉月亮湾遗址发掘追记》，《南方民族考古》第五辑，四川科学技术出版社，1992年，第310—324页。

土青铜器相关的材料，在其他地域时有发现，彭县竹瓦街窖藏代表性器物蟠龙盖罍，在汉水下游的随州叶家山曾国墓、辽河上游的喀左北洞窖藏都有发现，说明它们是同以作坊铸造扩散开去的，中原王室其他作坊铸器的可能性远大于成都平原。[1]类似的情形也出现在茂县牟托墓随葬的青铜器上。[2]

现在，对中原和周边地区出土的青铜器的技术研究，已经积累了许多重要素材，殷代中心地区——安阳青铜工艺特色也大体明了，有条件开展比较研究，给四川出土的青铜器以科学的定位了。

中国自二里头文化迈入青铜时代后，迅即以泥范大量铸造青铜礼器为青铜工业特点。二里头时期的青铜器，基本上是浑铸成形的。发展到二里岗时期，随着青铜礼器的大型化、多样化和复杂化，分铸铸接技术被用于铸造大型和复杂青铜礼器，如郑州出土的二里岗时期大方鼎和江西新干大洋洲出土的同期方鼎和甗等。[3]发展到殷墟前期，以妇好墓青铜器为代表，分铸法广泛得到应用。[4]但是，发展到殷墟末期和西周初期，风格为之一变，强调浑铸成形，并持续到西周中期。[5]西周末期，分铸似乎又普遍了起来，冯汉骥曾列举了上村岭虢国墓地的材料。[6]一直到春秋晚期，分铸臻于兴盛。但这时的兴盛具有工业化的色彩，[7]山西侯马铸铜遗址提供了最有力的证据。[8]因此，我们不能认为，三星堆祭祀坑青铜器很多是分铸成形的，便是春秋时期的产物。恰恰相反，三星堆祭祀坑青铜器，部件之间没有批量生产的因子，也不具备任何互换性，即非工业化特征，而更接近于殷墟前期，类似妇好墓青铜器的形式。

---

[1] 苏荣誉：《随州叶家山青铜蟠龙盖罍的风格与工艺及相关问题初探》，湖北省文物考古研究所编：《曾国考古发现与研究》，科学出版社，2018年，第345—373页。
[2] 茂县羌族博物馆、阿坝藏族羌族自治州文物管理所：《四川茂县牟托一号石棺墓及陪葬坑清理简报》，《文物》1994年第3期，第4—40页。Lothar von Falkenhausen, "The Moutuo Bronzes, New Perspectives on the Late Bronze Age in Sichuan", *Arts Asiatiques*, 1996, Vol. 51, pp. 29–59.
[3] 苏荣誉等：《新干商代大墓青铜器铸造工艺研究》，江西省文物考古研究所等编：《新干商代大墓》附录九，文物出版社，1997年，第257—300页。
[4] 华觉明等：《妇好墓青铜器群铸造技术的研究》，《考古学集刊》第1集，中国社会科学出版社，1981年，第244—272页。
[5] 苏荣誉：《从㫻国铜器看西周早期青铜冶铸技术对殷商的继承和发展》，《磨戟：苏荣誉自选集》，上海人民出版社，2012年，第117—140页。
[6] 冯汉骥：《四川彭县出土的铜器》，《文物》1980年第12期，第38—44页。
[7] 苏荣誉等：《中国上古金属技术》，山东科学技术出版社，1995年，第157—179页。
[8] 山西省考古研究所：《侯马铸铜遗址》，文物出版社，1993年。苏荣誉：《侯马铸铜遗址与晋国铸铜业》，武力主编：《产业与科技史研究》第一辑，科学出版社，2017年，第1—17页。

关于商周青铜器铸造中，铜芯撑技术的使用，也是饶有趣味的问题。有关这一技术运用于中国青铜器铸造的研究，大概是20世纪50年代滥觞于华盛顿弗利尔美术馆（The Freer Gallery of Art，Smithsonian），[1]后来李济和万家保在台湾用钴源检测了28件殷墟早年出土的青铜器，[2]结果是安阳青铜器中使用铜芯撑的器物不多。近年的研究表明，周边商青铜器较多使用了铜芯撑，如安徽阜南和北京平谷，以及江西新干。当然，西周时期中原十分普遍。[3]如果说，三星堆祭祀坑青铜器的年代确是商的话，其所具有的大量铜芯撑也是周边特点的间接说明。关注青铜垫片的研究很少，近些年有些新作可资参考。[4]

三星堆祭祀坑青铜器的制作，有两种工艺是其他地区所没有的，或者是最早的：一种是以铸铆的方式连接部件，另一是切割孔技术，其来源和流向都是值得注意的。

四川省的古代青铜器研究随着三星堆祭祀坑的发现和三峡考古的推进，在近十几年活跃和繁荣了起来，展现出诱人前景的同时，也不断提出了新的问题，正如考古学家苏秉琦所言的："四川考古学是大学问！"[5]

作者附识：此文是在孙华教授的撮合和帮助下的合作成果，草稿形成于2000年，部分内容以苏荣誉名义发表于孙华、苏荣誉编著的《神秘的王国：对三星堆文明的初步理解和解释》中，仓促起见，未配插图（巴蜀书社，2003年，第399—443页）。今文校订了原草稿并补配了部分插图。因文章形成于20年前，参考文献酌补了少量后来发表的研究。文章中对龙虎尊和方罍的研究，因此后分别另撰专门文章《青铜龙虎尊

---

[1] Rutherford J. Gettens, *The Freer Chinese Bronzes, Volume. II, Technical Studies*, Washington D.C.: Smithsonian Institution, 1969, pp.98–107.

[2] 李济、万家保：《殷虚出土青铜鼎形器之研究》（《古器物研究专刊》第四本），"中研院"历史语言研究所，1970年，第8页。

[3] 周建勋：《商周青铜器铸造工艺的若干探讨》，北京市文物研究所编：《琉璃河西周燕国墓地1973—1977》附录一，文物出版社，1995年，第254—270页。苏荣誉等：《弓鱼国墓地青铜器铸造工艺考察和金属器物检测》，卢连成、胡智生：《宝鸡弓鱼国墓地》附录二，文物出版社，1988年，第530—570页。

[4] 苏荣誉、胡东波：《商周铸吉金中垫片的使用和滥用》，《饶宗颐国学院院刊》创刊号，2014年，第101—134页。苏荣誉：《见微知著：中国古代青铜器的垫片及相关问题》，吕章申主编：《国博讲堂（2013—2014）》，上海古籍出版社，2016年，第115—166页。

[5] 苏秉琦：《四川考古论文集》序，四川省考古研究所编：《四川考古论文集》，文物出版社，1996年，第1—2页。

研究——兼论南方风格商代青铜器的渊源》和《三星堆青铜方罍K2③：205探论》，且均收入本集，虽将原文照存，但图无须重复另配。因此，此文的着重点在于非商青铜器的简单讨论，以便与商器对照。当然，三星堆青铜器铸造工艺的一般性讨论也很必要。商与非商器物的张力，不仅涉及两种考古学文化、两种青铜艺术，也关乎它们的年代与铸地，故将之置于文集末尾。

图书在版编目（CIP）数据

三星堆青铜容器研究 / 苏荣誉，朱亚蓉主编. -- 成都：巴蜀书社, 2023.7（2024.1重印）
ISBN 978-7-5531-1682-2

Ⅰ.①三… Ⅱ.①苏… ②朱… Ⅲ.①三星堆遗址—青铜器（考古）—文集 Ⅳ.①K876.414-53

中国版本图书馆CIP数据核字（2022）第046575号

SANXINGDUI QINGTONG RONGQI YANJIU
三星堆青铜容器研究

苏荣誉　朱亚蓉　主编

策　　划	周　颖　吴焕姣
责任编辑	王　莹　徐雨田
特约编辑	李　蕾
封面设计	李中果工作室
内文设计	四川胜翔数码印务设计有限公司
出　　版	巴蜀书社
	四川省成都市锦江区三色路238号新华之星A座36楼　邮编：610023
	总编室电话：（028）86361843
网　　址	www.bsbook.com
发　　行	巴蜀书社
	发行科电话：（028）86361847
经　　销	新华书店
印　　刷	成都市金雅迪彩色印刷有限公司
版　　次	2023年7月第1版
印　　次	2024年1月第2次印刷
成品尺寸	185mm×260mm
印　　张	20
字　　数	360千
书　　号	ISBN 978-7-5531-1682-2
定　　价	268.00元

本书若出现印装质量问题，请与印刷厂联系调换